博雅国际汉语精品教材

汉语初级强化教程·听说课本 II（第二版）

Intensive Elementary Chinese Course

Listening and Speaking II

Second Edition

肖奚强　朱　敏　主编

图书在版编目（CIP）数据

汉语初级强化教程. 听说课本. Ⅱ / 肖奚强，朱敏主编. —2版. —北京：北京大学出版社，2023.8
博雅国际汉语精品教材
ISBN 978-7-301-34100-1

Ⅰ.①汉… Ⅱ.①肖… ②朱… Ⅲ.①汉语－听说教学－对外汉语教学－教材 Ⅳ.①H195.4

中国国家版本馆 CIP 数据核字 (2023) 第 110150 号

书　　名	汉语初级强化教程·听说课本Ⅱ（第二版） HANYU CHUJI QIANGHUA JIAOCHENG·TINGSHUO KEBEN Ⅱ (DI-ER BAN)
著作责任者	肖奚强　朱　敏　主编
责任编辑	唐娟华
美术制作	田佩玉
标准书号	ISBN 978-7-301-34100-1
出版发行	北京大学出版社
地　　址	北京市海淀区成府路 205 号　100871
网　　址	http://www.pup.cn　新浪微博：@北京大学出版社
电子信箱	zpup@pup.cn
电　　话	邮购部 010-62752015　发行部 010-62750672　编辑部 010-62767349
印 刷 者	北京宏伟双华印刷有限公司
经 销 者	新华书店 889 毫米 × 1194 毫米　大16开本　22.75 印张　408 千字 2008 年 5 月第 1 版 2023 年 8 月第 2 版　2024 年 4 月第 2 次印刷
定　　价	89.00 元（含课本、听力文本及参考答案、录音）

未经许可，不得以任何方式复制或抄袭本书之部分或全部内容。
版权所有，侵权必究
举报电话：010-62752024　电子信箱：fd@pup.pku.edu.cn
图书如有印装质量问题，请与出版部联系，电话：010-62756370

修订说明
REVISION NOTES

《汉语初级强化教程》系列教材自2008年陆续出版至今已有十多个年头了。与之配套的、启动于2005年的教学改革（将独立开课的听、说、读、写四门课整合为相互配合的听说、读写两门课）于2009年获得南京师范大学优秀教学成果特等奖。我们在保持原有教材综合与听说相结合、结构与功能相结合、语言与文化相结合的基本编写原则的基础上，结合编写团队来自教学的反思以及出版社从使用单位收集到的反馈意见，主要从以下几个方面对教材进行了修订和完善。

第一，增加了表现新事物新现象的新词语。如"微信、快递、二维码、支付宝、共享单车"等。

第二，删除过时的话题和课文内容，代之以更能反映当前社会生活的话题和内容。如"支付方式不仅可以使用现金，还可以使用微信和支付宝等其他方式"。

第三，根据词语和话题的变动，适当调整语言点的安排，以使语言点的前后照应、循序渐进以及注释更加完善。

第四，练习形式更加多样。如听说课本增加了与HSK题型相一致的练习，增加了交际型练习。

第五，订正了原教材中的错漏。

第六，为了突出教学重点，适当调整了教材的板块和版式设计，改用双色印刷，设计装帧更加美观，以提高学生学习汉语的兴趣。

教材修订者基本为原班人马。梁社会承担了他本人参编的36—40课的修订工作；范伟因为另有任务，未能参加修订工作，她编写的内容由周文华负责修订；其他人员承担了各自编写内容的修订工作；最后全书的修订稿由肖奚强统筹定稿。

希望第二版能够继续受到汉语教学界的欢迎。同时也希望能够得到使用本教材的专家学者的批评指正。

肖奚强

前言 PREFACE

对外汉语初级教材经过多年的建设，已经取得了相当的成绩，比如：教材的数量以较快的速度增长，教材的种类不断丰富；教材编写的理论研究和经验总结也不断深入和加强等。但是，已有的初级汉语系列教材在教学内容、教学重点、结构、功能和文化的相互配合，课程之间的相互配套等方面还有许多需要改进的地方。因此，我们从教学实践出发，编写了《汉语初级强化教程》系列教材，希望能够为初级汉语教材建设添砖加瓦。

编写本套教材的基本原则为三个结合：综合与听说相结合、结构与功能相结合、语言与文化相结合。

一　综合汉语教材与听说教材的课文，在内容和形式上密切配合，相互补充，注重词汇和语法点的互现和循环。全套教材由一套人马统一编写，避免两种教材众人分头编写、相互不配套、难以施教的现象。

二　针对目前初级汉语教学中听力和口语分别开课，两门课的教材、教学内容不配套现象严重（或互不相干，或重复重叠）的现状，将听和说整合为一本教材、一门课，改变听说分课、教材不配套、教学相互抵牾的状况。

三　注重结构、功能、文化的结合，以结构为主线，辅以交际功能，穿插文化背景介绍；增强教材的知识性、实用性和趣味性。

四　教材中的所有词汇、语法点均与汉语水平考试大纲、对外汉语教学大纲相对照，确保词汇、语法学习的循序渐进，尽可能避免生词、语法的超纲。当然，对于学生学习、交际急需而现行大纲缺少或等级较高的词语，我们也本着实用的原则，酌情加入。

五　本套系列教材的所有编写人员均参与教材的试用，直接吸收教学中的反馈意见，并在四个平行班试用两年的基础之上进行了修改完善。

本套系列教材按《汉语初级强化教程·综合课本》《汉语初级强化教程·听说课本》分课编写，主要供汉语言专业本科生、进修生和汉语预科生一学年使用（建议综合课与听说课之比为5:4）。为了便于不同起点的班级选用，我们将上下学期使用的《汉语初级强化教程·综合课本》《汉语初级强化教程·听说课本》各分为两册，即综合课本和听说课本各为4册。

本教程由主编提出整体构想和编写原则与大纲，编写组讨论完善后分头编写。具体分工如下：

朱敏编写综合课本1—6课、41—45课，听说课本1—5课、41—45课。

沈灿淑编写综合课本7—12课、46—50课，听说课本6—8课、10—12课、46—50课。

范伟编写综合课本13—16课、25课、51—55课，听说课本9课、13—16课、19课、25课、51—55课。

段轶娜编写综合课本17—22课、56—60课，听说课本17课、18课、20—22课、56—60课。

魏庭新编写综合课本、听说课本的23课、24课、26—28课、30课、61—65课。

张勤编写综合课本、听说课本的29课、31—35课、66—70课。

梁社会与沈灿淑合编综合课本、听说课本第36课，与范伟合编第37课、38课，与魏庭新合编第39课，与张勤合编第40课。

全书由主编修改定稿。

本套系列教材从策划、编写、试用到出版历时两年有余。从2005年9月至2007年6月在南京师范大学国际文化教育学院理工、农、医、经贸专业汉语预科生的四个平行班试用了两学年。教学效果良好，从形式到内容都受到留学生的欢迎和好评。作为听说合一、综合课与听说课密切配合编写教材的一种尝试，不足之处在所难免。希望得到专家学者和使用本教材同行的批评指正。

编 者
2008年

目录 CONTENTS

第二十一课	我想开一个账户	1
第二十二课	你去哪儿了	12
第二十三课	医生给我开了点儿药	23
第二十四课	你有时间吗	35
第二十五课	复习（五）	46
第二十六课	今天比昨天暖和一点儿	58
第二十七课	那儿没有北京这么冷	70
第二十八课	我的空调坏了	81
第二十九课	太阳一出来雪就化了	91
第 三十 课	复习（六）	103
第三十一课	我们班表演什么呢	113
第三十二课	我的笔记叫波伟借走了	125
第三十三课	给你添麻烦了	136
第三十四课	真是太巧了	147
第三十五课	复习（七）	158
第三十六课	这是我们应该做的	169
第三十七课	我想预订一个房间	180
第三十八课	张文教我包饺子	190
第三十九课	中国电影你看得懂吗	200
第 四十 课	复习（八）	210

生词索引	221
专名	231

第二十一课
我想开一个账户

Lesson 21

I want to open an account

生词 New Words

听力部分 Listening Part

1	懒	adj.	lǎn	lazy
2	聪明	adj.	cōngming	clever, intelligent
3	起	v.	qǐ	to get up, to rise
4	考	v.	kǎo	to give or take an examination
5	爬	v.	pá	to climb
6	山	n.	shān	mountain
7	疼	adj.	téng	painful
8	药	n.	yào	medicine, drug
9	长途	adj.	chángtú	long trip, long distance

会话部分

Conversation Part

1	照	v.	zhào	to take (a picture)
2	开	v.	kāi	to open (an account)
3	账户	n.	zhànghù	account
4	复印	v.	fùyìn	to duplicate, to copy
5	网上银行		wǎngshàng yínháng	online banking
6	国外	n.	guówài	overseas, abroad

本课生字

New Characters

懒	聪	考	爬	山	疼	药	途
账	户	印	网				

听力

Listening

一 听力理解练习 Listening Comprehension

（一）听下面的句子并选择正确答案 Listen to the following sentences and choose the right answers

1.（　　）A. 爸爸　　　　B. 妈妈　　　　C. 哥哥

2.（　　）A. 经济和历史学得都不错

B. 对历史感兴趣，历史学得很好

　　C. 对经济不感兴趣，所以学得不好

3. (　　) A. 走路　　　　B. 骑自行车　　　　C. 坐出租车

4. (　　) A. 很高兴　　　B. 不满意　　　　　C. 有点儿奇怪

5. (　　) A. 波伟正在看电视

　　B. 波伟正在复习汉语

　　C. 波伟明天下午有考试

6. (　　) A. 黄老师来教我们

　　B. 李老师身体不太好

　　C. 黄老师教我们语法

7. (　　) A. 他很聪明　　　B. 他学习很认真　　C. 他又聪明又认真

8. (　　) A. 邮局　　　　　B. 银行　　　　　　C. 商场

9. (　　) A. 太贵了　　　　B. 有点儿贵　　　　C. 很便宜

10. (　　) A. 他们的菜做得还不错

　　B. 服务员的态度比较好

　　C. 说话人不喜欢这家饭馆儿

（二）听下面的对话并选择正确答案 Listen to the following conversations and choose the right answers

1. (　　) A. 早上起得晚　　　B. 今天没课　　　　C. 她生病了

2. (　　) A. 学习很不努力　　B. 常常考70多分　　C. 他妈妈来中国了

3. (　　) A. 旅行　　　　　　B. 学习汉语　　　　C. 教汉语

4. (　　) A. 现在正在下雨

　　B. 女的不让男的开车

　　C. 男的开车开得很好

5. (　　) A. 跑步　　　　　　B. 爬山　　　　　　C. 打球

6. (　　) A. 路上车很多　　　B. 男的坐车来这儿的　C. 男的先走路，后坐车

7. (　　) A. 教室　　　　　　B. 图书馆　　　　　C. 办公室

8. (　　) A. 去医院　　　　　B. 回家找药　　　　C. 去药店

9. (　　) A. 公共汽车站　　　B. 长途汽车西站　　　C. 长途汽车东站

10. (　　) A. 女的想今天借书　　B. 男的想请女的帮他借书

　　　　　C. 今天图书馆里人不多

(三) 听后填空 Fill in the blanks after listening

1. 我昨天晚上睡得晚，今天上课的时候_____。

2. 她是一个很认真_____学生，每天晚上都认真_____在宿舍里学习。

3. 今天你_____不上课啊？

4. 他英语_____好极了，但是法语学得不太好。

5. 我明天不能去，_____我要和朋友去北京玩儿。

(四) 听后做练习 Do the exercises after listening

1. 听后判断正误 Judge the statements true or false after listening

    (1) 女的对看电影不感兴趣。　　　　　　　　　　　　(　　)

    (2) 男的知道在哪儿看电影的时间安排。　　　　　　　(　　)

    (3) 他们要去看英文电影。　　　　　　　　　　　　　(　　)

    (4) 他们在说现在看什么电影。　　　　　　　　　　　(　　)

2. 听后选择正确答案 Choose the right answers after listening

    (1) (　　) A. 今天上午　　　B. 明天上午　　　C. 现在

    (2) (　　) A. 教室　　　　　B. 办公室　　　　C. 家

    (3) (　　) A. 很高兴　　　　B. 很生气　　　　C. 很满意

二 语音语调练习 Phonetic Drills

(一) 选择你听到的词语 Choose the words you hear

1. (　　) A. fēngfù   B. fēnfù   2. (　　) A. yízhǐ   B. yízhì

3. (　　) A. bāng máng B. bēnmáng   4. (　　) A. jiānbìng   B. jiānbing

5. (　) A. xīngchén　　B. xīncháo
6. (　) A. ránhòu　　B. yánhòu
7. (　) A. fùnǚ　　B. fùyǔ
8. (　) A. tóutòng　　B. téngtòng
9. (　) A. tōngzhī　　B. tōngchī
10. (　) A. zhíchǐ　　B. zhīchí

（二）选择你听到的句子　Choose the sentences you hear

1. (　) A. Zhè shì yí liè huǒchē.　　B. Zhè shì yí liè huòchē.
2. (　) A. Nǐ yǒu méiyǒu zhù yì?　　B. Nǐ yǒu méiyǒu zhúyi?
3. (　) A. Zhè jiàn yīfu wǒ mǎi le.　　B. Zhè jiàn yīfu wǒ mài le.
4. (　) A. Nà zhǐshì yí ge míngzi.　　B. Nà zhǐshì yí ge míngcí.
5. (　) A. Bú yào xiāngxìn wūshù.　　B. Bú yào xiāngxìn wǔshù.
6. (　) A. Méi guānxi, bié zháojí.　　B. Méi guānxi, bié jiāojí.
7. (　) A. Wǒ hěn bù xǐhuan kàn zázhì.　　B. Wǒ hěn bù xǐhuan kàn zájì.
8. (　) A. Zhè tiáo hángxiàn hěn cháng.　　B. Zhè tiáo fángxiàn hěn cháng.
9. (　) A. Nǐ néng sòng wǒ qù jīchǎng ma?　　B. Nǐ néng sòng wǒ qù jùchǎng ma?
10. (　) A. Qìchē bù néng zhèngcháng yùnxíng.
      B. Qìchē bù néng zhèngcháng yùnyíng.

（三）听后标出画线词语的声调　Mark the tones of the underlined words or phrases after listening

1. Jīntiān de tiānqì haoji le.
2. Tā lánqiú dǎ de hao de hen.
3. Tā měi tiān dōu nuli de xuéxí.
4. Māma zuò de fàn haochi jí le.
5. Wǒmen méi chūqu, yinwei xià yǔ le.
6. Tā de Hànzì xiě de piaoliang jí le.
7. Nǐ Hànyǔ zenme xué de zheme hǎo?
8. Wǒ shēng bìng le, suoyi méi shàng kè.
9. Tā zài xuéxí shang jinbu kuài de hěn.
10. Liú laoshi shuō tā laoshi de hěn.

会话 Conversations

一 课文 Texts

（一）去上海旅行

波伟：丁荣，听安达说你下个星期要去上海玩儿。

丁荣：是的，我和几个中国朋友一起去。

波伟：朋友们都说上海漂亮极了。你们坐火车去还是坐飞机去？

丁荣：坐火车去。

波伟：怎么不坐飞机呢？飞机快得很，一个多小时就能到。

丁荣：坐火车可以一边看风景，一边聊天儿。

波伟：你们打算什么时候回来？

丁荣：我们下个星期回来。

波伟：祝你们玩儿得高兴，多照点儿照片儿。

丁荣：谢谢。

（二）我想开一个账户

波伟：你好。我想开一个账户。

工作人员：好的，请您先填一下这张表，然后请给我看看您的护照。

波伟：好，给你。

工作人员：我们要复印一下您的护照，请等一会儿。

波伟：好的。

工作人员：请问您要不要开网上银行？

波伟：网上银行？

工作人员：对。开网上银行您在网上买东西就很方便。

波伟：那好，请帮我开一下。

工作人员：好的，请在这张单子上写一下您的名字。

波伟：对了，我还想问问，下次我要取爸爸从国外寄给我的钱，要带什么？

工作人员：需要带护照。

波伟：好，谢谢！

工作人员：不用谢！再见！

二 练 习 Exercises

（一）认读汉字并写出拼音 Learn and read the following characters and give *pinyin* to each of them

济 _____   历 _____   史 _____   极 _____   奇 _____

怪 _____   疼 _____   因 _____   器 _____   考 _____

聪 _____   明 _____   度 _____   礼 _____   貌 _____

态 _____   注 _____   意 _____   安 _____   药 _____

（二）用正确的语调读下面的句子 Read the following sentences with the correct intonation

1. 这么简单！
2. 怎么不坐飞机呢？
3. 朋友们都说上海漂亮极了。
4. 他的汉语进步快极了。
5. 最近课多，还要考试，太忙了。
6. 昨天太累，所以今天上课时睡着了。
7. 你怎么不来参加我的生日晚会？
8. 坐火车可以一边看路上的风景，一边聊天儿。

（三）扩展练习 Extending exercises

例 进步→进步快→进步快极了→汉语进步快极了→他的汉语进步快极了
漂亮→漂亮得很→衣服漂亮得很→买的衣服漂亮得很→她买的衣服漂亮得很

累→_____→_____→_____→_____

疼→_____→_____→_____→_____

忙→_____→_____→_____→_____

多→_____→_____→_____→_____

（四）根据括号中的词语完成对话　Complete the dialogues with the words in the brackets

1 A：你的钱包在哪儿买的？_____！（太……了）

　B：是吗？我昨天去商店买东西，看见这个钱包很漂亮，我特别喜欢。

　A：你的钱包不少，_____？（怎么　买）

　B：我的钱包都很旧，我想换一个新的。

　A：_____，一定很贵吧？（极了）

　B：不贵，才300块。

　A：_____，还不贵！（这么）

　B：没关系，喜欢就买吧。

2 A：你今天怎么不去上课？

　B：_____。（因为）

　A：_____？（要不要　陪）

　B：没关系，一会儿我自己去药店买药。

　A：你休息吧，我晚上再来看你。

　B：谢谢。

（五）用所给的词语结合图片各说一句话 Make up one sentence orally with the given words and pictures

懒　　　　　　　　　起　　　　　　　　　疼

复印　　　　　　　　照

（六）情景会话 Situational dialogues

① 以波伟的口气叙述第一段会话。

② 你的朋友第一次去银行，你陪他去银行开账户和网上银行，你和工作人员在交谈。

（七）读一读下面的古诗，注意语气和感情 Read the following poem, pay attention to the mood and emotion

Huí xiāng ǒu shū
回乡偶书

（Táng）Hè Zhīzhāng
（唐）贺知章

Shào xiǎo lí jiā lǎo dà huí, xiāng yīn wú gǎi bìnmáo shuāi.
少小离家老大回，乡音无改鬓毛衰。

Értóng xiāngjiàn bù xiāngshí, xiào wèn kè cóng hé chù lái.
儿童相见不相识，笑问客从何处来。

Sentiment on Hometown

(Tang) He Zhizhang

Left home young, but returns old,

though the hair is all white, the native dialect is difficult to change.

The child you meet is not acquainted with you,

ask with a smile where you come.

第二十二课
你去哪儿了

Lesson 22
Where did you go

 生词 New Words

🎧 听力部分

Listening Part

1	题	n.	tí	problem, topic
2	晚饭	n.	wǎnfàn	supper, dinner
3	哭	v.	kū	to cry
4	成绩	n.	chéngjì	performance, result, score
5	急	adj.	jí	anxious, impatient
6	接	v.	jiē	to answer
7	帽子	n.	màozi	hat, cap
8	看病		kàn bìng	to see a patient
	病	n. / v.	bìng	sickness, illness; to fall ill, to be sick
9	冰箱	n.	bīngxiāng	refrigerator
10	同事	n.	tóngshì	colleague, workmate

12

会话部分
Conversation Part

1	祝福	v.	zhùfú	to wish happiness to, to bless
2	新郎	n.	xīnláng	bridegroom
3	新娘	n.	xīnniáng	bride
4	可惜	adj.	kěxī	unfortunate; It's a pity!
5	才	adv.	cái	just
6	特别	adv.	tèbié	particularly, especially
7	住院		zhù yuàn	to be in hospital
8	照顾	v.	zhàogù	to take care of, to look after
9	打扰	v.	dǎrǎo	to disturb, to bother, to trouble

本课生字
New Characters

题　哭　成　绩　急　帽　病

郎　娘　惜　特　照　顾　扰

听力
Listening

一　听力理解练习　Listening Comprehension

（一）听下面的句子并选择正确答案　Listen to the following sentences and choose the right answers

1.（　　） A. 李明爱问老师什么　　B. 这个题怎么做　　C. 李明爱做什么了

2. (　　) A. 工作　　　　　　B. 上大学　　　　　C. 找工作
3. (　　) A. 价格　　　　　　B. 颜色　　　　　　C. 大小
4. (　　) A. 去打球了　　　　B. 去踢球了　　　　C. 去吃晚饭了
5. (　　) A. 现在不太晚　　　B. 波伟睡着了　　　C. 波伟还在看书
6. (　　) A. 学习不努力　　　B. 考得不太好　　　C. 不能参加考试
7. (　　) A. 他觉得自己考得不错　B. 他现在还不知道成绩
         C. 他一个月后参加考试
8. (　　) A. 接电话　　　　　B. 打电话　　　　　C. 快点儿走
9. (　　) A. 波伟回国了　　　B. 波伟经常回国　　C. 波伟不想回国
10. (　　) A. 鞋子　　　　　　B. 衣服　　　　　　C. 帽子

(二) 听下面的对话并选择正确答案 Listen to the following conversations and choose the right answers

1. (　　) A. 她身体不舒服　　B. 她去医院看病了　C. 她陪同屋去医院了
2. (　　) A. 聊天儿　　　　　B. 上课　　　　　　C. 打电话
3. (　　) A. 办公室　　　　　B. 教室　　　　　　C. 宿舍
4. (　　) A. 冰箱里还有牛奶　B. 女的没有时间去超市
         C. 女的想买牛奶
5. (　　) A. 姐姐现在在做饭　B. 姐姐现在还没回来
         C. 男的不知道姐姐回来了
6. (　　) A. 买哪张画儿　　　B. 画的是什么　　　C. 画儿画得怎么样
7. (　　) A. 电影六点半开始　B. 丁荣写完作业了　C. 丁荣不看电影了
8. (　　) A. 医生给丁荣开药了　B. 丁荣没去医院　C. 丁荣已经买药了
9. (　　) A. 星期五　　　　　B. 星期六　　　　　C. 星期天
10. (　　) A. 白色的一天吃三次，一次一片
         B. 红色的一天吃三次，一次两片
         C. 白色的一天吃两次，一次一片

(三) 听后填空 Fill in the blanks after listening

1. 你明天_____没课_____？
2. 下课了，你_____还不回宿舍呀？
3. 我昨天到_____去_____了。
4. 我不是告诉你晚饭后不要_____吗？
5. 你今天_____了没有？

(四) 听后做练习 Do the exercises after listening

1. 听后判断正误 Judge the statements true or false after listening

    (1) 女的不和他们一起出去玩儿。　　　　　　　　　　(　　)
    (2) 女的准备吃的了。　　　　　　　　　　　　　　　(　　)
    (3) 男的知道女的工作没做。　　　　　　　　　　　　(　　)
    (4) 小王的工作做了。　　　　　　　　　　　　　　　(　　)

2. 听后选择正确答案 Choose the right answers after listening

    (1) (　) A. 结婚　　　　　B. 参加婚礼　　　　C. 和朋友约会
    (2) (　) A. 人不多　　　　B. 很热闹　　　　　C. 时间不长
    (3) (　) A. 结婚　　　　　B. 努力学习　　　　C. 找个男朋友

二 语音语调练习 Phonetic Drills

(一) 选择你听到的词语 Choose the words you hear

1. (　) A. huàn qián　　B. fànqián　　　　2. (　) A. diàntī　　　B. diànjī
3. (　) A. qíngjǐng　　B. xíngjǐng　　　　4. (　) A. bànlǐ　　　B. pānbǐ
5. (　) A. shāzi　　　　B. shǎzi　　　　　6. (　) A. zuòzhèn　　B. zuò zhèng
7. (　) A. shēngchǎn　　B. shèngchǎn　　8. (　) A. xuéyè　　　B. xuèyè
9. (　) A. nánkān　　　B. nánkàn　　　　10. (　) A. zìrán　　　B. zīrǎo

(二)选择你听到的句子 Choose the sentences you hear

1. (　) A. Zhè shì tiānlánsè.　　　　B. Zhè shì tiānránsè.
2. (　) A. Míngtiān wǒ mǎshàng ná guòlai.　　B. Míngpiàn wǒ mǎshàng ná guòlai.
3. (　) A. Wǒ bàba zài biānjiǎn gōngzuò.　　B. Wǒ bàba zài biānjiāng gōngzuò.
4. (　) A. Nǐ zěnme hái bù kāi kǒu?　　B. Nǐ zěnme hái bù gǎi kǒu?
5. (　) A. Nǐ yào yǒu hěnxīn cái xíng.　　B. Nǐ yào yǒu héngxīn cái xíng.
6. (　) A. Tā gàosule dàjiā tā de shēnshì.　　B. Tā gàosule dàjiā tā de shēngrì.
7. (　) A. Qǐng gěi wǒ yìxiē lǐzi.　　B. Qǐng gěi wǒ yìxiē lìzi.
8. (　) A. Wǒ míngtiān jiù qù mǎi shū.　　B. Wǒ míngtiān jiù qù mǎi shù.
9. (　) A. Nǐ yídìng yào hǎohāor zhāodài.　　B. Nǐ yídìng yào hǎohāor jiāodài.
10. (　) A. Wǒ bù zhīdào tā yǒu méiyǒu gēnjù.
　　　　B. Wǒ bù zhīdào tā yǒu méiyǒu gōngjù.

(三)听后标出画线词语的声调 Mark the tones of the underlined words or phrases after listening

1. Zuòyè wǒ zuótiān jiù xiewan le.
2. Nǐ bú shì shuō nǐ bù xiang jia le ma?
3. Wǒ qiántiān xiàwǔ qù kan zuqiu bisai le.
4. Nàtiān de huazhan nǐ kànle meiyou?
5. Tāmen tī de zhēn shì jingcai de hěn.
6. Wǒ huí jiā de shihou bàba yijing huílai le.
7. Māma bú shì gaosu nǐ le ma?
8. Nǐ zěnme hái bù zhidao zhè jiàn shì?
9. Jingli ràng wǒ shuōshuo wǒ de jingli.
10. Gōngsī de zhiyuan dōu ziyuan cānjiā zhège huódòng.

会话 Conversations

一 课文 Texts

（一）你去哪儿了

波　伟：昨天下午你去哪儿了？

李明爱：我去参加一个中国朋友的婚礼了。

波　伟：是吗？谁的婚礼？

李明爱：王明姐姐的婚礼。

波　伟：王明怎么不告诉我呀？婚礼怎么样？

李明爱：很多人都去参加了。大家坐在一起吃饭，聊天儿，祝福新郎、新娘，很有意思！

波　伟：太可惜了！我没去参加。

李明爱：没关系。你等王明结婚的时候再去吧。

波　伟：是啊。看来我只能以后参加王明的婚礼了。

（二）这一个星期你做什么了

王文：李丽，你怎么现在才做老板给你的工作？

李丽：唉，我现在才有时间啊。

王文：你怎么了？

李丽：最近特别忙，我感觉时间太少了。

王文：上星期不是放假七天吗？这一个星期你做什么了？

李丽：放假的时候我妈妈生病住院了，我天天都要去医院照顾她，给她做一些她喜欢吃的菜。

王文：哎呀，你妈妈现在怎么样？还在医院吗？

李丽：她现在回家了。我不用去医院了，在家照顾她就可以。

王文：你辛苦了。

李丽：我妈妈的病好了，但是我儿子考试考得不好，他的老师请我去学校聊聊儿子的学习情况。

王文：别担心，小孩子很容易进步，认真学习就能考得很好。

李丽：看看他下一次的成绩再说吧。

王文：你快忙吧，不打扰你了。

李丽：好的。

二 注释 Note

我天天都要去医院照顾她 I go to the hospital to take care of her every day.

"天天"的意思是"每一天"。名量词的重叠表示"每一""全体""没有例外"的意思。再如：

The word "天天" means "every day". Gemination of a noun means "every one" "the whole" "with no exception". For example:

(1) 我们班的女同学个个都很漂亮。

(2) 条条大路通罗马。

三 练习 Exercises

（一）认读汉字并写出拼音 Learn and read the following characters and give *pinyin* to each of them

题____   成____   绩____   急____   接____

帽____   病____   结____   束____   婚____

幸____   福____   闹____   地____   铁____

可____   惜____   照____   顾____   住____

（二）用正确的语调读下面的句子 Read the following sentences with the correct intonation

1. 你昨天下午去哪儿了？

② 我去看我的朋友了。

③ 你的车不是才买的吗?

④ 现在没有问题了。

⑤ 小黄昨天看书了没有?

⑥ 不要天天看电视!

⑦ 你怎么不做你的作业呢?

⑧ 做了一点儿。

(三) 用加点的词完成对话　Complete the dialogues with the dotted words

① 例　A：你今天怎么没下课就走了?

B：我不舒服，去医院了。

A：_____?

B：我今天起晚了。

② 例　A：你怎么天天上课时说话呀?

B：老师，您说的我都会。

A：_____?

B：我不会写，所以就没写。

③ 例　A：明天的电影票你买了没有?

B：啊，我忘了。

A：_____?

B：啊，我忘了。

（四）找出 A、B 中相关的上下句并用线连起来　Find out the related sentences in column A and B, and link them

A

你会不会说法语？

她的学习成绩怎么样？

你明天要去哪儿？

你给爸爸妈妈打电话了没有？

他太极拳打得怎么样？

你怎么不回答老师的问题？

B

去图书馆

还没呢

打得还可以

好得很

我没听见

会说

（五）根据实际情况回答问题　Answer the questions according to your own situation

① 你昨天上午做什么了？

② 你是不是已经习惯这儿的生活了？

③ 你昨天复习汉语了没有？

④ 你们学习多少课汉语了？

⑤ 你到中国多长时间了？

⑥ 食堂早上是不是六点就开门了？

（六）用所给的词语或结构各说一句话　Make up one sentence orally with the given words or structures

① 了　　② 了＋没有　　③ 肯定形式＋没有

④ 有点儿　　⑤ 一点儿　　⑥ 不是……吗

(七)任务活动　Task activities

① 以第三人称的口气叙述这两段会话。

② 你和朋友讨论最近做了哪些事。

(八)读一读下面的古诗，注意语气和感情　Read the following poem, pay attention to the mood and emotion

Jiāng xuě
江　雪

（Táng）Liǔ Zōngyuán
（唐）柳　宗元

Qiān shān niǎo fēi jué, wàn jìng rén zōng miè.
千 山 鸟 飞 绝，万 径 人 踪 灭。

Gū zhōu suōlì wēng, dú diào hán jiāng xuě.
孤 舟 蓑 笠 翁，独 钓 寒 江 雪。

The River with Snow

(Tang) Liu Zongyuan

No birds in the mountains, nobody on alleys.

An old man with a rain-hat in a lonely boat, fishes on the river in the winter snow.

第二十三课
医生给我开了点儿药

Lesson 23

The doctor prescribes me some medicine

生词 New Words

听力部分

Listening Part

1	裤子	n.	kùzi	trousers, pants
2	裙子	n.	qúnzi	skirt, dress
3	夏天	n.	xiàtiān	summer
4	秋天	n.	qiūtiān	autumn, fall
5	下班		xià bān	to get off work
6	点	v.	diǎn	to order
7	够	v.	gòu	to be enough
8	肚子	n.	dùzi	belly, addomen
9	女儿	n.	nǚ'ér	daughter
10	妻子	n.	qīzi	wife

11	开会		kāi huì	to hold or attend a meeting
12	中药	n.	zhōngyào	traditional Chinese medicine
13	苦	adj.	kǔ	bitter
14	西药	n.	xīyào	western medicine
15	拿	v.	ná	to hold, to take, to catch
16	钱包	n.	qiánbāo	purse, wallet
17	还	v.	huán	to give back, to repay
18	活	v.	huó	to live
19	简单	adj.	jiǎndān	simple
20	欣赏	v.	xīnshǎng	to enjoy

会话部分 Conversation Part

1	挂号		guà hào	to register for a number to keep order (at a hospital, etc.)
2	科	n.	kē	branch of medicine
	内科	n.	nèikē	internal medicine
3	嘴	n.	zuǐ	mouth
4	药房	n.	yàofáng	drugstore, pharmacy

专名 Proper Nouns

| 1 | 北京 | | Běijīng | the capital of China |
| 2 | 西安 | | Xī'ān | Xi'an (capital of Shanxi Province) |

本课生字

New Characters

| 裙 | 夏 | 秋 | 够 | 肚 | 妻 | 拿 |
| 活 | 欣 | 赏 | 挂 | 科 | 内 | 嘴 |

听力
Listening

一 听力理解练习 Listening Comprehension

（一）听下面的句子并选择正确答案 Listen to the following sentences and choose the right answers

1. (　　) A. 衬衫和裤子　　B. 毛衣和裙子　　C. 毛衣和裤子
2. (　　) A. 三块钱　　　　B. 六块钱　　　　C. 七块钱
3. (　　) A. 上个星期二　　B. 这个星期二　　C. 下个星期二
4. (　　) A. 夏天　　　　　B. 秋天　　　　　C. 冬天
5. (　　) A. 早上8点　　　 B. 下午4点　　　 C. 晚上10点
6. (　　) A. 现在　　　　　B. 吃饭以前　　　C 做完作业以后
7. (　　) A. 一次　　　　　B. 两次　　　　　C. 三次
8. (　　) A. 四个　　　　　B. 五个　　　　　C. 六个
9. (　　) A. 嗓子　　　　　B. 眼睛　　　　　C. 肚子
10. (　　) A. 北京　　　　　B. 西安　　　　　C. 南京

（二）听下面的对话并选择正确答案 Listen to the following conversations and choose the right answers

1. (　　) A. 爸爸和女儿　　B. 丈夫和妻子　　C. 哥哥和妹妹

2. (　　) A. 啤酒　　B. 咖啡　　C. 茶

3. (　　) A. 都看懂了　　B. 都没看懂　　C. 看懂了一些

4. (　　) A. 去拿伞　　B. 等一等　　C. 离开这儿

5. (　　) A. 超市　　B. 商店　　C. 医院

6. (　　) A. 女的买了很多菜　　B. 女的考完试了　　C. 两个人是夫妻

7. (　　) A. 女的是老师　　B. 张老师不住在这儿　　C. 男的找到张老师了

8. (　　) A. 都吃完了　　B. 吃了一半　　C. 没吃

9. (　　) A. 正在喝水　　B. 去打球了　　C. 现在不在家

10. (　　) A. 半小时以前到了　　B. 现在正在去的路上　　C. 半个小时以后

（三）听后做练习 Do the exercises after listening

1. 听后选择正确答案 Choose the right answers after listening

(1) (　　) A. 上午九点　　B. 下午两点　　C. 晚上六点

(2) (　　) A. 超市　　B. 办公室　　C. 家里

(3) (　　) A. 几十块　　B. 两百多块　　C. 三百块

(4) (　　) A. 夫妻　　B. 同事　　C. 姐弟

2. 听后选择正确答案 Choose the right answers after listening

(1) (　　) A. 九十九步　　B. 九十九岁　　C. 九十九次

(2) (　　) A. 公司楼下　　B. 办公室里　　C. 家旁边的小公园

(3) (　　) A. 晚饭后要做什么　　B. 在哪儿可以休息　　C. 散步是比较好的运动

二 语音语调练习 Phonetic Drills

（一）选择你听到的词语 Choose the words you hear

1. （　） A. xiǎngfǎ　　B. xiànfǎ
2. （　） A. chénshù　　B. chéngshú
3. （　） A. bīnzhǔ　　B. bǐngzhú
4. （　） A. yīnmái　　B. yīnmóu
5. （　） A. shēngmìng　　B. shénmíng
6. （　） A. chāngjué　　B. chǎnquán
7. （　） A. rěnràng　　B. réngrán
8. （　） A. xiāngdāng　　B. xiàndài
9. （　） A. línmù　　B. língmù
10. （　） A. jiǎngshī　　B. Jiānshì

（二）选择你听到的句子 Choose the sentences you hear

1. （　） A. Tā hěn xǐhuan zhèlǐ de pénjǐng.　　B. Tā hěn xǐhuan zhèlǐ de fēngjǐng.
2. （　） A. Wǒ huì xiǎoxīn de.　　B. Wǒ huì xiǎo xǐng de.
3. （　） A. Tā shì wǒ xīnzhōng de nǚshén.　　B. Tā shì wǒ xīnzhōng de nǚshēng.
4. （　） A. Qiáng shang guàzhe jiǎngzhuàng.　　B. Qiáng shang guàzhe jiǎnzhāng.
5. （　） A. Tā hěn ài tā de qīnrén.　　B. Tā hěn ài tā de qíngrén.
6. （　） A. Wǒmen gāncuì chūfā ba.　　B. Wǒmen gǎnjǐn chūfā ba.
7. （　） A. Qìguān fāshēngle bìngbiàn.　　B. Qìguǎnr fāshēngle bìngbiàn.
8. （　） A. Zhuāngzǐ shì gǔdài yí wèi yǒumíng de zhéxuéjiā.
    B. Zhāngzi shì gǔdài yí wèi yǒumíng de zhéxuéjiā.
9. （　） A. Zhè shì wǒmen gōngsī de Lǐ Jiāng xiānsheng.
    B. Zhè shì wǒmen gōngsī de Lín Jiāng xiānsheng.
10. （　） A. Nàge qíngjǐng hái zài wǒ de nǎohǎi li.
    B. Nàge qíngxing hái zài wǒ de nǎohǎi li.

（三）听后标出画线词语的声调 Mark the tones of the underlined words or phrases after listening

1. Nǐ kěnéng ganmao le.
2. Nàge yīshēng de yishu hěn gāo.

3. Jīngjì fāzhǎn de yuèláiyuè xunmeng.

4. Tā bǎ xiéyóu dangchengle yágāo.

5. Gōngrén shīfu lái gěi wǒmen xiūhǎole dianbingxiang.

6. Gězhōubà shuidianzhan wèiyú Yíchāng jìngnèi.

7. Zhège kōngtiáo de yasuoji huàidiào le.

8. Xíngrén guò mǎlù yào zǒu renxing-hengdao.

9. Qínjiǎn jiéyuē shì Zhonghua minzu de chuántǒng měidé.

10. Yào dào guǎngkuò de shijie li qù shijian.

（四）听后画出重音 Mark the stress syllables after listening

1. 我只吃了两块面包。

2. 今天太晚了，我明天再来。

3. 她怎么又来了？

4. 我现在觉得好多了。

5. 下了课你去哪儿了？

会话
Conversations

一 课文 Texts

（一）你哪儿不舒服

丁荣：我挂个号。

工作人员：哪个科？

丁荣：内科。

（内科）

大夫：你哪儿不舒服？

丁荣：头疼，鼻子不通，还咳嗽。

大夫：几天了？

丁荣：两天了。

大夫：量量体温吧。五分钟以后给我。

丁荣：好的。

大夫：张开嘴，我看看嗓子。有点儿红。

丁荣：大夫，我得了什么病？

大夫：有点儿感冒，别担心。给我看看，38度，发烧了。你想打针还是吃药？

丁荣：我不喜欢打针，您给我开点儿药吧。

大夫：好吧，你回去以后好好儿休息，多喝水。这是给你开的药，你去药房拿药吧。

丁荣：谢谢大夫。

（二）我来看看你

丁荣：波伟，你怎么来了？

波伟：听说你病了，我们大家都很担心，我来看看你。

丁荣：没事儿，有点儿感冒。今天早上我去了学校医院，医生给我开了点儿药。

波伟：现在感觉怎么样？

丁荣：我已经吃了药，现在觉得好一些。

波伟：这两天你要好好儿休息，别太累。

丁荣：谢谢。对了，今天学了哪一课？

波伟：二十课学完了，二十一课只学了一半儿。

丁荣：不知道明天去上课的时候，我还能不能听懂。

波伟：别担心，我可以帮你复习。

丁荣：真的吗？太谢谢你了！

二 注 释 Notes

（一）你哪儿不舒服？ What' wrong with you?

大夫询问病人身体情况的常用语，其他还有："你怎么了""你怎么不舒服"等。

It is the common expression that a doctor uses when he asks a patient. Other expressions are "你怎么了(What's the matter with you)" "你怎么不舒服(What's wrong with you)" and so on.

（二）对了 Well

插入语，用于转换话题。
It is a parenthesis to introduce a topic.

三 练 习 Exercises

（一）认读汉字并写出拼音 Learn and read the following characters and give *pinyin* to each of them

肚 _____   裤 _____   秋 _____   够 _____   拿 _____

挂 _____   烧 _____   药 _____   裙 _____   号 _____

鼻 _____   检 _____   苦 _____   妻 _____   嘴 _____

嗓 _____   查 _____   离 _____   夫 _____   针 _____

（二）用正确的语调读下面的句子 Read the following sentences with the correct intonations

① 丁荣怎么了？请你说说她的症状（zhèngzhuàng, symptom）。
② 感冒时要注意什么？
③ 丁荣现在好点儿了吗？
④ 波伟他们学习到第几课了？
⑤ 丁荣什么时候去上课？

（三）扩展练习　Extending exercises

例　懂→听懂→听懂这个句子→听懂了这个句子→她听懂了这个句子

完→_____→_____→_____→_____

错→_____→_____→_____→_____

见→_____→_____→_____→_____

（四）模仿例句，完成对话　Complete the dialogues according to the examples

1 例　A：你哪儿不舒服？

B：我头疼，鼻子不通，还咳嗽。

A：你哪儿不舒服？

B：_____。

2 例　A：你怎么了？

B：我肚子疼。

A：你怎么了？

B：_____。

3 例　A：听说你病了，我们大家都很担心，我来看看你。

B：没事儿，有点儿感冒。吃了药，已经好多了。

A：听说你病了，我们大家都很担心你，我来看看你。

B：_____。

（五）用所给的词语结合图片各说一句话 Make up one sentence orally with each of the given words and pictures

越来越

打针

感冒/发烧

检查

考试

（六）任务活动 Task activities

① 你肚子疼，去医院看医生。

② 你的朋友病了，你去医院看他。

（七）读一读 Reading

Jiǔ jiǔ gē
九九歌

yī jiǔ èr jiǔ bù chū shǒu, sān jiǔ sì jiǔ bīng shang zǒu.
一九二九不出手，三九四九冰上走。

wǔ jiǔ liù jiǔ yán hé kàn liǔ, qī jiǔ hé kāi, bā jiǔ yàn lái,
五九六九沿河看柳，七九河开，八九燕来，

jiǔ jiǔ jiā yī jiǔ, gēng niú biàn dì zǒu.
九九加一九，耕牛遍地走。

Song of Nine Nine-Days

During the 1st and 2nd nine-days, people must cover their hands;

During the 3rd and 4th nine-days, on the ice of the river people can walk;

During the 5th and 6th nine-days, willow can be seen along the river bank;

During the 7th nine-days ice in the river thaws and during the 8th nine-days swallows come;

When the 9th and 10th nine-days come, it is spring and farm cattles are working in the fields.

第二十四课 你有时间吗

Lesson 24 Are you free

生词 New Words

听力部分 Listening Part

1	起飞	v.	qǐfēi	to take off
2	躺	v.	tǎng	to lie, to recline, to lie down
3	响	v. / adj.	xiǎng	to make a sound, to ring; loud
4	出发	v.	chūfā	to set out, to set off, to start off
5	外科	n.	wàikē	surgery, surgical department
6	打扫	v.	dǎsǎo	to clean, to sweep
7	弹	v.	tán	to play
8	钢琴	n.	gāngqín	piano
9	开玩笑		kāi wánxiào	to make fun of, to crack a joke

10	忘	v.	wàng	to forget
11	架	m.	jià	*measure word*
12	当然	adv.	dāngrán	certainly, of course
13	成功	v. / adj.	chénggōng	to succeed; successful

会话部分 Conversation Part

1	阳光	n.	yángguāng	sunlight, sunshine
2	电视台	n.	diànshìtái	TV station
3	记者	n.	jìzhě	journalist, reporter
4	恭喜	v.	gōngxǐ	to congratulate
5	理想	n. / adj.	lǐxiǎng	ideality; ideal
6	律师	n.	lǜshī	lawyer
7	变	v.	biàn	to become different, to change
8	希望	v. / n.	xīwàng	to hope, to wish; wish, hope

本课生字 New Characters

躺 响 扫 弹 钢 琴 忘

功 阳 光 视 者 恭 理

律 变 希 望

听力 Listening

一 听力理解练习 Listening Comprehension

（一）听下面的句子并选择正确答案 Listen to the following sentences and choose the right answers

1. (　　) A. 半年　　　　　　B. 两年　　　　　　　C. 两年半
2. (　　) A. 688块钱　　　　B. 868块钱　　　　　C. 1088块钱
3. (　　) A. 二月　　　　　　B. 四月　　　　　　　C. 十月
4. (　　) A. 丁丁姐姐　　　　B. 丁丁　　　　　　　C. 我
5. (　　) A. 1：30　　　　　B. 2：00　　　　　　C. 3：30
6. (　　) A. 飞机10分钟后起飞　B. 飞机现在就起飞
         C. 飞机10分钟前起飞了
7. (　　) A. 15分钟　　　　　B. 30分钟　　　　　　C. 45分钟
8. (　　) A. 吃饭　　　　　　B. 在床上躺着　　　　C. 打电话
9. (　　) A. 去寄快递　　　　B. 锻炼了两个小时　　C 洗了个凉水澡
10. (　　) A. 喝水　　　　　　B. 锻炼　　　　　　　C. 听安静的音乐

（二）听下面的对话并选择正确答案 Listen to the following conversations and choose the right answers

1. (　　) A. 飞机场　　　　　B. 火车站　　　　　　C. 地铁站
2. (　　) A. 去年大学毕业　　B. 是一个外科医生　　C. 刚到这里工作
3. (　　) A. 现在房间里很干净　B. 男的房间现在不干净
         C. 男的今天上午打扫房间了
4. (　　) A. 是女的买的　　　B. 附近有个公园
         C. 在女的办公室附近
5. (　　) A. 她眼睛不红　　　B. 她刚才哭了　　　　C. 她刚起床

6. （　　） A. 睡觉　　　　　　B. 看电视　　　　　　C. 参加比赛
7. （　　） A. 高兴　　　　　　B. 生气　　　　　　　C. 吃惊
8. （　　） A. 弹钢琴　　　　　B. 看电影　　　　　　C. 游泳
9. （　　） A. 6：30　　　　　 B. 7：30　　　　　　 C. 8：00
10.（　　） A. 一天　　　　　　B. 两天　　　　　　　C. 一个星期

（三）听后做练习　Do the exercises after listening

1. 听后选择正确答案　Choose the right answers after listening

（1）（　　） A. 看电影　　　　　B. 游泳　　　　　　　C. 看画展
（2）（　　） A. 去医院看朋友　　B. 预习　　　　　　　C. 陪妈妈去买衣服
（3）（　　） A. 星期四　　　　　B. 星期五　　　　　　C. 星期六
（4）（　　） A. 可能　　　　　　B. 不可能　　　　　　C. 如果有空儿就去

2. 听后判断正误　Judge the statements true or false after listening

（1）李老师说，每天练习10分钟，钢琴就可以弹得很好。　　（　　）
（2）李老师在404教室上课。　　　　　　　　　　　　　　（　　）
（3）李老师上课的教室里有一架钢琴。　　　　　　　　　　（　　）
（4）李老师三年前开始学习钢琴。　　　　　　　　　　　　（　　）

二　语音语调练习　Phonetic Drills

（一）选择你听到的词语　Choose the words you hear

1. （　　） A. yǎnjing　　B. yǎnjìng　　　2. （　　） A. fēngzī　　　B. fēngzi
3. （　　） A. mùdi　　　B. mùdì　　　　 4. （　　） A. xīngxing　　B. xíngxīng
5. （　　） A. tóuténg　　B. tóutòng　　　6. （　　） A. yīnxiàng　　B. yìnxiàng
7. （　　） A. kuàilè　　 B. kuài le　　　 8. （　　） A. jízī　　　　B. jīzi
9. （　　） A. shūshāng　B. shū shang　　10.（　　） A. xiàohua　　 B. xiàohuār

（二）选择你听到的句子 Choose the sentences you hear

1. (　) A. Zhè shì wǒ de tǔdì.　　　　B. Zhè shì wǒ de túdì.
2. (　) A. Nǐ néng fēnqīng zhèli de dōngxi ma?
       B. Nǐ néng fēnqīng zhèli de dōngxī ma?
3. (　) A. Zhīdao tāmen yào lái wǒ cái zhǔnbèi de.
       B. Zhídào tāmen yào lái wǒ cái zhǔnbèi de.
4. (　) A. Zhè běn shū gěile wǒ hěn shēn de yìnxiàng.
       B. Zhè běn shū gěile wǒ hěn shēn de yǐngxiǎng.
5. (　) A. Wǒ bīnguǎn fángjiān de yàoshi bú jiàn le.
       B. Wǒ bīnguǎn fángjiān de yàoshuǐ bú jiàn le.
6. (　) A. Tā de gōngsī zuò de shì jìn kǒu máoyī.
       B. Tā de gōngsī zuò de shì jìn kǒu màoyì.
7. (　) A. Tā chángchang shòudào lǎoshī de biǎozhāng.
       B. Tā chángchang shòudào lǎoshī de biǎoyáng.
8. (　) A. Shìshàng de shìr shuí néng shuō qīngchu?
       B. Shíshàng de shìr shuí néng shuō qīngchu?
9. (　) A. Wǒ qù shāngdiàn mǎi yìxiē jiǎozi.　　B. Wǒ qù shāngdiàn mǎi yìxiē jiàozi.
10. (　) A. Jīnglǐ míngtiān yídìng huì lái.　　B. Jīnglǐ míngtiān yídìng huílai.

（三）听后标出画线词语的声调 Mark the tones of the underlined words or phrases after listening

1. Zuìjìn putao shàng shì le.
2. Nǐ shishi zhè jiàn dà yìdiǎnr de ba.
3. Tā yaole yao tóu tànle kǒu qì.
4. Wǒ bǎ shou shang de shìr chǔlǐ wánle jiù lái.
5. Zhè shì yí duàn weixian de lǚchéng.
6. Yì tiáo èyú zhèngzài xiàng tā bijin.
7. Zhè jiàn shì zhēn ràng rén nanyizhixin.
8. Nǐ zěnme lǎoshì hulihutu de?
9. Zhège kuàidì shì jìdào Měiguó Yelu Daxue de.
10. Shíbā-jiǔ suì zhèng shì fenghua-zhengmao de niánjì.

(四）听后画出重音 Mark the stress syllables after listening

1. 我在这儿工作了十年了。
2. 我想在公司附近租套房子。
3. 他打篮球打了一下午。
4. 博物馆外面太吵了。
5. 他昨天晚上才睡了四个小时的觉。

会话 Conversations

一 课文 Texts

（一）你有时间吗

张文：波伟，我刚租了一套房子，这个星期六我想请朋友们到我家来玩儿，你有时间吗？

波伟：好啊，我一定去。你怎么换房子了？你在以前的那个地方才住了两个月。

张文：那个房子离学校太远了，要骑一个小时的车才能到学校。

波伟：现在的房子在学校附近吗？

张文：是的，就在学校旁边，走路十五分钟就能到。

波伟：你租了多长时间？

张文：一年。

波伟：我挺喜欢你以前那个房子的，又大又干净，阳光很好。

张文：现在这个房子也很好，你看了也一定喜欢。

波伟：好的，怎么去你那儿？几点去？

张文：星期六下午三点，我在学校大门口等你们。

（二）恭喜你

安达：张文，听说你下个月毕业，工作找好了吗？

张文：找好了，在一家电视台当记者。

安达：恭喜你。这是你理想的工作吗？

张文：我小时候的理想是当一名律师。不过我上大学以后的理想是当记者，因为我学的就是新闻。你呢？

安达：我的理想从小到大都没有变——当一名医生。

张文：听说你的父母都是医生。

安达：对，他们都是很有名的外科医生，我看见他们治好了很多病人，所以我希望也能当一名外科医生。

张文：祝你成功！

二 注 释 Notes

（一）这个星期六我想请朋友们到我家来玩儿，你有时间吗？

I am going to invite my friends to my home this Saturday. Would you like to come?

"……，你有时间吗"是邀请某人做某事常用的表达方式。类似的方法还有：

The expression "……，你有时间吗" is commonly used to invite somebody to do something. The following are the similar expressions:

(1) 我想请你去……，你有时间／空儿吗？

(2) 听说……，我们一起去，好吗？

(3) 明天晚上我们有个……，你也来参加，好吗？

(4) 我们一起……，你看怎么样？

（二）好啊，我一定去。OK, I am surely to go.

这是回答别人的邀请时常用的表达方式。类似的方法还有：

This is a usual expression answering to others' invitation. The following are the similar expressions:

(1) 行，没问题。

(2) 真对不起，那天我有事儿，下星期一怎么样？

（三）恭喜你！ Congratulations to you!

"恭喜你"是祝贺别人时常用的表达方式。类似的方法还有：

The expression "恭喜你" is usually used to congratulate others. The following are similar expressions:

(1) 祝贺你！

(2) 恭喜恭喜！

三 练 习 Exercises

（一）认读汉字并写出拼音 Learn and read the following characters and give *pinyin* to each of them

躺 _____　　变 _____　　起 _____　　响 _____　　打 _____

扫 _____　　弹 _____　　架 _____　　忘 _____　　当 _____

然 _____　　成 _____　　钢 _____　　琴 _____　　阳 _____

记 _____　　恭 _____　　律 _____　　功 _____　　希 _____

（二）根据课文内容回答问题 Answer the questions according to the texts

① 张文请朋友们去她家做什么？

② 张文在原来的房子住了多长时间？

③ 张文为什么搬家（bān jiā, to move）？

④ 张文原来的房子怎么样？

⑤ 张文什么时候毕业？

⑥ 张文找到了什么工作？这份工作她满意吗？

⑦ 安达理想的工作是什么？为什么？

（三）扩展练习　Extending exercises

例　睡觉→睡三个小时的觉→每天睡三个小时的觉→他每天只睡三个小时的觉

生气　→_____→_____→_____

聊天儿→_____→_____→_____

坐飞机→_____→_____→_____

上网　→_____→_____→_____

（四）模仿例句，完成对话　Complete the dialogues according to the examples

① 例　A：这个星期六我想请朋友们到我家来玩儿，你有时间吗？

　　　B：好啊，我一定去。

　　　A：下个周末我想请_____，_____？

　　　B：好啊，我一定去。

② 例　A：听说明天博物馆有个画展，我们一起去看，好吗？

　　　B：不行，我的工作还没做完呢。

　　　A：听说_____，好吗？

　　　B：_____。

③ 例　A：你的理想是什么？

　　　B：我的理想是当一名律师。

　　　A：你的理想是什么？

　　　B：我的理想是_____。

（五）用下面的词语各说一句话 Make up one sentence with the given words or phrases

1. 如果……就……
2. 生气
3. 刚
4. 约
5. 理想
6. 希望
7. 租

（六）任务活动 Task activities

1. 你请朋友到宿舍来玩儿，并告诉他/她怎么走。
2. 谈一谈你的理想以及你打算怎么实现你的理想。

（七）读一读 Reading

Èrshísì jiéqì gē
二十四节气歌

Chūnyǔ jīng chūn qīng gǔtiān,　xià mǎn máng xià shǔ xiānglián,
春雨 惊 春 清 谷天，夏满 芒 夏 暑 相连，

qiūchǔ lù qiū hánshuāng jiàng,　dōngxuě xuě dōng xiǎo-dàhán.
秋处 露 秋 寒霜 降，　冬雪 雪 冬 小 大寒。

The Song of Twenty-Four Solar Terms

Spring begins, Rain Water awaken insects; after Spring Equinox is Pure Brightness and then Grain Rain;

Summer starts Grain Buds and Grain in Ear; then the Summer Solstice the Slight and Great Heat come along.

Autumn stops the heat, White Dew descends, then after Autumn Equinox, Cold Dew and cold frost fall down;

Winter comes with Slight and Great Snow; after the Winter Solstice the Slight and Great Cold are around.

第二十五课 复习（五）

Lesson 25 Revision (V)

 生词 New Words

🎧 听力部分

Listening Part

1	顾客	n.	gùkè	customer
2	它	pron.	tā	it
3	别人	pron.	biéren	other people
4	及格		jí gé	to pass a test
5	饼干	n.	bǐnggān	biscuit
6	关	v.	guān	to close, to turn off
7	逛	v.	guàng	to stroll, to wander
8	待	v.	dāi	to stay
9	旅游	v.	lǚyóu	to travel, to tour
10	方法	n.	fāngfǎ	method, way, means

11	半天	quan.	bàntiān	half of the day, quite a while
12	录音	n.	lùyīn	recording
13	分数	n.	fēnshù	mark, score
14	发现	v.	fāxiàn	to find out, to discover
15	答案	n.	dá'àn	answer
16	马虎	adj.	mǎhu	careless

会话部分
Conversation Part

1	胖	adj.	pàng	fat
2	行	v.	xíng	to be all right
3	减肥		jiǎn féi	to lose weight
4	办法	n.	bànfǎ	way to handle affairs, method
5	瘦	adj.	shòu	thin, lean
6	平时	n.	píngshí	usually, at ordinary times
7	零食	n.	língshí	snack
8	紧张	adj.	jǐnzhāng	nervous
9	梦	n./v.	mèng	dream; to dream

专 名
Proper Noun

	云南		Yúnnán	Yunnan (Province)

本课生字 — New Characters

顾　它　及　饼　逛　待　旅　录

案　虎　胖　减　肥　瘦　紧　梦

听力 Listening

一 听力理解练习 Listening Comprehension

（一）听下面的句子并选择正确答案 Listen to the following sentences and choose the right answers

1. (　) A. 他现在习惯了睡午觉
   B. 他一直都有睡午觉的习惯
   C. 来中国以前他很喜欢睡午觉
2. (　) A. 谁能买这双鞋　　B. 这双鞋贵不贵　　C. 她的钱够不够买这双鞋
3. (　) A. 丁荣教得很耐心　　B. 丁荣教得很快　　C. 他学得很耐心
4. (　) A. 找电话　　B. 接电话　　C. 回电话
5. (　) A. 高兴　　B. 生气　　C. 奇怪
6. (　) A. 东西很好　　B. 售货员不热情　　C. 顾客很多
7. (　) A. 问路　　B. 找银行　　C. 帮助别人
8. (　) A. 不错　　B. 不好　　C. 不好也不差
9. (　) A. 医院　　B. 教室　　C. 宿舍
10. (　) A. 五个　　B. 四个　　C. 三个

(二) 听下面的对话并选择正确答案　Listen to the following conversations and choose the right answers

1. (　　) A. 做饭　　　　　　B. 吃饭　　　　　　C. 吃饼干
2. (　　) A. 玩儿电脑　　　　B. 关电脑　　　　　C. 做作业
3. (　　) A. 去书店　　　　　B. 逛商店　　　　　C. 参观博物馆
4. (　　) A. 一个星期　　　　B. 两个星期　　　　C. 三个星期
5. (　　) A. 宿舍　　　　　　B. 教室　　　　　　C. 图书馆
6. (　　) A. 同学　　　　　　B. 夫妻　　　　　　C. 男女朋友
7. (　　) A. 不努力　　　　　B. 太着急　　　　　C. 学习方法不太好
8. (　　) A. 没听见　　　　　B. 不想见男的　　　C. 有点儿生气
9. (　　) A. 男的肚子一直很疼　B. 女的很关心男的
   C. 男的想去医院
10. (　　) A. 常常得第一名
    B. 只得了一次第一名
    C. 这次不是第一名

(三) 听后做练习　Do the exercises after listening

1. 听后判断正误　Judge the statements true or false after listening

   (1) 男的早来了十分钟。　　　　　　　　　　　　　　(　　)
   (2) 男的听错了考试的时间。　　　　　　　　　　　　(　　)
   (3) 今天下午也有考试。　　　　　　　　　　　　　　(　　)
   (4) 明天的考试八点开始。　　　　　　　　　　　　　(　　)

2. 听后选择正确答案　Choose the right answers after listening

   (1) (　　) A. 96 分　　　　　　B. 94 分　　　　　　C. 92 分
   (2) (　　) A. 考了 92 分　　　　B. 考了第一名　　　　C. 得了 96 分
   (3) (　　) A. 做得比较马虎　　　B. 都没听懂　　　　　C. 没认真准备
   (4) (　　) A. 他觉得分数不对　　B. 是班里最差的　　　C. 他不太满意

二 语音语调练习 Phonetic Drills

（一）选择你听到的词语 Choose the words you hear

1. （　） A. fāngmiàn　　B. fāngbiàn
2. （　） A. bǐrú　　B. mítú
3. （　） A. nàixīn　　B. nàixìng
4. （　） A. kùnnan　　B. kuánglán
5. （　） A. shúliàn　　B. sùyán
6. （　） A. wénzì　　B. wénzi
7. （　） A. tígāo　　B. tiàogāor
8. （　） A. xuéqī　　B. lièqí
9. （　） A. guòqù　　B. guòlù
10. （　） A. yìbān　　B. yíbàn

（二）选择你听到的句子 Choose the sentences you hear

1. （　） A. Wǒ méiyǒu shìjuàn.　　B. Wǒ méiyǒu shíjiān.
2. （　） A. Péiyǎng háizi yào yǒu nàixīn.　　B. Péiyǎng háizi yào yǒu àixīn.
3. （　） A. Zhè zhǒng chǎnpǐn de zhìliàng zěnmeyàng?
    B. Zhè zhǒng chǎnpǐn de zhòngliàng zěnmeyàng?
4. （　） A. Wǒ zhǐshì yí ge gùkè éryǐ.　　B. Wǒ zhǐshì yí ge guòkè éryǐ.
5. （　） A. Tā de rèqíng ràng rén gǎndòng.　　B. Tā de rénqíng ràng rén gǎndòng.
6. （　） A. Biéren nǐ bú yòng wǒ yòng.　　B. Biézhēn nǐ bú yòng wǒ yòng.
7. （　） A. Zhèr yǒu hěn duō bǐnggān.　　B. Zhèr yǒu hěn duō bīngshān.
8. （　） A. Zhè shì yí ge hǎo fāngfǎ.　　B. Zhè shì yí ge hǎo bànfǎ.
9. （　） A. Nǐ zhè shì zhèngquè de cídài ma?
    B. Nǐ zhè shì zhèngquè de zītài ma?
10. （　） A. Zhège fēnshù yǒu wèntí ma?　　B. Zhè kē fēngshù yǒu wèntí ma?

（三）听后标出画线词语的声调 Mark the tones of the underlined words or phrases after listening

1. Zhè cì kǎo shì ji ge xuésheng bù ji ge?
2. Wǒ zuìjìn yuelaiyue pàng.
3. Nǐ yǒu shénme hǎo de jian fei fangfa ma?
4. Tā zǒngshì kǎo shì yǐqián kai yeche.

5. Wǒ yòng Hànyǔ biǎoyǎn jiémù de shíhou hěn jinzhang.

6. Fàng jià yǐhòu wǒ xiǎng qù Yúnnán luyou.

7. Nǐmen bān de zui gao fen shì duōshao?

8. Wǒ zuótiān wǎnshang mengjianle wǒ de māma.

9. Wǒ zhǎole bàntiān yě méi zhaozhao.

10. Tā xǐle yí ge reshuizao jiù shuì jiào le.

（四）听后画出句重音 Mark the stress syllables after listening

1. 我男朋友会做饭，而且做得很好。

2. 你刚才说什么？我没听清楚。

3. 周末的作业很多，我做了两个晚上才做完。

4. 我越来越喜欢学汉语。

5. 我们刚到家，外面就下雨了。

6. 王明常常给我讲中国的风俗习惯。

会话 Conversations

课文 Texts

（一）来中国以后我越来越胖

丁　荣：来中国以后我越来越胖，怎么办啊？

李明爱：没关系，我觉得你胖一点儿也很漂亮。

丁　荣：不行，我一定要减肥！你有没有好办法？

李明爱：你可以每天去操场锻炼锻炼身体，运动运动。

丁　荣：好。我还打算从今天开始不吃晚饭。

李明爱：不吃饭对身体不好，可能你会越来越瘦，但身体也会越来越差。

丁　荣：那我就少吃一点儿，可以吧？

李明爱：我觉得吃饭不用担心，但平时不要吃零食。

丁　荣：对，我平常吃零食比较多，以后注意。对了，我再去买点儿减肥药吃吃吧？

李明爱：不要吃药，对身体不好。你可以试试减肥茶。

丁　荣：好。

（二）你考得怎么样

张　文：你们期中考试考完了吗？

安　德：还没有。今天考了汉语和听力，明天上午考口语。

张　文：今天考得怎么样？

安　德：不怎么样。

张　文：是吗？为什么？

安　德：我昨天晚上没睡好，今天早上从起床到现在一直头疼。

张　文：是不是开夜车，睡得太晚了？

安　德：不是，我昨晚九点就上床了，可是在床上躺了两个小时也没睡着。

张　文：你一定是太紧张了吧？

安　德：可能吧，最后不知道什么时候睡着了，但做了很多梦。

张　文：梦见什么了？

安　德：梦见考试的时候，我都不会做，得了零分。

张　文：你不要想得太多，晚上也不要太早睡，睡前喝点儿热牛奶。

安　德：我试试吧。

二　注释 Notes

（一）不怎么样　Not very good

"不怎么样"意思是"不太好"。语气较委婉。又如：

"不怎么样" means not very good. The mood is a little euphemistic. For example:

A：电影怎么样？

B：不怎么样。

（二）开夜车　Work deep into the night

"开夜车"指因时间不够，在夜里继续工作或学习。如：

"开夜车" means to continue working or studying because of inadequate of time. For example:

他昨天晚上开了个夜车，才把文章写出来。

三　练　习　Exercises

（一）认读汉字并写出拼音　Learn and read the following characters and give *pinyin* to each of them

胖 _____　　客 _____　　耐 _____　　别 _____　　顾 _____

瘦 _____　　待 _____　　旅 _____　　游 _____　　及 _____

格 _____　　法 _____　　分 _____　　行 _____　　饼 _____

逛 _____　　虎 _____　　紧 _____　　梦 _____　　减 _____

（二）根据课文内容回答问题　Answer the questions according to the texts

① 丁荣为什么要减肥？

② 丁荣打算怎么减肥？

③ 李明爱建议（jiànyì, to advise）丁荣怎么减肥？

④ 安德期中考试考完了吗？

⑤ 安德今天考了什么？他考得怎么样？

⑥ 安德为什么说考得"不怎么样"？

⑦ 安德昨天晚上睡得怎么样？

（三）扩展练习　Extending exercises

例　看 → 看见 → 看见王老师 → 我看见王老师了

听 → 听错 → _____ → _____

吃 → 吃完 → _____ → _____

约 → 约好 → _____ → _____

找 → 找着 → _____ → _____

梦 → 梦见 → _____ → _____

（四）模仿例句，完成对话　Complete the dialogues according to the examples

1 例　A：我想减肥，你有好办法吗？

　　　　B：你要多运动。

　　　A：我女朋友生气了，你说我该怎么办？

　　　B：_____。

2 例　A：你期中考试考得怎么样？

　　　　B：不怎么样。

　　　A：_____。

　　　B：挺好的。

3 例　A：你的汉语怎么说得这么好？

　　　　B：我有很多中国朋友。

　　　A：_____？

　　　B：今天有考试。

④ 例 A：这儿不是没有地铁吗？

B：东边那家超市旁边就有地铁。

A：＿＿＿＿＿＿＿＿＿＿＿＿＿＿＿？

B：我回来拿东西。

（五）用所给的词语结合图片各说一句话 Make up one sentence orally with the given words and pictures

及格　　　　　　　逛　　　　　　　减肥

旅游　　　　　　　紧张

（六）任务活动 Task activities

① 你的朋友向你请教一些事情（如学习汉语的好方法、交朋友、减肥、旅游等），你给他/她一些建议。

② 说说你来中国以后的学习和生活情况。

（七）读一读下面的古诗，注意语气和感情　Read the following poem, pay attention to the mood and emotion

Dēng Guànquè Lóu
登 鹳 雀 楼

（Táng）Wáng Zhīhuàn
（唐）王 之涣

Báirì yī shān jìn, Huánghé rù hǎiliú.
白日 依 山 尽，黄河 入 海流。

Yù qióng qiān lǐ mù, gèng shàng yì céng lóu.
欲 穷 千 里 目，更 上 一 层 楼。

To Ascend Guanque Tower

(Tang) Wang Zhihuan

The sun descends behind the mountains, the Yellow River flows into the sea.

If you want to widen your view further, go up to the higher floor.

第二十六课
今天比昨天暖和一点儿

Lesson 26

It is a little warmer than yesterday

生词 New Words

听力部分

Listening Part

1	服务员	n.	fúwùyuán	attendant, waiter
2	关	v.	guān	to close
3	客人	n.	kèren	visitor, guest
4	年轻	adj.	niánqīng	young
5	队	n.	duì	team
6	赢	v.	yíng	to win
7	输	v.	shū	to lose
8	工资	n.	gōngzī	wage, pay, salary
9	春天	n.	chūntiān	spring
10	暖和	adj.	nuǎnhuo	warm

11	千米	m.	qiānmǐ	kilometer
12	市区	n.	shìqū	urban area, urban district
13	中学	n.	zhōngxué	middle school
14	争论	v.	zhēnglùn	to argue, to debate, to dispute
15	太阳	n.	tàiyang	sun
16	圆	adj.	yuán	round, circular
17	随便	adj.	suíbiàn	casual, random
18	知识	n.	zhīshi	knowledge

会话部分 Conversation Part

1	阴	adj.	yīn	overcast, cloudy
2	转	v.	zhuǎn	to turn, to shift, to change
3	低	adj.	dī	low
4	说不定	adv.	shuōbudìng	perhaps, maybe
5	台灯	n.	táidēng	desk lamp, table lamp
6	小伙子	n.	xiǎohuǒzi	young fellow, youngster
7	算了	v.	suànle	to forget it, to let it pass

专名 Proper Nouns

1	香港	Xiānggǎng	Hong Kong
2	孔子	Kǒngzǐ	Confucius

本课生字   New Characters

队　赢　输　资　春　暖　争

论　圆　随　阴　转　低　伙

算　港　孔

听力 Listening

一 听力理解练习 Listening Comprehension

（一）听下面的句子并选择正确答案 Listen to the following sentences and choose the right answers

1. (　) A. 7：30　　　　　　B. 8：00　　　　　　C. 8：30
2. (　) A. 700 元　　　　　　B. 500 元　　　　　　C. 1200 元
3. (　) A. 3 岁　　　　　　　B. 5 岁　　　　　　　C. 8 岁
4. (　) A. 21 度　　　　　　　B. 30 度　　　　　　C. 36 度
5. (　) A. 换新手机了　　　　B. 换手机号码了　　　C. 不愿意接电话
6. (　) A. 这个不是沙可　　　B. 沙可现在很帅　　　C. 沙可和以前差不多
7. (　) A. 比张文的大，也贵一点儿
         B. 比张文的小，但是比她的便宜
         C. 比张文的小，却没有她的便宜
8. (　) A. 商店售货员　　　　B. 博物馆售票员　　　C. 饭店服务员
9. (　) A. 公园 5 点关门　　　B. 他们玩儿了 5 个小时
         C. 昨天他们一直在家

60

10. （　　） A. 星期一的客人比周末少

　　　　　　B. 周末的客人比星期一的少

　　　　　　C. 星期一的客人和周末的差不多

（二）听下面的对话并选择正确答案　Listen to the following conversations and choose the right answers

1. （　　） A. 同学　　　　　　B. 师生　　　　　　　C. 夫妻
2. （　　） A. 韩国队一定会赢　B. 韩国队一定会输　　C. 结果不好说
3. （　　） A. 工资　　　　　　B. 环境　　　　　　　C. 同事关系
4. （　　） A. 北京队输了　　　B. 北京队打得很好　　C. 他们在谈足球比赛
5. （　　） A. 春天　　　　　　B. 夏天　　　　　　　C. 秋天
6. （　　） A. 筷子　　　　　　B. 鞋子　　　　　　　C. 裤子
7. （　　） A. 男的那儿　　　　B. 女的这儿　　　　　C. 出租车上
8. （　　） A. 比以前差　　　　B. 比以前好　　　　　C. 和以前差不多
9. （　　） A. 一千多的　　　　B. 三千多的　　　　　C. 八千多的
10. （　　） A. 还在医院　　　　B. 最近生病了　　　　C. 已经不吃药了

（三）听后做练习　Do the exercises after listening

1. **听后选择正确答案**　Choose the right answers after listening

   （1）（　　） A. 交通方便　　　B. 价格便宜　　　　C. 离她公司近

   （2）（　　） A. 他们很有钱　　B. 她的爱人喜欢车　C. 住在郊区交通不方便

   （3）（　　） A. 在女的家旁边　B. 比市区的学校差多了

   　　　　　　　C. 女的儿子正在那儿上学

2. **听后选择正确答案**　Choose the right answers after listening

   （1）（　　） A. 太阳什么时候比较大　　　　B. 太阳什么时候比较近

   　　　　　　　C. 太阳什么时候比较热

   （2）（　　） A. 中午比较热　　B. 太阳比较大　　　C. 小的比较远

   （3）（　　） A. 比较大　　　　B. 比较圆　　　　　C. 比较冷

   （4）（　　） A. 小孩子不懂　　B. 他不愿意说　　　C. 他真的不知道答案

二 语音语调练习 Phonetic Drills

(一) 选择你听到的词语 Choose the words you hear

1. (　) A. qiánmén　　B. qiánménr
2. (　) A. gànhuó　　B. gàn huór
3. (　) A. dàtóu　　B. dǎ tóur
4. (　) A. bīngguì　　B. bīnggùnr
5. (　) A. báibǎn　　B. báibānr
6. (　) A. xiāojí　　B. xiǎo jī
7. (　) A. jiǔ píng　　B. jiǔpíngr
8. (　) A. hǎo wǎn　　B. hǎowánr
9. (　) A. měishì　　B. méi shìr
10. (　) A. xíngrén　　B. xìngrénr

(二) 选择你听到的句子 Choose the sentences you hear

1. (　) A. Xiànzài lái yǐjīng wǎn le.　　B. Xiànzài lái yǐjīng wán le.
2. (　) A. Xuéxiào zǔzhī xuéshengmen qù chūnyóu.
       B. Xuéxiào zǔzhǐ xuéshengmen qù chūnyóu.
3. (　) A. Zhège wèntí shízài méi bànfǎ jiǎng qíng.
       B. Zhège wèntí shízài méi bànfǎ jiǎngqīng.
4. (　) A. Zhè běn shū shì bái sòng de.　　B. Zhè běn shū shì Běi Sòng de.
5. (　) A. Jiǎnchá jiù yào dào le.　　B. Jǐngchá jiù yào dào le.
6. (　) A. Tā yǒu hěn duō péngyou.　　B. Tā yǒu hěn duō fēngyī.
7. (　) A. Lǎo Zhāng háishi bú lèyì.　　B. Lǎo Zhāng hěn shì bú lèyì.
8. (　) A. Wǒ fèile hǎo dà gōngfu cái nònghǎo.
       B. Wǒ fèile hǎo dà gōngfu cái nònglǎo.
9. (　) A. Gāng mǎi de píxuē huài le.　　B. Gāng mǎi de píxié huài le.
10. (　) A. Jìjié biànhuàn zhù yì lěngnuǎn.　　B. Jìjié biànhuà zhù yì lěngnuǎn.

(三) 听后标出画线词语的声调 Mark the tones of the underlined words or phrases after listening

1. Wǒmen guójiā de siji qìhòu yírén.
2. Longjingchá shì Zhōngguó míng chá.
3. Xiàozhǎng zhùzài yuǎnlí haibin de shāndì.
4. Tā zài yí cì chēhuò zhōng shou shang le.

5. Àodàlìyà rénkǒu jiao shao.

6. Jiějie de tizhong bǐ yǐqián zēngjiāle yíbàn.

7. Wǒmen diǎnle yí ge shaoqiezi.

8. Tā cóng chufang lìkè bēnxiàng shufang.

9. Shuǐguǒ li bāohán fēicháng fēngfù de weishengsu.

10. Jinan shì Shandong Sheng de shěnghuì.

（四）听后画出句重音 Mark the stress syllables after listening

1. 船比火车慢多了。

2. 香蕉比苹果贵一块钱。

3. 这样才能学到知识啊。

4. 这个商店的东西常常打折。

5. 他比你大几岁？

会 话 Conversations

一 课 文 Texts

（一）今天比昨天暖和一点儿

张文：安达，别看电视了。我们去爬山吧。

安达：外面天气怎么样？还那么冷吗？

张文：出太阳了，比昨天暖和一点儿。

安达：可天气预报说，今天阴转小雨，下午可能要下雨。

张文：天气预报不一定准。你看外面阳光那么好，怎么可能下雨呢？

安达：可是爬山的地方在郊区，郊区的温度比市区低好几度呢。

张文：爬山是运动，爬一会儿就出汗了，说不定到时候你还觉得热呢。

安达：你看外面在刮风，山上的风一定比市区大多了……

张文：说了半天，你就是不想去，好吧，我自己去。

安达：我在跟你开玩笑呢，我们一起去吧！

（二）能不能便宜点儿

安达：老板，这种台灯怎么卖？

老板：380块钱。

安达：太贵了，能不能便宜点儿？

老板：这样吧，我给你打个八折，304块钱，怎么样？

安达：还是不便宜。280块钱我就买。

老板：小伙子，这台灯是名牌儿，质量非常好，大商场里卖400多呢！

安达：那好吧，最多290块钱，如果还不行，那就算了。

老板：小伙子，你太会讲价了，290块钱给你了！

二 注释 Notes

（一）阴转小雨 Cloudy to rain

天气预报中，为了表示一天中两种天气现象的变化，可以用"转"来连接两种天气现象，如："晴转多云""小雨转晴"等。

In weather forecast, in order to express the change of two types of weather within a day, the word "转" (to change into) is used to connect two types of weather, such as "晴转多云 (fine to cloudy)" and "小雨转晴 (drizzle to fine)", etc..

（二）那就算了 Let it be / Let it pass

"那就算了"可以表示放弃某种想法或做法。如：

The expression "那就算了" means to give up a certain idea or measure. For example:

(1) 我原来想请你去看电影的，你不舒服，那就算了。

(2) 如果你十点还不能到，那就算了。

三 练 习 Exercises

（一）认读汉字并写出拼音 Learn and read the following characters and give *pinyin* to each of them

年 ___	轻 ___	资 ___	赢 ___	区 ___
队 ___	输 ___	春 ___	暖 ___	算 ___
知 ___	台 ___	伙 ___	争 ___	论 ___
关 ___	转 ___	低 ___	灯 ___	阴 ___

（二）根据课文内容回答问题 Answer the questions according to the texts

1. 张文约安达去做什么？
2. 现在外面的天气怎么样？
3. 天气预报说今天的天气怎么样？
4. 安达同意去爬山了吗？
5. 安达要买什么？
6. 安达用多少钱买到了他要的东西？

（三）扩展练习 Extension Exercises

例　高→比我高→她比我高→她比我高十厘米

贵→_____ →_____ →_____

大→_____ →_____ →_____

多→_____ →_____ →_____

暖和→_____ →_____ →_____

舒服→_____ →_____ →_____

（四）模仿例句，完成对话　Complete the dialogues according to the examples

1. 例　天气预报说，今天阴转小雨。

   天气预报说，_____。

2. 例　A：老板，这种台灯怎么卖？

   B：380块钱_____。

   A：老板，_____？

   B：8块钱一斤。

3. 例　A：太贵了，能不能便宜点儿？

   B：这样吧，我给你打个八折。

   A：太_____了，能不能_____？

   B：这样吧，_____。

4. 例　如果还不行，那就算了。

   如果_____，那就算了。

（五）用所给的词语结合图片各说一句话　Make up one sentence orally with the given words and pictures

　　比　　　　　　　　赢　　　　　　　暖和

照顾   转

（六）任务活动 Task activities

① 自行车好还是汽车好？请就这个问题进行一次小小的辩论。

② 你和朋友去商店买手机，你不知道买哪一种好，请跟朋友讨论一下这几种手机各有什么好处。

（七）读一读下面的古诗，注意语气和感情 Read the following poem, pay attention to the mood and emotion

Yuánrì
元日

（Sòng）Wáng Ānshí
（宋）王 安石

Bàozhú shēng zhōng yí suì chú, chūnfēng sòng nuǎn rù túsū.
爆竹 声 中 一 岁 除， 春风 送 暖 入 屠苏。

Qiān mén wàn hù tóngtóng rì, zǒng bǎ xīn táo huàn jiù fú.
千 门 万 户 曈曈 日， 总 把 新 桃 换 旧 符。

The First Day of the Spring Festival

(Song) Wang Anshi

The sound of firecrack reminds people that one year has passed, the spring wind of makes people feel warm while drinking Tusu.

The rising sun makes all the houses bright, the old symbols of gods are replaced by new ones.

第二十七课
那儿没有北京这么冷

Lesson 27

It's not as cold as Beijing

生词 New Words

 听力部分

Listening Part

1	要是	conj.	yàoshi	if, suppose, in case
2	空调	n.	kōngtiáo	aircondition, air-conditioner
3	游戏	n.	yóuxì	game
4	生产	v.	shēngchǎn	to produce
5	西部	n.	xībù	western part (of China), the west
6	机会	n.	jīhuì	opportunity, chance
7	放学		fàng xué	to finish classes, classes are over
8	邻居	n.	línjū	neighbor, neighborhood
9	长	v.	zhǎng	to grow
10	像	v.	xiàng	to look like

11	头发	n.	tóufa	hair
12	谈	v.	tán	to talk, to discuss, to speak
13	调皮	adj.	tiáopí	naughty, mischievous
14	虫子	n.	chóngzi	worm, bug
15	放	v.	fàng	to put, to place
16	外婆	n.	wàipó	maternal grandmother
17	实用	adj.	shíyòng	practical, pragmatic

会话部分
Conversation Part

1	纪念品	n.	jìniànpǐn	souvenir
	纪念	n./v.	jìniàn	souvenir; to commemorate
2	当地	n.	dāngdì	in the locality
3	剪	v.	jiǎn	to cut (with scissors), to clip
4	理发师	n.	lǐfàshī	barber
5	光临	v.	guānglín	to welcome
6	样子	n.	yàngzi	appearance, shape
7	烫	v.	tàng	to scald, to burn
8	麻烦	adj.	máfan	troublesome
9	直	adj.	zhí	straight, vertical

专 名
Proper Nouns

1	亚洲	Yàzhōu	Asia
2	长城	Chángchéng	the Great Wall
3	昆明	Kūnmíng	Kunming (capital of Yunnan Province)
4	西双版纳	Xīshuāngbǎnnà	name of a city

本课生字 — New Characters

空　调　产　邻　居　像　谈

调　皮　虫　婆　实　纪　念

剪　临　烫　麻　烦

听力 Listening

一 听力理解练习 Listening Comprehension

（一）听下面的句子并选择正确答案　Listen to the following sentences and choose the right answers

1. （　） A. 不好但很便宜　　　B. 又好又便宜　　　C. 很好但是很贵
2. （　） A. 有 769 平方千米　B. 是中国的五倍　　C. 比中国小一些
3. （　） A. 现在雨下得很大　B. 丁荣已经打伞了　C. 丁荣已经感冒了
4. （　） A. 20 多天　　　　　B. 一个多月　　　　C. 两个多月
5. （　） A. 2000 台　　　　　B. 3000 台　　　　　C. 5000 台
6. （　） A. 400 名　　　　　 B. 800 名　　　　　 C. 1200 名
7. （　） A. 打游戏、游泳、去郊区
         B. 打羽毛球、游泳、去郊区
         C. 打游戏、打乒乓球、游泳
8. （　） A. 两万辆　　　　　B. 4 万辆　　　　　C. 6 万辆
9. （　） A. 他很喜欢历史专业　B. 他大学时的专业是历史
         C. 他的工作跟专业有关系

10. （　　） A. 在中国南方　　　　B. 有三千多年历史　　C. 有八百多万人口

（二）听下面的对话并选择正确答案 Listen to the following conversations and choose the right answers

1. （　　） A. 一般吃中药，不吃西药
   B. 一般吃西药，不吃中药
   C. 一般吃西药，很少吃中药

2. （　　） A. 发展得非常好　　　B. 机会比较多　　　C. 风景非常美

3. （　　） A. 同事　　　　　　　B. 夫妻　　　　　　C. 邻居

4. （　　） A. 眼睛　　　　　　　B. 鼻子　　　　　　C. 嘴巴

5. （　　） A. 还在房间里　　　　B. 已经走了　　　　C. 几分钟以后就走

6. （　　） A. 太累了　　　　　　B. 不饿　　　　　　C. 生病了

7. （　　） A. 6,350千米　　　　　B. 10,000千米　　　　C. 13,000千米

8. （　　） A. 班里有十几个同学　B. 下课后不常说汉语
   C. 汉语水平比以前好

9. （　　） A. 他们是夫妻　　　　B. 女的买了茶叶　　C. 女的爸爸不喜欢喝酒

10. （　　） A. 面积很小　　　　　B. 有三个校区　　　C. 有一万多个学生

（三）听后做练习 Do the exercises after listening

1. 听后选择正确答案 Choose the right answers after listening

   (1) （　　） A. 8岁　　　　　　　B. 10岁　　　　　　C. 12岁

   (2) （　　） A. 学习很认真　　　　B. 比哥哥聪明　　　C. 每次考试都比哥哥好

   (3) （　　） A. 亮亮这次没考好　　B. 亮亮很调皮　　　C. 亮亮拿了一只虫子

   (4) （　　） A. 外婆老了　　　　　B. 外婆生病了　　　C. 妈妈不听外婆的话

2. 听后回答问题 Answer the questions after listening

   (1) 现在在中国，朋友结婚的时候，一般送什么礼物？

   (2) 为什么人们喜欢送这种礼物？

   (3) 中国人送红包的时候常常送多少钱？

二 语音语调练习 Phonetic Drills

（一）选择你听到的词语 Choose the words you hear

1. （　　） A. tǔdì　　　　B. túdì
2. （　　） A. róngyì　　　B. róngyī
3. （　　） A. lāche　　　 B. lā chē
4. （　　） A. zǔzhī　　　 B. zǔzhǐ
5. （　　） A. tíxiě　　　　B. tíxié
6. （　　） A. qiánxiàn　　B. qiān xiàn
7. （　　） A. qīnglǐ　　　 B. qínglǐ
8. （　　） A. zhuāngjia　 B. zhuāngjiǎ
9. （　　） A. shīrén　　　 B. shìrén
10. （　　） A. chénshì　　 B. chènshì

（二）选择你听到的句子 Choose the sentences you hear

1. （　　） A. Zhège chéngshì de guīhuà fēicháng hǎo.
    　　　 B. Zhège chéngshì de guīhuār fēicháng hǎo.
2. （　　） A. Gāng zuòwán shǒushù bù néng lǎo dòng.
    　　　 B. Gāng zuòwán shǒushù bù néng láodòng.
3. （　　） A. Wǒmen fángjiān zài yào yí ge bèizi.　　B. Wǒmen fángjiān zài yào yí ge bēizi.
4. （　　） A. Yào xiān huār de háizi zhànzài zhèli.　B. Yào xiānhuār de háizi zhànzài zhèli.
5. （　　） A. Tā de gōngzuò jiù shì tiáojié jiūfēn.　B. Tā de gōngzuò jiù shì tiáojiě jiūfēn.
6. （　　） A. Zhè shì yī bān de jiàoshì.　　　　　　B. Zhè shì yī bān de jiàoshī.
7. （　　） A. Shí nián hòu tāmen yòu chōngfēng le.
    　　　 B. Shí nián hòu tāmen yòu chóngféng le.
8. （　　） A. Tā hěn xǐhuan lǚxíng.　　　　　　　B. Tā hěn xǐhuan Lǚ Tíng.
9. （　　） A. Chē bǎ wǒ zhuàngdǎo le.　　　　　　B. Chēbǎ wǒ zhuàngdǎo le.
10. （　　）A. Tā shēngrèn zǒngjīnglǐ zhíwèi.　　　B. Tā shèngrèn zǒngjīnglǐ zhíwèi.

（三）听后标出画线词语的声调 Mark the tones of the underlined words after listening

1. Tā wèi wǒmen shùlìle <u>lianghao</u> de bǎngyàng.
2. Zhè zhǐshì yí ge <u>kouwu</u>.
3. Lālìsài de <u>luxian</u> yǐjīng quèdìng.
4. Wàitào shang de yì kē <u>kouzi</u> diào le.

5. Jīntiān shì Guoji Hùshì Jié.

6. Tā de fāyán jianjie míngliǎo.

7. Zhāng Míng hé Zhāng Liàng shì yí duì shuangbaotai.

8. Wǒ renbuzhu xiào le.

9. Zhège jianshenfang shì xīn kāizhāng de.

10. Chénggōng de kěnéng weihuqiwei.

（四）听后画出句重音 Mark the stress syllables after listening

1. 这个月的客人比上个月多了两倍。

2. 加拿大是面积第二大的国家。

3. 她从来不吃肉。

4. 她的想法跟别人不一样。

5. 不知道就是不知道。

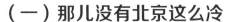

会 话
Conversations

一 课 文 Texts

（一）那儿没有北京这么冷

张文：安达，好久不见了，你最近去哪儿了？

安达：我去云南旅行了，昨天刚回来。

张文：那儿怎么样？风景是不是很漂亮？

安达：漂亮极了，特别是昆明和西双版纳。

张文：听说昆明比北京暖和，是吗？

安达：对，那儿没有北京这么冷，最高温度有二十五六度呢。

张文：云南有什么特别的纪念品吗？

安达：那儿有一种小钱包，是当地的女孩子自己做的，漂亮极了，我买了八个。

张文：买了那么多？

安达：我朋友多啊。

（二）我剪头发

理发师：您好！欢迎光临！

李明爱：你好！我剪头发。

理发师：这边请，先给您洗洗头吧。

李明爱：好的。

（5分钟后）

理发师：您想怎么剪？

李明爱：样子跟原来一样，剪短一点儿就行了。

理发师：这么短可以吗？

李明爱：可以。

理发师：要不要烫一烫？

李明爱：烫头发太麻烦了，还是直发吧。

理发师：好的。（20分钟后）
您看看，这样行不行？

李明爱：好的，谢谢！

二 练 习 Exercises

（一）认读汉字并写出拼音　Learn and read the following characters and give *pinyin* to each of them

要____　　空____　　调____　　部____　　剪____

放____　　邻____　　号____　　居____　　短____

理____　　像____　　谈____　　纪____　　烫____

当____　　临____　　麻____　　烦____　　直____

（二）根据课文内容回答问题　Answer the questions according to the texts

① 安达最近去哪儿了？
② 安达什么时候去云南的？
③ 昆明最近的天气怎么样？
④ 安达买了什么纪念品？
⑤ 李明爱打算怎么剪头发？
⑥ 李明爱要烫发吗？

（三）根据实际情况回答问题　Answer the questions according to the real situation

① 你们国家有多少人口？
② 你们国家有多大面积？
③ 你的家乡气候怎么样？
④ 你的家乡和现在住的城市有什么不一样？

（四）模仿例句，完成对话　Complete the dialogues according to the examples

① 例　A：云南有什么特别的纪念品吗？

　　　B：那儿有一种小钱包，是当地的女孩子自己做的，漂亮极了，我买了八个。

　　　A：＿＿＿＿＿＿有什么特别的纪念品啊？

　　　B：＿＿＿＿＿＿＿＿＿＿＿＿＿＿＿＿。

② 例　A：您好，欢迎光临。

　　　B：你好，我剪头发。

　　　A：你好，欢迎光临。

　　　B：你好，＿＿＿＿＿＿＿＿＿＿＿＿＿＿。

3 例 A：您想怎么剪？

B：前边剪短一点儿，别的地方跟原来一样就行了。

A：你想怎么剪？

B：_____，_____。

（五）用所给的词语结合图片各说一句话　Make up one sentence orally with the given words and pictures

调皮

放学

像

剪

烫

（六）任务活动　Task activities

1 谈一谈你们国家和中国有什么不一样。

2 谈一谈你最喜欢或者最熟悉的中国的城市。

（七）读一读下面的古诗，注意语气和感情 Read the following poem, pay attention to the mood and emotion

Mǐn nóng
悯 农

（Táng）Lǐ Shēn
（唐）李绅

Chú hé rì dāng wǔ, hàn dī hé xià tǔ.
锄禾日当午，汗滴禾下土。

Shuí zhī pán zhōng cān, lìlì jiē xīnkǔ.
谁知盘中餐，粒粒皆辛苦。

Hardworking Peasants

(Tang) Li Shen

One hoes the seedling under the sun of the noon, sweat falls onto the earth under the seedling.

Who understands that every grain in the bowl, comes out of hardworking?

第二十八课
我的空调坏了

Lesson 28 — My air-conditioner doesn't work

生词 New Words

听力部分 Listening Part

1	该	aux.	gāi	ought to, should
2	乘客	n.	chéngkè	passenger
3	为了	prep.	wèile	in order to, for
4	有劲儿		yǒu jìnr	to have great physical strength
5	爱人	n.	àiren	husband or wife
6	支付	v.	zhīfù	to pay, to pay for
7	现金	n.	xiànjīn	cash
8	使用	v.	shǐyòng	to use, to make use of
9	难过	adj.	nánguò	sad, upset

81

10	出差		chū chāi	to be away on a business trip
11	干	v.	gàn	to do, to work
12	商量	v.	shāngliang	to consult, to discuss, to talk over
13	老	adj.	lǎo	old, elder
14	父亲	n.	fùqin	father
15	母亲	n.	mǔqin	mother
16	变化	n./v.	biànhuà	variation; to change, to vary

会话部分
Conversation Part

1	戴	v.	dài	to wear sth. on the head, neck, etc.
2	毛病	n.	máobìng	trouble, breakdown, fault
3	遥控器	n.	yáokòngqì	remote controller
4	免费		miǎn fèi	to free, to free of charge
5	超过	v.	chāoguò	to surpass, to exceed

本课生字
New Characters

乘　劲　付　使　商　父　母

戴　遥　控　免　费　超

听力 Listening

一 听力理解练习 Listening Comprehension

(一) 听下面的句子并选择正确答案 Listen to the following sentences and choose the right answers

1. (　　) A. 1月　　　　　　B. 5月　　　　　　C. 11月
2. (　　) A. 博物馆里　　　　B. 公共汽车上　　　C. 火车上
3. (　　) A. 5月27号　　　　B. 6月12号　　　　C. 6月27号
4. (　　) A. 比外面暖和　　　B. 比外面冷　　　　C. 跟外面一样冷
5. (　　) A. 眼睛很大　　　　B. 很爱说话　　　　C. 很安静
6. (　　) A. 比妈妈高　　　　B. 跟妈妈一样高　　C. 没有妈妈高
7. (　　) A. 半个多小时　　　B. 大半天　　　　　C. 一整天
8. (　　) A. 上网　　　　　　B. 为了工作　　　　C. 玩儿游戏
9. (　　) A. 在上三年级　　　B. 是一个记者　　　C. 文章写得很好
10. (　　) A. 以前她身体很好　B. 她每天锻炼身体　C. 现在她身体不舒服

(二) 听下面的对话并选择正确答案 Listen to the following conversations and choose the right answers

1. (　　) A. 男的不忙，他爱人很忙
       B. 男的很忙，他爱人不忙
       C. 男的很忙，他爱人更忙
2. (　　) A. 他不喜欢上学　　B. 他不舒服　　　　C. 妈妈不让他去上学
3. (　　) A. 这里只能用手机支付　B. 女的没带钱　　C. 这里只能用现金支付
4. (　　) A. 票是假的　　　　B. 票过期了　　　　C. 今天是8月19号
5. (　　) A. 小文上小学了　　B. 小文今年3岁　　C. 小文今年6岁
6. (　　) A. 高兴　　　　　　B. 生气　　　　　　C. 难过
7. (　　) A. 24岁　　　　　　B. 54岁　　　　　　C. 59岁

8. （　　） A. 比昨天便宜　　　　B. 比昨天贵　　　　C. 价格和昨天一样
9. （　　） A. 他们正在看电影　　B. 女的正在排队　　C. 电影马上开始了
10.（　　） A. 她换工作了　　　　B. 她出差了　　　　C. 她下班了

（三）听后做练习 Do the exercises after listening

1. 听后判断正误　Judge the statements true or false after listening

（1）男的上班迟到了。　　　　　　　　　　　　　　　　　　　（　）
（2）男的不想在那个公司工作了。　　　　　　　　　　　　　　（　）
（3）男的想找另一家公司工作。　　　　　　　　　　　　　　　（　）
（4）女的是男的的妈妈。　　　　　　　　　　　　　　　　　　（　）

2. 听后选择正确答案　Choose the right answers after listening

（1）（　） A. 50多岁　　　　　B. 60多岁　　　　　C. 70多岁
（2）（　） A. 城市比以前大多了　B. 西湖比以前漂亮了
　　　　　　C. 人们的生活比以前好了
（3）（　） A. 记者　　　　　　B. 律师　　　　　　C. 医生

二 语音语调练习 Phonetic Drills

（一）选择你听到的词语 Choose the words you hear

1. （　） A. zhēnzi　　B. jūnzǐ　　　　2. （　） A. zhǎnqī　　B. zhǎnqū
3. （　） A. quántou　　B. chuántóu　　4. （　） A. shǒuxiān　B. shǒuxuǎn
5. （　） A. qiánmiàn　B. chánmián　　6. （　） A. qióngjiāng　B. zhòng jiǎng
7. （　） A. Chángshú　B. cángshū　　8. （　） A. shīrén　　B. sīrén
9. （　） A. zhuō yǐ　　B. zuò yǐ　　　10.（　） A. shūkù　　B. sù kǔ

（二）选择你听到的句子 Choose the sentences you hear

1. （　） A. Wǒmen bù néng chóngdǎo yǐwǎng de fùzhé.
　　　　B. Wǒmen bù néng chóngdǎo Lǐ Huáng de fùzhé.

2. (　　) A. Wǒ yào mǎi yì tái zhēnzhèng de shèxiàngjī.
         B. Wǒ yào mǎi yì tái jīngzhì de shèxiàngjī.
3. (　　) A. Zhòngdà jiàrì gōngsī cái fàng jià.　　B. Zhòngdà jiérì gōngsī cái fàng jià.
4. (　　) A. Tā de yīfu shì rǎnsè de.　　B. Tā de yīfu shì lánsè de.
5. (　　) A. Tā réngrán jùjuéle wǒ.　　B. Tā lǐnrán jùjuéle wǒ.
6. (　　) A. Qiánbāo li yǒu yì zhāng zhīpiào.　　B. Qiánbāo li yǒu yì zhāng jīpiào.
7. (　　) A. Tā xiàng wǒ biǎodále tā de qiànyì.　　B. Tā xiàng wǒ biǎodále tā de jiànyì.
8. (　　) A. Fùqin yǒu yì jiā shāngdiàn.　　B. Fùjìn yǒu yì jiā shāngdiàn.
9. (　　) A. Qǐng bú yào zhāi huār.　　B. Qǐng bú yào zāi huār.
10. (　　) A. Zhèr de zīyuán fēicháng fēngfù.　　B. Zhèr de néngyuán fēicháng fēngfù.

（三）听后标出画线词语的声调　Mark the tones of the underlined words or phrases after listening

1. Hēibǎn shang chūle yí ge xīn <u>tongzhi</u>.
2. Qǐng bāng wǒ kāi yí fèn <u>zhuan xue</u> zhèngmíng.
3. Nǐ zěnme <u>sāngēng-banye</u> hái bú shuì jiào?
4. Jīntiān xiàwǔ yǒu <u>shufake</u>.
5. Hánjià wǒ qù <u>Xizang</u> lǚxíng le.
6. Qǐng dào <u>dashiguan</u> shēnqǐng qiānzhèng.
7. Zhège shāngchǎng de <u>shouhuoyuan</u> fúwù tàidù hěn hǎo.
8. Huí jiā yǐhòu xiān <u>pao jiao</u> zài <u>pao zao</u>.
9. <u>Xiongke yiyuan</u> lí zhèr bù yuǎn.
10. Zhè zhǒng yào kěyǐ <u>qisi-huisheng</u>.

（四）听后画出句重音　Mark the stress syllables after listening

1. 春天就要到了。
2. 我的汉语比以前说得好多了。
3. 我不想去看电影了。
4. 杭州还是和以前一样漂亮。
5. 你为什么不跟我们商量商量？

会 话 Conversations

一 课文 Texts

（一）祝你生日快乐

李明爱：丁荣，祝你生日快乐！

丁　荣：谢谢，虽然不能跟家人在一起，但是有你们给我过生日，我也很开心。

李明爱：这是我送你的生日礼物，你看看喜欢不喜欢。

丁　荣：这围巾太漂亮了，现在戴就合适，我很喜欢，谢谢你，李明爱。

李明爱：现在已经是冬天了，你要多注意身体，别再生病了。

波　伟：丁荣，这是我送你的生日礼物。

丁　荣：哎呀，汉语词典！我正想买一本呢！

波　伟：希望你的汉语越来越好。

李明爱：也祝你越来越漂亮！

丁　荣：谢谢。

（二）我的空调坏了

张文：师傅，您来帮我看看，我的空调坏了。

师傅：什么毛病？

张文：开了半天，房间里也不凉快。

师傅：遥控器给我，我检查一下。

张文：是什么问题？

师傅：有个零件坏了。这个空调买了多长时间了？

张文：一年零两个月。

师傅：要是不到一年，可以免费修。超过一年，你要自己付钱。

张文：哎呀，如果早坏两个月就好了。

二 注 释 Note

祝你生日快乐！ Happy birthday to you!

"祝你……"是向别人表示祝愿的时候常用的表达方式。比如：
The expression "祝你……" is a kind of common congratulations. For examples:
(1) 祝你生日快乐 / 春节愉快 / 圣诞快乐 / 新婚快乐！
(2) 祝你健康 / 长寿 / 工作顺利 / 一路顺风 / 成功！

三 练 习 Exercises

（一）认读汉字并写出拼音 Learn and read the following characters and give *pinyin* to each of them

该 _____   乘 _____   商 _____   戴 _____   游 _____

巾 _____   劲 _____   量 _____   难 _____   戏 _____

毛 _____   费 _____   现 _____   过 _____   付 _____

病 _____   差 _____   变 _____   使 _____   免 _____

（二）根据课文回答问题 Answer the questions according to the texts

1. 李明爱送丁荣什么生日礼物？为什么？
2. 波伟送李明爱什么生日礼物？为什么？
3. 别人过生日的时候，你常常说什么？
4. 张文的空调出了什么毛病？
5. 张文的空调买了多长时间了？
6. 张文修空调可以免费吗？

（三）扩展练习 Extending exercises

例 电影 → 看电影 → 不去看电影 → 不去看电影了 → 我不去看电影了

米饭 → _____ → _____ → _____ → _____

宿舍 → _____ → _____ → _____ → _____

花儿 → _____ → _____ → _____ → _____

礼物 → _____ → _____ → _____ → _____

汉语课 → _____ → _____ → _____ → _____

（四）模仿例句，完成对话 Complete the dialogues according to the examples

1. 例 A：丁荣，祝你生日快乐！

   B：谢谢你们！

   A：_____，祝你_____快乐！

   B：_____！

2. 例 A：祝你越来越健康，越来越漂亮！

   B：谢谢。

   A：祝你_____！

   B：谢谢。

3. 例 A：师傅，您来帮我看看，我的空调出毛病了。

   B：什么毛病？

   A：师傅，您来帮我看看，_____。

   B：什么毛病？

（五）用所给的词语各说一句话 Make up one sentence orally with the given words or phrases

就要……了　　不……了　　为了　　不一会儿　　排队

（六）任务活动 Task activities

1. 你的朋友考上了研究生（yánjiūshēng, postgraduate），你去祝贺他。
2. 和你的朋友谈一谈来中国以后你的变化。

（七）读一读下面的古诗，注意语气和感情　Read the following poem, pay attention to the mood and emotion

Cháng gē xíng
长 歌 行

Qīngqīng yuán zhōng kuí, zhāolù dài rì xī.
青青 园 中 葵，朝露 待 日 晞。

Yángchūn bù dé zé, wànwù shēng guānghuī.
阳春 布 德 泽，万物 生 光 辉。

Cháng kǒng qiū jié zhì, kūn huáng huā yè shuāi.
常 恐 秋 节 至，焜 黄 华 叶 衰。

Bǎi chuān dōng dào hǎi, hé shí fù xī guī?
百 川 东 到 海，何 时 复 西 归？

Shào zhuàng bù nǔlì, lǎo dà tú shāngbēi.
少 壮 不 努力，老 大 徒 伤悲。

A Slow Song

Green sunflowers in the garden, under the morning dew, wait for the sunshine.

Spring sun bestows bounties, which makes everything bright and vital.

Once the autumn comes, the flowers are withered and yellow.

All the rivers flow into the seas in the east, and never come back to the west.

If one does not work hard in his youth, he will sorrow in vain when he is old.

第二十九课
太阳一出来雪就化了

Lesson 29

The snow melts as soon as the sun rises

生词 New Words

听力部分 Listening Part

1	冠军	n.	guànjūn	champion
2	处理	v.	chǔlǐ	to deal with, to arrange (things)
3	候车室	n.	hòuchēshì	waiting room
4	牙	n.	yá	tooth
5	牙膏	n.	yágāo	toothpaste
6	效果	n.	xiàoguǒ	effect, result
7	讨厌	adj.	tǎoyàn	wretched, boring; to be fed up with, to be sick of
8	新鲜	adj.	xīnxiān	fresh
9	滑雪		huá xuě	to ski

10	脸	n.	liǎn	face
11	害怕	v.	hàipà	to be afraid
12	采访	v.	cǎifǎng	to interview
13	改	v.	gǎi	to correct
14	预报	n./v.	yùbào	forecast; to predict
15	薄	adj.	báo	thin
16	平	adj.	píng	flat, even
17	久	adj.	jiǔ	for a long time

会话部分
Conversation Part

1	乒乓球	n.	pīngpāngqiú	table tennis
2	了不起	adj.	liǎobuqǐ	wonderful
3	气温	n.	qìwēn	air temperature
4	降	v.	jiàng	to fall, to drop
5	平均	v.	píngjūn	to average
6	冰灯	n.	bīngdēng	ice lantern, ice lamp
7	化	v.	huà	to dissolve, to turn to

专 名
Proper Noun

哈尔滨	Hā'ěrbīn	name of a city (capital of Heilongjiang Province)

本课生字 New Characters

冠　军　牙　膏　效　厌　鲜

滑　脸　害　采　访　改　薄

兵　乓　降　均

听力 Listening

一　听力理解练习 Listening Comprehension

（一）听下面的句子并选择正确答案　Listen to the following sentences and choose the right answers

1. (　) A. 西安　　　　B. 南京　　　　C. 北京
2. (　) A. 外面　　　　B. 楼下　　　　C. 楼上
3. (　) A. 第一名　　　B. 第二名　　　C. 第三名
4. (　) A. 医院　　　　B. 教室　　　　C. 宿舍
5. (　) A. 北京　　　　B. 上海　　　　C. 西安
6. (　) A. 星期五下午　B. 星期六中午　C. 星期天上午
7. (　) A. 车站外　　　B. 商店里　　　C. 银行里
8. (　) A. 不漂亮　　　B. 还可以　　　C. 很漂亮
9. (　) A. 楼下　　　　B. 图书馆　　　C. 宿舍
10. (　) A. 公共汽车上　B. 飞机上　　　C. 高铁上

（二）听下面的对话并选择正确答案　Listen to the following conversations and choose the right answers

1. （　　） A. 没去　　　　B. 明天去　　　　C. 去了
2. （　　） A. 房间里　　　B. 楼上　　　　　C. 楼下
3. （　　） A. 火车上　　　B. 洗手间　　　　C. 候车室
4. （　　） A. 同事　　　　B. 同学　　　　　C. 夫妻
5. （　　） A. 牙一直疼　　B. 喜欢吃酸的　　C. 吃酸东西的时候牙疼
6. （　　） A. 下了很多雪　B. 下雪好玩儿　　C. 下雪空气好
7. （　　） A. 滑雪　　　　B. 拍照片　　　　C. 堆雪人
8. （　　） A. 做作业　　　B. 睡觉　　　　　C. 洗脸
9. （　　） A. 害怕　　　　B. 担心　　　　　C. 不满
10. （　　） A. 老师　　　　B. 学生　　　　　C. 记者

（三）听后做练习　Do the exercises after listening

1. 听后选择正确答案　Choose the right answers after listening

　　（1）（　　） A. 病了　　　　B. 爬不快　　　　C. 爬山太累
　　（2）（　　） A. 星期五　　　B. 星期六　　　　C. 星期天
　　（3）（　　） A. 很热　　　　B. 很好　　　　　C. 不太好
　　（4）（　　） A. 做完了　　　B. 快做完了　　　C. 还没做
　　（5）（　　） A. 好几个　　　B. 两个　　　　　C. 三个

2. 听后回答问题　Answer the questions after listening

　　（1）这个人觉得走路不舒服是什么原因？
　　（2）他是怎么知道走路不舒服的原因的？
　　（3）他换鞋了吗？为什么？

二 语音语调练习 Phonetic Drills

(一) 选择你听到的句子 Choose the sentences you hear

1. (　) A. Nǐ shuō de tā dōu zhīdao le.　　B. Nǐ shuō de tā dōu zhǐdǎo le.

2. (　) A. Xiǎo Wáng de jìhuà wǒ bù xiǎng tīng.

   B. Xiǎo Wáng de qìhuà wǒ bù xiǎng tīng.

3. (　) A. Tīngshuō nà tiáo qiāng hěn cháng.　　B. Tīngshuō nà tiáo jiāng hěn cháng.

4. (　) A. Tā shì èrniánjí sānbān de nǚshēng.　　B. Tā shì èrniánjí sānbān de nǚshén.

5. (　) A. Gēge gàosu wǒ míngtiān yǒu yí ge jíhuì.

   B. Gēge gàosu wǒ míngtiān yǒu yí ge jīhuì.

6. (　) A. Zhè shì fùmǔ duì wǒ de xīwàng.　　B. Zhè shì fùmǔ duì wǒ de qīwàng.

7. (　) A. Wǒ bù xǐhuan shuāng mén.　　B. Wǒ bù xǐhuan shuān mén.

8. (　) A. Tā gōngzuò shí hěn qínfèn.　　B. Tā gōngzuò shí hěn xīngfèn.

9. (　) A. Wǒmen zhōngyú zhǎodàole jìnkǒu.　　B. Wǒmen zhōngyú zhǎodàole jǐngkǒu.

10. (　) A. Zhè jiàn yīfu wǒ zhǔnbèi zì fù xiànjīn.

    B. Zhè jiàn yīfu wǒ zhǔnbèi zhīfù xiànjīn.

(二) 听后填空 Fill in the blanks after listening

1. Tā de _____ dédàole _____.

2. Zài zhè _____ wǒmen xuéxiào yòu _____ le yí zuò lóu.

3. Wǒ yòng _____ huàle jǐ ge _____ gěi tā kàn.

4. Māma zài _____ li zuòle sānshí nián _____ gōngzuò.

5. Zhè zhǒng _____ méiyǒu shénme _____.

会话 Conversations

一 课文 Texts

（一）我要去打乒乓球了

王明：波伟，好几天没看见你了，你的脸色不太好，怎么啦？

波伟：前两天感冒了，一直没好。

王明：怎么又感冒了？去医院看了吗？

波伟：看了，现在每天都在吃药呢。

王明：要我说啊，你每天不运动，不锻炼，身体会越来越差的。

波伟：现在学习这么紧张，没有时间锻炼。

王明：早上起来跑跑步，下午打打球，也不需要多少时间。

波伟：早上我可起不来，我想多睡一会儿。

王明：真拿你没办法。那你自己多注意身体，我要去打乒乓球了。

波伟：你会打乒乓球？

王明：当然啦，我是中国人嘛，我还是学校乒乓球队的呢。

波伟：真了不起，那你教教我，行吗？

王明：那还不是一句话？哎，你不是没时间吗？

（二）太阳一出来雪就化了

波伟：丁荣，我今天和李明爱去操场堆雪人了，很有意思。我是第一次看见下雪。

丁荣：你们国家没有冬季吗？

波伟：有，但是中部和南方温度比较高，感觉不像冬季；北方的气温会降到十几度，但是也从来不下雪。你们国家呢？

丁荣：我们国家的季节和中国一样，但一月的平均气温大概是四到七度，不像北京这么冷。

波伟：下雪吗？

丁荣：下，一月的时候有时下好几次呢。

波伟：多好啊！我以前一直想看看雪，今天终于看到了。

丁荣：对了，我听说哈尔滨的冰灯很漂亮，咱们放寒假以后去看看，怎么样？

波伟：好啊。哎，我带你去看看我们堆的小雪人吧。

丁荣：太阳一出来雪就化了。下次下雪时，我们再堆一个吧。

二 注 释 Notes

（一）要我说啊　In my opinion

意思是"如果让我说的话"，是发表自己的意见时的一种常用的说法。如：
It means "if I have the chance to speak…", which is a common expression to express one's opinion. For example:

A：我们怎么去？

B：要我说啊，我们走路去。

（二）真拿你没办法　I cannot persuade you to do so

"真拿……没办法"，表示说话人没有办法改变对方或让对方做某事，无可奈何。如：

This expression means that the speaker cannot persuade the listener to change or to do something. He has no idea. For example:

这个孩子，真拿他没办法。

（三）那还不是一句话 One word is enough (You needn't speak too much, I will surely help you)

这是表示同意的一种说法。如：

It means that the listener needn't speak too much, because the speaker agrees to help him. For example:

A：你的笔能借我用一下吗？

B：那还不是一句话。

三 练 习 Exercises

（一）认读汉字并写出拼音 Learn and read the following characters and give *pinyin* to each of them

冠 _____   处 _____   理 _____   候 _____   滑 _____

冰 _____   效 _____   果 _____   薄 _____   雪 _____

军 _____   牙 _____   采 _____   预 _____   脸 _____

访 _____   改 _____   鲜 _____   害 _____   降 _____

（二）根据课文内容回答问题 Answer the questions according to the texts

1. 波伟的脸色为什么不好？
2. 波伟早上起来锻炼吗？为什么？
3. 王明的乒乓球打得怎么样？
4. 王明同意教波伟打乒乓球吗？
5. 波伟国家的冬季怎么样？
6. 丁荣国家的冬季怎么样？
7. 他们寒假打算去哪儿？做什么？

（三）模仿例句，完成对话 Complete the dialogues according to the examples

1 例 A：好几天没看见你了，你的脸色不太好，怎么啦？
　　　B：前两天感冒了，一直没好。

　　A：好几天没看见你了，_____，怎么啦？
　　B：_____。

2 例 A：要我说啊，你每天不运动，不锻炼，身体会越来越差的。
　　　B：现在学习这么紧张，哪有时间锻炼呀？

　　A：要我说啊，_____。
　　B：_____，哪有_____呀？

3 例 A：早上我可起不来，我想多睡一会儿。
　　　B：真拿你没办法。

　　A：_____，我想_____。
　　B：真拿你没办法。

4 例 A：那你教教我，行吗？
　　　B：那还不是一句话？

　　A：_____，行吗？
　　B：那还不是一句话？

5 例 A：你们国家冬天下雪吗？
　　　B：下，一月的时候有时下好几次呢。

　　A：你们国家_____吗？
　　B：_____，有时_____呢。

6 例 A：你们国家没有冬季吗？

B：有，但是中部和南方温度比较高感觉不像冬季。

A：你们国家_____？

B：_____，但是 _____。

（四）用所给的词语各说一句话 Make up one sentence orally with the given words or phrases

1. 分别
2. 正好
3. 赶快
4. 真
5. 新鲜
6. 效果
7. 讨厌
8. 一……就……

（五）任务活动 Task activities

1. 你的朋友跳舞跳得很好，你请他教你。
2. 大家在一起谈论自己国家的气候情况。

（六）读一读下面的古诗，注意语气和感情 Read the following poem, pay attention to the mood and emotion

Méihuā

梅 花

（Sòng）Wáng Ānshí

（宋）王 安石

Qiángjiǎo shù zhī méi, líng hán dúzì kāi.

墙角 数 枝 梅，凌 寒 独自 开。

Yáo zhī bú shì xuě, wèi yǒu àn xiāng lái.

遥 知 不 是 雪，为 有 暗 香 来。

Plum Flowers

(Song) Wang Anshi

Several branches of plum grow at the corner of the wall, they blossom alone in the cold winter.

As a distance one knows it isn't the snow, because the unclear fragrance is being smelt.

第三十课
复习(六)
Lesson 30 Revision (VI)

生词 New Words

听力部分 Listening Part

1	调查	v.	diàochá	to investigate, to survey
2	以上	n.	yǐshàng	more than, over, above
3	吸烟		xī yān	to smoke
4	洗发水	n.	xǐfàshuǐ	shampoo
5	号	n.	hào	size
	大号	n.	dàhào	large size
	中号	n.	zhōnghào	middle size
	小号	n.	xiǎohào	small size
6	底	n.	dǐ	end of a year or month, bottom, base
7	完成	v.	wánchéng	to accomplish, to complete, to fulfill

8	堵车		dǔ chē	traffic jam
9	法律	n.	fǎlǜ	law
10	医学	n.	yīxué	medical science, medicine
11	骗子	n.	piànzi	cheater, swindler
12	留	v.	liú	to remain, to keep, to leave behind
13	笔	m.	bǐ	*measure word*
14	汇款	n.	huìkuǎn	remittance

会话部分 Conversation Part

1	行李	n.	xíngli	luggage, baggage, packing
2	地下	n.	dìxià	underground
3	停车场	n.	tíngchēchǎng	car park, parking lot
4	导游	n. / v.	dǎoyóu	tour guide; to guide
5	一路顺风		yílù shùnfēng	to have a safe trip

本课生字 New Characters

调　吸　烟　号　底　堵　医

骗　汇　款　李　停　导　顺

听力 Listening

一 听力理解练习 Listening Comprehension

（一）听下面的句子并选择正确答案 Listen to the following sentences and choose the right answers

1. （　） A. 质量　　　　　　B. 颜色　　　　　　C. 价格
2. （　） A. 他生病了　　　　B. 他不喜欢喝酸奶　　C. 他不能喝酸奶
3. （　） A. 昆明很美，这儿更美　　B. 昆明不美，这儿很美
　　　　 C. 昆明很美，这儿不美
4. （　） A. 看书　　　　　　B. 大声说话　　　　　C. 小声唱歌
5. （　） A. 经理　　　　　　B. 护士　　　　　　　C. 医生
6. （　） A. 有个人比妈妈还爱你　　B. 这个世界上妈妈最爱你
　　　　 C. 那个人没有妈妈那么爱你
7. （　） A. 一块手表　　　　B. 一件毛衣
　　　　 C. 一块手表和一件毛衣
8. （　） A. 1.6亿　　　　　　B. 3.2亿　　　　　　C. 6.4亿
9. （　） A. 快递员　　　　　B. 他的邻居　　　　　C. 修空调的师傅
10. （　） A. 他不想参加了　　B. 他不能参加了　　　C. 他没答应参加

（二）听下面的对话并选择正确答案 Listen to the following conversations and choose the right answers

1. （　） A. 教室里　　　　　B. 宿舍里　　　　　　C. 去教室的路上
2. （　） A. 你爸爸要来了　　B. 你快要有孩子了　　C. 你应该去见你爸爸
3. （　） A. 两种洗发水一样　　B. 他们家的洗发水是国产的
　　　　 C. 国产的洗发水没有进口的便宜
4. （　） A. 她不要了　　　　B. 她要中号的　　　　C. 她让男的再找找
5. （　） A. 办公室　　　　　B. 饭馆儿　　　　　　C. 菜市场

6. (　　) A. 7月1号　　　　　　B. 7月15号　　　　　C. 7月30号

7. (　　) A. 足球比赛　　　　　B. 篮球比赛　　　　　C. 羽毛球比赛

8. (　　) A. 女的　　　　　　　B. 男的　　　　　　　C. 男的和女的

9. (　　) A. 报名　　　　　　　B. 比赛　　　　　　　C. 上课

10. (　　) A. 女的要去机场　　　B. 现在在堵车　　　　C. 男的去送女的

(三) 听句子，写下你听到的数字　Listen to the sentences and write down the numbers you hear

1. _____　　　2. _____

3. _____　　　4. _____

5. _____　　　6. _____

(四) 听后做练习　Do the exercises after listening

1. 听后选择正确答案　Choose the right answers after listening

   (1) (　　) A. 两个月　　　　B. 两年　　　　　　C. 四五年

   (2) (　　) A. 他喜欢学法律　B. 不好找工作　　　C. 太累太难

   (3) (　　) A. 不好找工作　　B. 美国的法律和中国的不一样

   　　　　　C. 太累太难

2. 听后判断正误　Judge the statements true or false after listening

   (1) 女的去火车站接朋友。　　　　　　　　　　　　　　(　　)

   (2) 那个男孩儿来这里找工作。　　　　　　　　　　　　(　　)

   (3) 男孩儿想借钱买火车票。　　　　　　　　　　　　　(　　)

   (4) 朋友觉得那个男孩儿很可能是个骗子。　　　　　　　(　　)

   (5) 女的借给了那个男孩儿400块钱。　　　　　　　　　 (　　)

   (6) 那个男孩儿还了女的两倍的钱。　　　　　　　　　　(　　)

二 语音语调练习 Phonetic Drills

（一）选择你听到的词语 Choose the words you hear

1. (　　) A. jīnzi　　B. qīnzì
2. (　　) A. bāngzhù　　B. bāngzhǔ
3. (　　) A. cāochǎng　　B. cǎochǎng
4. (　　) A. zhuīdǎ　　B. chuīdǎ
5. (　　) A. dōngtiān　　B. tōng tiān
6. (　　) A. kāiguó　　B. kāi guō
7. (　　) A. chéngshì　　B. zhèngshì
8. (　　) A. bīngbàng　　B. pīngpāng
9. (　　) A. dàxiàn　　B. tāxiàn
10. (　　) A. píngbǎo　　B. bīngbáo

（二）听句子，用拼音写出你听到的人名 Listen to the sentences and write out the *pinyin* of the person names you hear

1. _____
2. _____
3. _____
4. _____
5. _____
6. _____
7. _____
8. _____

（三）听句子，用拼音写出句子中的地名 Listen to the sentences and write out the *pinyin* of the place names you hear

1. _____
2. _____
3. _____
4. _____
5. _____
6. _____
7. _____
8. _____
9. _____
10. _____

会话 Conversations

一 课文 Texts

（一）让你久等了

（李明爱去上海旅行，她的朋友去飞机场接她）

李明爱：刘真，我在这儿！

刘　真：明爱，路上辛苦了！累不累？

李明爱：还好。不好意思，飞机晚点，让你久等了。

刘　真：别那么客气。行李我帮你拿吧。

李明爱：没关系，不重，我自己拿没问题。

刘　真：车在地下停车场，我们一起下去吧。

李明爱：好的。

刘　真：为了欢迎你，我妈妈做了很多菜。

李明爱：这么麻烦你们，真不好意思。

刘　真：咱们那么多年的朋友了，你就别跟我客气了。

（二）祝你一路顺风

（李明爱旅行结束后，刘真去高铁站送她）

刘　真：时间过得真快，真不想让你走。

李明爱：我也不想走。不过以后一定还有机会再见面的。

刘　真：以后你要常常来北京玩儿啊！

李明爱：好啊，你有时间来北京吧，我给你当导游。

刘　真：我一定去。

李明爱：打扰你们这么长时间，真不好意思。帮我谢谢你爸爸妈妈。

刘　真：没问题。高铁就要开了，你快上车吧。祝你一路顺风！

李明爱：谢谢，再见！

二 注释 Notes

祝你一路顺风 Wish you a good journey

送别时候的常用语，意思是希望对方的旅途非常顺利。类似的祝愿语还有"祝你一路平安"等。

It is a normal expression used on the occasion of farewell. It means to hope everything goes smoothly in one's journey. The similar expression is "祝你一路平安" (wish you a peaceful trip) and so on.

三 练 习 Exercises

（一）认读汉字并写出拼音 Learn and read the following characters and give *pinyin* to each of them

过 _____ 查 _____ 打 _____ 款 _____ 烟 _____

敏 _____ 医 _____ 扰 _____ 顺 _____ 堵 _____

部 _____ 法 _____ 导 _____ 尖 _____ 底 _____

完 _____ 律 _____ 游 _____ 调 _____ 骗 _____

（二）根据课文内容回答问题 Answer the questions according to the texts

① 刘真等李明爱等了很长时间吗？为什么？

② 她们怎么回去？

③ 车在哪儿？

④ 刘真妈妈为什么做了很多菜？

⑤ 分别的时候可以说什么话？

（三）模仿例句，完成对话 Complete the dialogues according to the examples

① 例 A：路上辛苦了！累不累？

　　　B：还好。不好意思，飞机晚点，让你久等了。

　　A：路上辛苦了！累不累？

　　B：_____。

② 例 A：这么麻烦你们，我真过意不去。

　　　B：咱们那么多年的朋友了，你就别跟我客气了。

A：这么麻烦你们，我真过意不去。

B：_____。

❸ 例 A：高铁就要开了，你快上车吧。祝你一路顺风！

B：谢谢，再见！

A：_____，你快进去吧。_____！

B：谢谢，_____！再见！

（四）任务活动 Task activities

① 你在中国学习一年了，过几天要回国，你去跟朋友们告别（gào bié, to say goodbye）。

② 你的中国老师来你们国家开会，你去机场接他。

（五）读一读下面的古诗，注意语气和感情 Read the following poem, pay attention to the mood and emotion

Yóuzǐ Yín
游子吟

(Táng) Mèng Jiāo
（唐）孟 郊

Címǔ shǒu zhōng xiàn, yóuzǐ shēn shang yī.
慈母 手 中 线，游子 身 上 衣。

Lín xíng mìmì féng, yì kǒng chíchí guī.
临 行 密密 缝，意 恐 迟迟 归。

Shuí yán cùn cǎo xīn, bào dé sānchūn huī.
谁 言 寸 草 心，报 得 三春 晖。

Song of Travellers

(Tang) Meng Jiao

A kind mother is sewing a garment for his son, who will travel far away from home.

She is sewing carefully because his son will be away from home for a long time.

Who says that a child can repay the great love and kindness of his mother?

第三十一课
我们班表演什么呢

Lesson 31
What will our class perform

生词 New Words

听力部分　　　　　　　　　　　　　　　Listening Part

1	擦	v.	cā	to rub, to wipe
2	黑板	n.	hēibǎn	blackboard
3	进去	v.	jìnqu	to go in, to enter
4	电影院	n.	diànyǐngyuàn	cinema, movie theater
5	布置	v.	bùzhì	to arrange, to set out
6	羡慕	v.	xiànmù	to admire, to envy
7	对象	n.	duìxiàng	boyfriend, girlfriend
8	包	n.	bāo	bag
9	字幕	n.	zìmù	subtitle, caption

113

10	停	v.	tíng	to stop
11	片子	n.	piānzi	film
12	请客		qǐng kè	to stand treat, to treat sb.
13	约会	v.	yuēhuì	to date
14	食物	n.	shíwù	food
15	杯	n.	bēi	cup

会话部分 Conversation Part

1	同意	v.	tóngyì	to agree, to consent
2	建议	n./v.	jiànyì	suggestion; to suggest
3	首	m.	shǒu	*measure word*
4	迎	v.	yíng	to welcome
5	加	v.	jiā	to add, to increase
6	动作	n.	dòngzuò	movement, action
7	歌词	n.	gēcí	words of a song

专 名 Proper Nouns

1	圣诞节	Shèngdàn Jié	Christmas Day
2	山本	Shānběn	name of a person
3	马丽	Mǎ Lì	name of a person

本课生字 New Characters

擦　布　置　羡　慕　象　停　约

食　物　杯　建　议　迎　歌

听力 Listening

一 听力理解练习 Listening Comprehension

（一）听下面的句子并选择正确答案　Listen to the following sentences and choose the right answers

1. (　) A. 一个　　　　　B. 两个　　　　　C. 三个
2. (　) A. 他以前总是不高兴　　　　B. 他没有高兴过
　　　　C. 今天是他最高兴的一天
3. (　) A. 他刚出去　　　　　　　　B. 他已经回来了
　　　　C. 大家都不知道他去哪儿了
4. (　) A. 很难过　　　　B. 很高兴　　　　C. 很生气
5. (　) A. 看电视　　　　B. 做作业　　　　C. 吃饭
6. (　) A. 没看过　　　　B. 看过一遍　　　C. 看过两遍
7. (　) A. 饭馆儿　　　　B. 商店　　　　　C. 电影院
8. (　) A. 运动鞋　　　　B. 手表　　　　　C. 照相机
9. (　) A. 他来中国半年多了　　　　B. 他去过上海
　　　　C. 他哪儿都没去过

10. （　　） A. 他给王明写邮件了　　　　　　B. 上个星期他给王明写的邮件
            C. 王明给他回邮件了

（二）听下面的对话并选择正确答案 Listen to the following conversations and choose the right answers

1. （　　） A. 一次　　　　B. 两次　　　　C. 三次
2. （　　） A. 打乒乓球　　B. 打篮球　　　C. 踢足球
3. （　　） A. 羡慕　　　　B. 满意　　　　C. 不相信
4. （　　） A. 逛街　　　　B. 运动　　　　C. 看病
5. （　　） A. 找对象　　　B. 电影演员　　C. 买房子
6. （　　） A. 没吃过，想尝尝　　　　　　B. 吃过，觉得很辣
            C. 吃过，还想再吃
7. （　　） A. 手表一定不在包里　　　　　B. 快到上班时间了
            C. 女的在帮男的找手表
8. （　　） A. 2018年　　　B. 2019年　　　C. 2020年
9. （　　） A. 电影院门口　B. 书店门口　　C. 学校门口
10. （　　） A. 杭州经常下大雨　　　　　　B. 今天一直在下雨
             C. 今天的雨不太大

（三）听后做练习 Do the exercises after listening

1. 听后选择正确答案 Choose the right answers after listening

    (1) （　　） A. 一个　　　　B. 两个　　　　C. 三个
    (2) （　　） A. 四点的　　　B. 四点半的　　C. 五点以后的
    (3) （　　） A. 新电影　　　B. 老电影　　　C. 爱情电影
    (4) （　　） A. 50元　　　　B. 30元　　　　C. 40元

2. 听后判断正误 Judge the statements true or false after listening

    (1) 这个男孩儿以前没有和女孩子约会过。　　　　　　　　　　　（　　）
    (2) 他爸爸说和女孩儿约会时什么都可以说。　　　　　　　　　　（　　）

(3) 这个男孩儿和女孩儿在饭馆儿见了面。　　　（　）

(4) 约会那天男孩儿很紧张。　　　（　）

(5) 这次约会两人说了很多话。　　　（　）

二 语音语调练习 Phonetic Drills

（一）选择你听到的句子 Choose the sentences you hear

1. (　) A. Tā bǎ nàxiē píngzi bǎile yì quānr.　　B. Tā bǎ nàxiē píngzi páile yì quānr.
2. (　) A. Zhège shì yònglái cái yīfu de.　　B. Zhège shì yònglái zài yīfu de.
3. (　) A. Yǒuxiē shìr yǒngyuǎn bàituō bùliǎo.　　B. Yǒuxiē shìr yǒngyuǎn bǎituō bùliǎo.
4. (　) A. Zài tiào wǔ fāngmiàn wǒ hěn bèn.　　B. Zài tiào wǔ fāngmiàn wǒ hěn bàng.
5. (　) A. Tāmen cóng wàimiàn tái jinlai yí ge rén.
   　　B. Tāmen cóng wàimiàn dài jinlai yí ge rén.
6. (　) A. Wǒ bú tài xǐhuan zhège nánmù.　　B. Wǒ bú tài xǐhuan zhège lánmù.
7. (　) A. Zhuōzi shang fàngzhe yí kuài bǐng.　　B. Zhuōzi shang fàngzhe yí kuài bīng.
8. (　) A. Zhèlǐ de qìhòu tài zāo le.　　B. Zhèlǐ de qìhòu tài cháo le.
9. (　) A. Měi ge rén de shēnfen dōu bù yíyàng.
   　　B. Měi ge rén de shēngfèn dōu bù yíyàng.
10. (　) A. Wénzhāng zhōng de nà jù huà nǐ cāi chulai le ma?
    　　B. Wénzhāng zhōng de nà jù huà nǐ zhāi chulai le ma?

（二）听后填空 Fill in the blanks after listening

1. Dàjiā dōu zài _____ xùnliàn, nǐ yě yào _____.
2. Tā méi děng wǒ _____ jiù mǎshang _____ le.
3. Wǒ dǎsuan _____ shí qù _____ wǒ de zìxíngchē.
4. Tā zài _____ shí rènshile yí wèi _____ péngyou.

一 课文 Texts

（一）我们班表演什么呢

（老师在和同学们商量新年晚会的事情）

老　师：同学们，新年快到了，学校要举办一个留学生迎新晚会，希望每个班表演一个节目，我们班表演什么呢？请大家说说。

波　伟：我们现在在学习汉语，应该表演一个和汉语有关系的节目。

丁　荣：我同意波伟的建议，而且全班同学要一起参加。

安　达：对。我们全班同学一起唱一首中文歌，怎么样？丁荣喜欢唱歌，我听她唱过几首中文歌，都很好听。丁荣，你找一首教大家唱吧。

丁　荣：可以啊。迎新年唱的歌，应该是比较快乐、热闹的歌。我知道有一首歌叫《恭喜，恭喜》，新年晚会上唱很合适，老师，您觉得呢？

老　师：挺好的。唱的时候再加一些动作就更好了。

波　伟：李明爱，你以前不是学过跳舞吗？你来教大家吧。

李明爱：行，没问题。从这个星期开始，我们每个星期练习一次。

老　师：好，那就这样决定了，歌词我明天给大家。大家好好儿准备吧。

同学们：谢谢老师，我们一定努力！

（二）我去过很多地方

（在高铁上）

马　丽：请问，您是哪儿的人？

李明爱：我不是中国人，我是从韩国来的留学生。

马　丽：我说呢，你看起来和中国人有点儿不一样。但你的汉语说得很好。

李明爱：谢谢！

马　丽：你来中国多长时间了？

李明爱：到下个月就两年了。

马　丽：你在中国旅行过吗？

李明爱：当然，我去过很多地方，像北京、西安、杭州什么的。西安去过两次呢。

马　丽：那你这次是去哪儿啊？

李明爱：去云南玩儿玩儿。这是我第一次一个人出来旅行。

马　丽：一个人要注意安全。

李明爱：谢谢。

马　丽：很高兴认识你。请你吃个苹果。

二　注释 Notes

（一）我说呢　In my opinion

当自己的推测、判断得到证实时的一种说法。如：

It is a kind of expression when one's presumption or estimation has been approved.

我说呢，他的英语说得那么好，原来他在美国生活过。

（二）看起来和中国人有点儿不一样 It seems that...

"看起来"常做插入语，表示估计、推测。如：

The expression "看起来" is often used as the parentheses, implying estimation or guess. For example:

已经九点了，看起来他今天不会来了。

三 练 习 Exercises

（一）认读汉字并写出拼音 Learn and read the following characters and give *pinyin* to each of them

杯 _____   黑 _____   板 _____   歌 _____   词 _____
电 _____   视 _____   加 _____   首 _____   迎 _____
动 _____   作 _____   擦 _____   象 _____   布 _____
建 _____   议 _____   羡 _____   慕 _____   置 _____

（二）根据课文内容回答问题 Answer the questions according to the texts

① 新年快到了，学校要做什么？
② 他们准备表演什么节目？
③ 谁教大家？为什么？
④ 他们打算怎样练习？
⑤ 马丽和李明爱以前见过吗？
⑥ 马丽为什么要问李明爱是哪儿的人？
⑦ 李明爱到中国多长时间了？
⑧ 李明爱去过中国的哪些地方？

（三）模仿例句，完成对话 Complete the dialogues according to the examples

1. 例 A：学校要举办一个留学生迎新晚会，希望每个班表演一个节目，我们班表演什么呢？

   B：我们现在在学习汉语，应该表演一个和汉语有关系的节目。

   A：学校_____，_____什么呢？

   B：我们_____，应该_____。

2. 例 A：你以前不是学过跳舞吗？你来教大家吧。

   B：行，没问题。

   A：你以前不是_____？你来_____。

   B：行，没问题。

3. 例 A：我不是中国人，我是从韩国来的留学生。

   B：我说呢，你看起来和中国人有点儿不一样。

   A：_____，是_____。

   B：我说呢，你看起来_____。

4. 例 A：你在中国旅行过吗？

   B：当然，我去过很多地方，像北京、西安、杭州什么的。

   A：你吃过_____？

   B：当然，_____，像_____。

（四）用所给的词语结合图片各说一句话　Make up one sentence orally with the given words and pictures

动词 + 过

擦

羡慕

布置

看起来

（五）任务活动　Task activities

① 你的朋友下个星期过生日，你们在商量怎么办。

② 你的朋友旅行回来了，你问问他旅途中遇到哪些有意思的事情。

（六）读一读下面的古诗，注意语气和感情　Read the following poem, pay attention to the mood and emotion

Chūn xiǎo
春　晓

（Táng）Mèng Hàorán
（唐）孟　浩然

Chūn mián bù jué xiǎo, chùchù wén tí niǎo.
春　眠　不　觉　晓，处处　闻　啼　鸟。
Yè lái fēngyǔ shēng, huā luò zhī duōshao.
夜　来　风雨　声，花　落　知　多少。

A Spring Morning

(Tang) Meng Haoran

Oversleeping, I missed the dawn in spring,

everywhere around me is the birds, singing.

But now I remember hearing the wind and rain last night,

and I wonder how many petals are now on the ground sleeping?

第三十二课
我的笔记叫波伟借走了

Lesson 32

I lent my notes to Bowei

生词
New Words

听力部分

Listening Part

1	楼梯	n.	lóutī	stairs
2	摔	v.	shuāi	to fall
3	标准	adj.	biāozhǔn	standard
4	破	v.	pò	to broken
5	干	adj.	gān	dry
6	警察	n.	jǐngchá	police
7	司机	n.	sījī	driver
8	撞	v.	zhuàng	to bump into
9	催	v.	cuī	to urge, to expedite

125

10	两口子	n.	liǎngkǒuzi	husband and wife
11	大爷	n.	dàye	uncle
12	房东	n.	fángdōng	house owner
13	亲切	adj.	qīnqiè	kind
14	诗	n.	shī	poem
15	笑话	n.	xiàohua	joke
16	棋	n.	qí	chess
17	倒	v.	dǎo	to fall
18	钥匙	n.	yàoshi	key
19	电梯	n.	diàntī	elevator, lift
20	会议	n.	huìyì	meeting
21	材料	n.	cáiliào	material
22	电	n.	diàn	electricity

会话部分

Conversation Part

1	笔记	n.	bǐjì	note
2	鸡蛋	n.	jīdàn	egg
3	保存	v.	bǎocún	to keep, to preserve
4	牛肉	n.	niúròu	beef
5	手	n.	shǒu	hand
6	香	adj.	xiāng	fragrant

本课生字 New Characters

梯 摔 标 破 警 察 撞 催

切 诗 棋 钥 匙 材 鸡 肉

听力 Listening

一 听力理解练习 Listening Comprehension

（一）听下面的句子并选择正确答案 Listen to the following sentences and choose the right answers

1. （　） A. 说话人的　　　　B. 小王的　　　　C. 小李的
2. （　） A. 小王让他骑自行车　B. 他的自行车丢了
   C. 小王骑走了他的自行车
3. （　） A. 说话人　　　　B. 文文　　　　C. 哥哥
4. （　） A. 头不疼了　　　　B. 想去超市　　　　C. 不想出去
5. （　） A. 问什么时候去那个饭馆儿　　B. 问那个饭馆儿哪天人多
   C. 那个饭馆儿每天都有很多人
6. （　） A. 唱歌　　　　B. 上网　　　　C. 爬山
7. （　） A. 小明不喜欢锻炼身体　　　　B. 小明已经起床了
   C. 小明还在睡觉
8. （　） A. 他想去南京　　B. 他没去过南京　C. 南京的名胜古迹他都去过
9. （　） A. 他们在等人　　B. 他们没带伞　　C. 现在雨下得很大
10. （　） A. 王明吃得很快　　B. 说话人很吃惊　C. 碗里还有饺子

127

(二) 听下面的对话并选择正确答案　Listen to the following conversations and choose the right answers

1. (　　) A. 女的没有照相机　　B. 男的会修照相机　　C. 照相机坏了
2. (　　) A. 让女的别难过　　　B. 那把伞太旧了　　　C. 用旧伞换新伞
3. (　　) A. 有很多问题　　　　B. 比以前好　　　　　C. 发音很标准
4. (　　) A. 60块　　　　　　　B. 70块　　　　　　　C. 80块
5. (　　) A. 天气预报很准　　　B. 男的衣服有点儿脏　C. 男的被雨淋湿了
6. (　　) A. 服务员　　　　　　B. 警察　　　　　　　C. 司机
7. (　　) A. 吃惊　　　　　　　B. 高兴　　　　　　　C. 生气
8. (　　) A. 图书馆　　　　　　B. 教室　　　　　　　C. 电影院
9. (　　) A. 她不想快点儿走　　B. 她一点儿也不急　　C. 越急越走不快
10. (　　) A. 同学　　　　　　　B. 夫妻　　　　　　　C. 邻居

(三) 听后做练习　Do the exercises after listening

1. 听后选择正确答案　Choose the right answers after listening

   (1) (　　) A. 学校宿舍　　B. 自己家里　　C. 学校外面
   (2) (　　) A. 他有点儿胖　　B. 他很快乐　　C. 他喜欢穿灰色衣服
   (3) (　　) A. 写诗　　　　B. 下棋　　　　C. 骑车
   (4) (　　) A. 去公园　　　B. 骑车　　　　C. 逛商场

2. 听后判断正误　Judge the statements true or false after listening

   (1) 来到办公室门口，他发现自己没带钥匙。　　　　　　　　　(　　)
   (2) 小李的钥匙在办公室里。　　　　　　　　　　　　　　　　(　　)
   (3) 从公司到小李家比较近。　　　　　　　　　　　　　　　　(　　)
   (4) 他们回来时，电梯坏了。　　　　　　　　　　　　　　　　(　　)
   (5) 他们的办公室在十楼。　　　　　　　　　　　　　　　　　(　　)
   (6) 小李没有钥匙开家里的门。　　　　　　　　　　　　　　　(　　)

二 语音语调练习 Phonetic Drills

(一) 画出与你听到的一致的句子（一致的画"√"，不一致的画"✗"） Mark the sentences which are the same as those you hear (Mark a "√" after the same sentences while a "✗" after the different ones)

1. (　) Tā de jìyìlì hěn qiáng.
2. (　) Xiǎoháizi dōu hěn tiānzhēn lànmàn.
3. (　) Qūzhǎng zhǐshǐ wǒmen bìxū ànqī wánchéng rènwu.
4. (　) Tā mǎi de nà shuāng xié shì jìnkǒu de.
5. (　) Wǎnhuì shang dàjiā jìnqíng de gēchàng.
6. (　) Zhànshìmen dǐngfēng mào xuě de qiánjìnzhe.
7. (　) Zǎoshang yǒu hěn duō lùshuǐ.
8. (　) Tā zài chuáng qián níngshén sīkǎo.
9. (　) Wǒ xǐhuan yòng zhège diànshāng.
10. (　) Tā zǒngshì xǐhuan bāngzhù biéren.

(二) 听后填空 Fill in the blanks after listening

1. Jiāotōng shìgù shǐ ＿＿＿＿ shòudàole hěn dà de ＿＿＿＿.
2. Tā qù ＿＿＿＿ le, zhǔnbèi ＿＿＿＿ yòng.
3. Wǒ zài ＿＿＿＿ shang kànjiànle ＿＿＿＿ biǎoyǎn de zhàopiàn.
4. Nǎinai měi tiān ＿＿＿＿ qǐlai ＿＿＿＿ yuànzi.
5. Tā de ＿＿＿＿ shì nàge ＿＿＿＿ li zuì piàoliang de háizi.

会话 Conversations

一 课文 Texts

（一）我的笔记叫波伟借走了

（在教室）

安达：丁荣，你在看什么？

丁荣：我在预习明天汉语课的生词呢。

安达：你真努力，我要向你学习。

丁荣：你也不错啊，老师不是说你汉字越写越漂亮了吗？

安达：但我的汉语还差得远呢。对了，你今天的作业做好了吗？

丁荣：早就做好了。你呢？

安达：我今天不是请假去接朋友了嘛，所以来跟你借今天汉语课的笔记。

丁荣：我的笔记叫波伟借走了。

安达：是吗？那我等一会儿去找波伟。

丁荣：哎，你的腿怎么了？

安达：别提了，今天去接朋友的路上，被一辆自行车撞了一下，那个人什么也没说就走了，真让人生气。

丁荣：别生气了。现在还疼吗？

安达：还有一点儿疼，不过没关系。你预习吧，我走了。

丁荣：好好儿休息！

（二）怎么啦

丈夫：我最近倒霉得很。

妻子：怎么啦？

丈夫：前天去超市排队买鸡蛋，排到我正好卖光了。

妻子：这样的事儿谁都会遇到。

丈夫：昨天吧，上班迟到了两分钟，被经理批评了一顿。

妻子：以后早点儿去就行了。

丈夫：今天上班用电脑时，突然停电了，写好的东西没有保存，都没了，你说倒霉不倒霉？

妻子：好了，这些都是小事儿，不要生气了。现在有一件高兴的事儿要告诉你。

丈夫：什么事儿？

妻子：我做了你最爱吃的牛肉，快去洗手吧。

丈夫：我说怎么这么香呢！

二 注 释 Notes

（一）别提了　Talk no more about it

表示某种性质或心理活动程度很深，不必细说，有夸张的语气。多用于不如意的情况。常常用来表示劝阻或引出下面的话。如：

This expression means that something (properties or psychology activities) is very profound. It is unnecessary to talk about the details, with a slight of exaggeration. It is often used to express something sad or unsatisfactory. It is also used to prevent the listener from talking about details or introduce the topic followed. For example:

别提了，昨天自行车骑到半路忽然坏了。

（二）好了，这些都是小事儿。　Well, all these are unimportant.

"好了"表示结束话题或制止某人做某事。例如：

The word "好了" indicates the ending the topic or preventing somebody from doing something. For example:

好了，不说生气的事儿了。

三 练 习 Exercises

（一）认读汉字并写出拼音 Learn and read the following characters and give *pinyin* to each of them

倒 _____   钥 _____   诗 _____   标 _____   准 _____

撞 _____   司 _____   保 _____   材 _____   料 _____

警 _____   机 _____   存 _____   香 _____   楼 _____

察 _____   破 _____   梯 _____   催 _____   肉 _____

（二）根据课文内容回答问题 Answer the questions according to the texts

1. 丁荣今天的作业做完了吗？
2. 丁荣的汉语笔记在谁那儿？
3. 安达去接朋友时，发生了什么事儿？
4. 丈夫最近的心情怎么样？为什么？
5. 妻子是怎么对他说的？
6. 今天妻子说有什么高兴的事儿？
7. 丈夫听后高兴吗？为什么？

（三）模仿例句，完成对话 Complete the dialogues according to the examples

1. 例 A：我的笔记叫波伟借走了。

   B：是吗？那我等一会儿去找波伟。

   A：_____借走了。

   B：是吗？_____。

2. 例 A：哎，你的腿怎么了？

   B：别提了，今天去接朋友的路上，被一辆自行车撞了一下。

A：哎，_____？

B：别提了，_____。

3 例 A：前天去超市排队买鸡蛋，排到我正好卖光了。

B：这样的事儿谁都会遇到。

A：前天_____，_____光了。

B：这样的事儿_____。

4 例 A：写好的东西没有保存，都没了，你说倒霉不倒霉？

B：好了，这些都是小事儿，不要生气了。

A：_____，你说倒霉不倒霉？

B：好了，_____。

（四）用所给的词语结合图片各说一句话 Make up one sentence orally with the given words and pictures

越……越……

批评

倒霉

摔

被

到处

（五）任务活动 Task activities

① 你在饭馆儿吃完饭，付钱时发现钱不够。

② 你在超市买东西，手机被偷了。

③ 谈谈你最近遇到的倒霉的事儿。

（六）读一读下面的古诗，注意语气和感情 Read the following poem, pay attention to the mood and emotion

Bó chuán Guāzhōu
泊 船 瓜 洲

（Sòng）Wáng Ānshí
（宋）王 安石

Jīngkǒu Guāzhōu yì shuǐ jiān, Zhōngshān zhǐ gé shù chóng shān.
京口 瓜洲 一 水 间， 钟山 只 隔 数 重 山。

Chūnfēng yòu lǜ Jiāngnán àn, míngyuè hé shí zhào wǒ huán?
春风 又 绿 江南 岸，明月 何 时 照 我 还？

Parking Boat at Guazhou

(Song) Wang Anshi

Jingkou and Guazhou are separated by a river,
the Zhong Mountain is only several mountains away.
Spring wind brings green to the south of the Yangtze River again,
when will the bright moon take me back?

第三十三课
给你添麻烦了

Lesson 33
Sorry to trouble you

生词 New Words

听力部分

Listening Part

1	晒	v.	shài	to shine on
2	退	v.	tuì	to retreat
3	汽车	n.	qìchē	car
4	剧场	n.	jùchǎng	theatre
5	挂	v.	guà	to hang, to put up
6	幼儿园	n.	yòu'éryuán	kindergarten
7	接受	v.	jiēshòu	to accept
8	电池	n.	diànchí	battery
9	贴	v.	tiē	to stick, to glue

10	摄影师	n.	shèyǐngshī	photographer
11	照相		zhào xiàng	to take a photograph
12	糖	n.	táng	sugar
	喜糖	n.	xǐtáng	wedding candy
13	迎接	v.	yíngjiē	to welcome
14	工艺品	n.	gōngyìpǐn	handicraft works
15	喜酒	n.	xǐjiǔ	wedding feast
16	村子	n.	cūnzi	village, hamlet
17	草	n.	cǎo	grass
18	小心	adj.	xiǎoxīn	be careful
19	步	n.	bù	step
20	松鼠	n.	sōngshǔ	squirrel

会话部分

Conversation Part

1	方向	n.	fāngxiàng	direction
2	刷	v.	shuā	to swipe
3	投	v.	tóu	to throw, to put, to insert
4	硬币	n.	yìngbì	coin
5	动物园	n.	dòngwùyuán	zoo
	动物	n.	dòngwù	animal
6	直接	adj.	zhíjiē	direct, immediate
7	终点站	n.	zhōngdiǎnzhàn	terminus, destination
	站	n.	zhàn	station

8	资料	n.	zīliào	data, material
9	感谢	v.	gǎnxiè	to thank, to be grateful
10	添	v.	tiān	to add

本课生字

New Characters

晒　退　剧　幼　受　池　贴

摄　糖　艺　村　松　鼠　添

听力 Listening

一 听力理解练习 Listening Comprehension

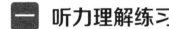（一）听下面的句子并选择正确答案 Listen to the following sentences and choose the right answers

1. (　) A. 等车　　　B. 开车　　　C. 等人
2. (　) A. 7块钱　　B. 10块钱　　C. 15块钱
3. (　) A. 早上　　　B. 中午　　　C. 傍晚
4. (　) A. 电视　　　B. 冰箱　　　C. 空调
5. (　) A. 不错　　　B. 一般　　　C. 不好
6. (　) A. 快递公司　B. 说话人这儿　C. 朋友那儿
7. (　) A. 安达　　　B. 李老师　　C. 穿白衣服的人
8. (　) A. 教室　　　B. 汽车上　　C. 剧场

9. （   ） A. 买鞋 B. 买衣服 C. 买裤子
10. （   ） A. 没有节目 B. 不知道看什么 C. 节目没意思

（二）听下面的对话并选择正确答案 Listen to the following conversations and choose the right answers

1. （   ） A. 小李 B. 小田 C. 小王
2. （   ） A. 男的以前没见过 B. 女的觉得不漂亮 C. 刚买回来
3. （   ） A. 等孩子 B. 打电话 C. 接孩子
4. （   ） A. 学校 B. 家里 C. 球场
5. （   ） A. 外国人 B. 老师 C. 记者
6. （   ） A. 自行车 B. 手机 C. 手表
7. （   ） A. 摄影师不好 B. 照片贴在墙上了 C. 照片照得不好
8. （   ） A. 包丢了 B. 钱丢了 C. 手机丢了
9. （   ） A. 520 块 B. 380 块 C. 300 块
10. （   ） A. 你不需要出去 B. 你一定要去 C. 你早点儿回来

（三）听后做练习 Do the exercises after listening

1. **听后选择正确答案** Choose the right answers after listening

    (1) （   ） A. 王明 B. 王明的哥哥 C. 王明的表哥
    (2) （   ） A. 20 个 B. 20 桌 C. 10 桌
    (3) （   ） A. 喝了很多酒 B. 不好意思 C. 酒店里很热
    (4) （   ） A. 参加婚礼 B. 喜欢喝酒 C. 高兴地喝酒

2. **听后判断正误** Judge the statements true or false after listening

    (1) 小马和妈妈一起去送吃的东西。（   ）
    (2) 村子在桥的另一边。（   ）
    (3) 老牛说河水不深，到自己的大腿。（   ）
    (4) 小松鼠说河水很深。（   ）
    (5) 最后，妈妈带着小马过了河。（   ）

二 语音语调练习 Phonetic Drills

（一）画出与你听到的一致的句子（一致的画"√"，不一致的画"×"） Mark the sentences which are the same as those you hear (Mark a "√" after the same sentences while a "×" after the different ones)

1. (　　) Wǒmen gāngcái kàn de dōu shì chǎnpǐn.
2. (　　) Wǒ chángcháng gǎndào nángzhōng-xiūsè.
3. (　　) Tā hěn ài chuān huàzhe láng de yīfu.
4. (　　) Nǐ juéde wǒmen de chéngyuán zěnmeyàng?
5. (　　) Mǎ bèi shuān zài le yì kē dàshù shang.
6. (　　) Tā de jiǎo ràng shítou záshāng le.
7. (　　) Tā zhōngyú zhǎodàole shénfù.
8. (　　) Jīntiān zǎoshang wǒ jí de mǎn shēn dàhàn.
9. (　　) Qǐng zài wǎng nà biān guòqu yìdiǎnr.
10. (　　) Tài zǎo le, wǒmen děng yíhuìr zài lái ba.

（二）听后填空 Fill in the blanks after listening

1. Méi guānxi, bú yào _____, hái yǒu _____.
2. Tā gàosu wǒ yí ge hǎo _____, míngtiān _____.
3. Wǒmen jīnnián _____ zǔzhīle _____ huódòng.
4. Tā _____ yídòng, xiǎngdàole zhǎo _____ bāng máng.

（一）这车不去那个方向

（波伟和丁荣在等公共汽车）

波伟：哎，车来了，但看样子人很多，肯定没有空座位了。

丁荣：没关系，我们就站着吧。

波伟：现在中国人坐车都用公交卡或者刷手机，我没有，你有吗？

丁荣：我也没有，我们就投硬币吧。

波伟：好的，一人两块钱，快上车。

（两个人上了车）

波伟：丁荣，这车真不错，开着空调，放着音乐，人们坐车多舒服啊。

丁荣：是啊，所以坐空调车的人很多，夏天和冬天就更多了。哎，我们应该问一下到动物园要不要转车？

波伟：小姐，请问，坐这趟车可以直接到动物园吗？

女乘客：不行，这车不去那个方向。你们可以再坐两站，然后下车转5路车，坐到终点站就到了。

丁荣、波伟：谢谢！

（二）给你添麻烦了

（图书馆阅览室）

波伟：王明，我猜你准在这儿。

王明：是你啊，找我有什么事儿吗？

波伟：你现在忙吗？桌上这么多书。

王明：我正在为写文章准备资料呢。没关系，你说吧。

波伟：前几天，我坐出租车回学校，钱包忘在车上了，那个司机发现后，就给我送回来了。我很感谢他，想给他们公司写一封表扬信。

王明：你遇到了一个好司机。

波伟：感谢信我已经写好了，老师太忙了，所以想请你帮我看看。

王明：行，我明天看好后就给你送过去。

波伟：真不好意思，又给你添麻烦了。

王明：别客气，大家是朋友嘛。

二 注 释 Notes

（一）又给你添麻烦了　Sorry to trouble you again

"给你添麻烦了"是向别人表示感谢时的常用表达方式。类似的表达方式还有：

The expression "给你添麻烦了" is often used to express one's thanks. The following are the similar expressions:

(1) 谢谢！

(2) 谢谢你 / 您！

(3) 感谢您的……

(4) 真不知道怎么感谢你（才好）。/ 真不知道说什么才好。

(5) 辛苦你了。

(6) 麻烦你了。

（二）别客气　Not at all / Don't mention it

"别客气"是回答别人的感谢时常用的表达方式。类似的表达方式还有：

The expression "别客气" is often used to reply other's thanks. The following are the similar expressions:

(1) 不客气。

(2) 不用谢 / 不谢。

(3) 是我应该做的。

(4) 没什么。

(5) 你不用这么客气。

三 练 习 Exercises

（一）认读汉字并写出拼音 Learn and read the following characters and give *pinyin* to each of them

投_____ 硬_____ 币_____ 接_____ 糖_____

站_____ 终_____ 点_____ 草_____ 刷_____

晒_____ 退_____ 剧_____ 受_____ 贴_____

步_____ 村_____ 松_____ 鼠_____ 资_____

（二）根据课文内容回答问题 Answer the questions according to the texts

① 丁荣他们有公交卡吗？他们是怎么做的？

② 坐空调车一个人多少钱？

③ 他们觉得空调车怎么样？

④ 他们怎么坐车去动物园？

⑤ 波伟在哪儿找到了王明？

⑥ 王明在做什么？

⑦ 波伟要请王明帮什么忙？

⑧ 王明是怎么回答的？

(三)模仿例句，完成对话　Complete the dialogues according to the examples

① 例　A：看样子人很多，肯定没有空座位了。
　　　B：没关系，我们就站着吧。

　　　A：看样子_____，肯定_____。
　　　B：没关系，_____。

② 例　A：小姐，请问，坐这趟车可以直接到动物园吗？
　　　B：这车不去那个方向。你们可以再坐两站，然后下车转5路车，坐到终点站就到了。

　　　A：小姐，请问，_____？
　　　B：这车不去那个方向。你们可以_____，然后
　　　　　_____。

③ 例　A：行，我明天看好后就给你送过去。
　　　B：真不好意思，又给你添麻烦了。

　　　A：行，_____。
　　　B：真不好意思，又给你添麻烦了。

(四)用所给的词语或结构各说一句话　Make up one sentence orally with the given words or structures

① 动词+着　② 连忙　③ 挂　④ 只要……就……
⑤ 先……然后……　⑥ 一下子　⑦ v.+满　⑧ 小心

（五）任务活动 Task activities

① 你的钱包丢了，别人捡到后给你送回来了，你向他/她表示感谢。

② 考试前一个星期，你生病了，你的同屋不但照顾你，而且还帮助你学习汉语。你考试得了95分，你向同屋表示感谢。

（六）读一读下面的古诗，注意语气和感情 Read the following poem, pay attention to the mood and emotion

Méngxué Shī
蒙 学 诗

（Sòng）Shào Yōng

（宋）邵 雍

Yī qù èr sān lǐ, yān cūn sì wǔ jiā.
一 去 二 三 里，烟 村 四 五 家。

Tíng tái liù qī zuò, bā jiǔ shí zhī huā.
亭 台 六 七 座，八 九 十 枝 花。

Children's Folk Rhymes

(Song) Shao Yong

I have walked two or three *li* away, four or five villages have been passed.

Six or seven pavilions have been seen, eight, nine or ten flowers have been appreciated.

第三十四课
真是太巧了

Lesson 34 How lucky it is

生词 New Words

听力部分

Listening Part

1	百货	n.	bǎihuò	general merchandise
2	齐	adj.	qí	even, all in readiness
3	考虑	v.	kǎolǜ	to think about
4	办事		bàn shì	to act
5	愤怒	adj.	fènnù	angry
6	盐	n.	yán	salt
7	标准间	n.	biāozhǔnjiān	standard room
8	套房	n.	tàofáng	suite
9	酒店	n.	jiǔdiàn	hotel
10	鱼	n.	yú	fish

11	骄傲	*adj.*	jiāo'ào	conceited
12	看不起	*v.*	kànbuqǐ	to look down upon
13	根	*m.*	gēn	*measure word*
14	成语	*n.*	chéngyǔ	idiom
15	朝三暮四		zhāosān-mùsì	to change one's mind frequentlty
16	从前	*n.*	cóngqián	before
17	养	*v.*	yǎng	to raise
18	猴子	*n.*	hóuzi	monkey
19	栗子	*n.*	lìzi	chestnut
20	颗	*m.*	kē	*measure word*

会话部分

Conversation Part

1	假期	*n.*	jiàqī	vacation, holiday
2	旅途	*n.*	lǚtú	journey, trip
3	旅行社	*n.*	lǚxíngshè	travel service or agency
4	巧	*adj.*	qiǎo	opportune, by chance
5	工厂	*n.*	gōngchǎng	factory
6	条件	*n.*	tiáojiàn	condition
7	心情	*n.*	xīnqíng	mood, frame of mind
8	保持	*v.*	bǎochí	to keep, to maintain, to preserve

专 名

Proper Noun

	山东	Shāndōng	Shandong (Province)

第三十四课 真是太巧了

本课生字 New Characters

齐 考 虑 愤 怒 盐 鱼 骄

傲 根 朝 暮 养 猴 栗 颗

旅 巧 厂 持

听力 Listening

一 听力理解练习 Listening Comprehension

（一）听下面的句子并选择正确答案 Listen to the following sentences and choose the right answers

1. (　　) A. 百货大楼　　B. 家里　　C. 出租车上
2. (　　) A. 一月　　B. 二月　　C. 三月
3. (　　) A. 卖菜的　　B. 售票员　　C. 服务员
4. (　　) A. 星期一　　B. 星期三　　C. 星期四
5. (　　) A. 坐飞机　　B. 坐高铁　　C. 坐船
6. (　　) A. 妈妈　　B. 小文　　C. 小文的姐姐
7. (　　) A. 他们要去买菜　　B. 他们还没吃饭　　C. 他们出去办事了
8. (　　) A. 十号　　B. 二十五号　　C. 十五号
9. (　　) A. 许多人要结婚　　B. 他家买了新房　　C. 他们楼里有些人搬家了
10. (　　) A. 吃惊　　B. 愤怒　　C. 羡慕

149

（二）听下面的对话并选择正确答案　Listen to the following conversations and choose the right answers

1. （　　）A. 去开车　　　　　　B. 忘了买东西　　　C. 去拿东西
2. （　　）A. 看电视　　　　　　B. 做菜　　　　　　C. 上网
3. （　　）A. 2019年　　　　　　B. 2020年　　　　　C. 2021年
4. （　　）A. 他买到票了　　　　B. 他要等退票　　　C. 他要把票退了
5. （　　）A. 在高铁上　　　　　B. 买票　　　　　　C. 卖票
6. （　　）A. 订酒店　　　　　　B. 买房子　　　　　C. 订机票
7. （　　）A. 看文章　　　　　　B. 写文章　　　　　C. 改文章
8. （　　）A. 丁荣不会唱中文歌　B. 李明爱教丁荣唱中文歌
　　　　　C. 李明爱的辅导老师歌唱得很好
9. （　　）A. 食堂　　　　　　　B. 图书馆　　　　　C. 宿舍
10. （　　）A. 参观　　　　　　　B. 买鱼　　　　　　C. 做菜

（三）听后做练习　Do the exercises after listening

1. 听后选择正确答案　Choose the right answers after listening

   (1)（　　）A. 拿着帽子的老人　B. 戴着帽子的老人　C. 在找帽子的老人
   (2)（　　）A. 很聪明的人　　　B. 懂得很少的人　　C. 听不懂问题的人
   (3)（　　）A. 只有我知道　　　B. 我知道得不多　　C. 我什么都知道
   (4)（　　）A. 天太热了　　　　B. 他喝酒了　　　　C. 他回答错了

2. 听后判断正误　Judge the statements true or false after listening

   (1)"朝三暮四"是中国的成语。　　　　　　　　　　　　　　　（　　）
   (2)猴子生活在动物园。　　　　　　　　　　　　　　　　　　（　　）
   (3)这只猴子特别喜欢吃栗子。　　　　　　　　　　　　　　　（　　）
   (4)猴子喜欢晚上比早上吃得多。　　　　　　　　　　　　　　（　　）
   (5)猴子最后同意了老人的建议。　　　　　　　　　　　　　　（　　）

二 语音语调练习 Phonetic Drills

(一) 选择你听到的句子 Choose the sentences you hear

1. (　) A. Tā zuò zài qiáo shang kànzhe fēngjǐng.
　　　　 B. Tā zuò zài jiào shang kànzhe fēngjǐng.

2. (　) A. Rénmen dōu xiǎng dào dàyīyuàn qù jiù yī.
　　　　 B. Rénmen dōu xiǎng dào dàyīyuàn qù qiúyī.

3. (　) A. Wǒ zuótiān fǎngwènle tā.　　B. Wǒ zuótiān fǎnwènle tā.

4. (　) A. Míngtiān wǒmen yìqǐ qù jùchǎng ba.
　　　　 B. Míngtiān wǒmen yìqǐ qù jīchǎng ba.

5. (　) A. Nǐ tái tóu lǐng dàjiā dú.　　B. Nǐ dài tóu lǐng dàjiā dú.

6. (　) A. Wǒ zhù zài dōngbian de dàlóu li.　　B. Wǒ zhù zài dōngbian de tǎlóu li.

7. (　) A. Tā zài bàndàor láibuliǎo.　　B. Tā zài bàn gōng, láibuliǎo.

8. (　) A. Nǐ de huà ràng tā hěn nánkān.　　B. Nǐ de huà ràng tā hěn nánkàn.

9. (　) A. Xiàwǔ wǒ yào qù jīchǎng sòng xìn.
　　　　 B. Xiàwǔ wǒ yào qù jīchǎng sòng xíng.

10. (　) A. Wǒ tǎng zài chuáng shang xiūxi.
　　　　 B. Wǒ tǎng zài chuán shang xiūxi.

(二) 听后标出画线词语的声调 Mark the tones of the underlined words or phrases after listening

1. Shāngdiàn li shipin de zhǒnglèi hěn duō.

2. Yào peiyang zìjǐ de dòng shǒu nénglì.

3. Zhèlǐ de qíngkuàng hěn fuza.

4. Tāmen yángé ànzhào laodongfa bàn shì.

5. Yīshēng xiě de zhenduanshu nǐ kàn de dǒng ma?

会话 Conversations

一 课文 Texts

（一）是太阳晒的

丁　荣：李明爱，好久不见，这个假期过得怎么样？你好像变黑了。

李明爱：是太阳晒的。我去云南旅行了。

丁　荣：是吗？我没听你说过。你是什么时候去的？玩儿了多长时间？

李明爱：我是8月2号去的，去了两个星期。原来想约你一起去的，可听说暑假你哥哥来中国看你，我就没跟你说。

丁　荣：啊？你是一个人去的？你不怕吗？

李明爱：我去以前已经提前在网上订好了车票和旅馆，所以没有什么可担心的。

丁　荣：云南很远，你是坐火车去的吗？

李明爱：是的。这是我第一次一个人出去旅行，很兴奋。在旅途中还交了几个中国朋友呢。

丁　荣：你这个暑假过得真有意思。以后我也不跟旅行社一起去了。

李明爱：明年暑假我们俩一起出去玩儿吧。

（二）真是太巧了

（在超市里，王明不小心踩了后面人的脚，他回头一看）

王明：对不起。哎，张华！

张华：哎呀，王明。是你啊。没想到在这儿遇到你。

王明：是啊，真是太巧了。我们有好几年没见了吧？

张华：可不是嘛，你好像比以前胖了点儿。

王明：你还是老样子。听说你在郊区的一个工厂工作，怎么样？

张华：那里的工作条件虽然不太好，但和同事的关系很好，所以心情还不错。你呢？

王明：我还在上大学，明年毕业。今天能遇到你，真是太高兴了，以后我们保持联系。

张华：好的。你今天是来买东西的吗？

王明：是啊，明天我和几个朋友去爬山，我来买点儿东西。

张华：我家现在就住在附近，有空儿到我家来玩儿，我们好好儿聊聊。

二 注 释 Notes

（一）没有什么可担心的 Nothing is worth of worrying about

这里的"可"表示值得的意思。后面常带"动词+的"。如：

The word "可" here means worth, which is often followed by the structure "verb + 的". For example:

这个店里没有什么可买的东西。

（二）可不是嘛 Yes, isn't it

同意、赞成对方意见时的一种肯定说法。如：

It is a kind of expression to agree or approve to the opinion of the listener. For example:

可不是嘛，他的汉语说得非常好。

（三）还是老样子　Nothing new

这里的"老"是"原来"的意思。如：

In this expression, the word "老" means "原来 (original, before)". For example:

出国回来一看，南京已经不是过去的老样子了。

三　练　习　Exercises

（一）认读汉字并写出拼音　Learn and read the following characters and give *pinyin* to each of them

货____　　办____　　假____　　旅____　　巧____

考____　　条____　　件____　　保____　　持____

虑____　　怒____　　鱼____　　根____　　养____

猴____　　颗____　　齐____　　盐____　　厂____

（二）根据课文内容回答问题　Answer the questions according to the texts

① 李明爱为什么变黑了？

② 李明爱去哪儿了？去了多长时间？

③ 李明爱是怎么去的？

④ 王明为什么说对不起？

⑤ 张华和王明经常见面吗？

⑥ 王明和张华有没有什么变化？

⑦ 张华在哪儿工作？工作怎么样？

（三）模仿例句，完成对话 Complete the dialogues according to the examples

① 例 A：这个假期过得怎么样？你好像变黑了。
B：是太阳晒的。我去云南旅行了。

A：＿＿＿＿＿＿怎么样？你好像＿＿＿＿＿＿。
B：是＿＿＿＿＿＿的。我＿＿＿＿＿＿。

② 例 A：你不怕吗？
B：我去以前已经提前在网上订好了车票和旅馆，所以没有什么可担心的。

A：你不＿＿＿＿＿＿吗？
B：我＿＿＿＿＿＿，所以＿＿＿＿＿＿。

③ 例 A：我们有好几年没见了吧？
B：可不是嘛，你好像比以前胖了点儿。

A：我们＿＿＿＿＿＿吧？
B：可不是嘛，＿＿＿＿＿＿。

（四）用所给的词语或结构各说一句话 Make up one sentence orally with the given words or structures

① 是……的　② 以来　③ 因此　④ 许多　⑤ 改变　⑥ 看不起

（五）任务活动 Task activities

① 你的朋友旅行回来了，你问问他旅行的情况。
② 谈谈你的朋友或你们国家的变化。

(六) 读一读下面的古诗，注意语气和感情 Read the following poem, pay attention to the mood and emotion

Shān jū qiū míng
山 居 秋 暝

（Táng）Wáng Wéi
（唐）王 维

Kōng shān xīn yǔ hòu, tiānqì wǎn lái qiū.
空 山 新 雨 后，天 气 晚 来 秋。

Míngyuè sōng jiān zhào, qīngquán shí shàng liú.
明 月 松 间 照， 清 泉 石 上 流。

Mountain Life in Autumn Evening

(Tang) Wang Wei

It rained in the open mountains a moment ago,

the autumn evening air becomes fresh and cool.

The bright moon shines on the pine woods,

on the rocks the clear spring water flows.

第三十五课
复习(七)
Lesson 35 — Revision (VII)

生词 New Words

听力部分 Listening Part

1	厘米	m.	límǐ	centimeter
2	小偷儿	n.	xiǎotōur	thief
3	冲	v.	chōng	to dash, to rush
4	抓	v.	zhuā	to grab, to seize, to catch
5	家长	n.	jiāzhǎng	parent
6	适合	v.	shìhé	to fit
7	狗	n.	gǒu	dog
8	龙井	n.	lóngjǐng	name of a kind of tea
9	感动	v.	gǎndòng	to move, to touch, to affect

| 10 | 原因 | n. | yuányīn | cause, reason |
| 11 | 快递员 | n. | kuàidìyuán | postman |

会话部分
Conversation Part

1	爷爷	n.	yéye	grandfather
2	奶奶	n.	nǎinai	grandmother
3	外公	n.	wàigōng	maternal grandfather
4	抬	v.	tái	to raise
5	动	v.	dòng	to move, to stir
6	学院	n.	xuéyuàn	college
7	寸	m.	cùn	inch

专 名
Proper Noun

| | 元旦 | Yuándàn | New Year's Day |

本课生字
New Characters

| 厘 | 偷 | 冲 | 抓 | 适 | 狗 | 感 |
| 原 | 递 | 爷 | 奶 | 抬 | 寸 | |

听力 Listening

一 听力理解练习 Listening Comprehension

（一）听下面的句子并选择正确答案 Listen to the following sentences and choose the right answers

1. （　） A. 学校门口　　B. 药店门口　　C. 饭店门口
2. （　） A. 质量很差　　B. 颜色不太好　　C. 有两种颜色
3. （　） A. 朋友来他这儿了　　B. 他在朋友那儿
   C. 他和朋友约好一起玩儿
4. （　） A. 北京、西安　　B. 上海、北京　　C. 西安、青岛
5. （　） A. 李明爱　　B. 波伟　　C. 安达
6. （　） A. 两天　　B. 三天　　C. 五天
7. （　） A. 每天一次　　B. 两天一次　　C. 一个星期一次
8. （　） A. 7厘米　　B. 16厘米　　C. 18厘米
9. （　） A. 外面　　B. 车上　　C. 商店里
10. （　） A. 很马虎　　B. 很认真　　C. 很小心

（二）听下面的对话并选择正确答案 Listen to the following conversations and choose the right answers

1. （　） A. 夫妻　　B. 姐弟　　C. 母子
2. （　） A. 过马路　　B. 看灯　　C. 等车
3. （　） A. 英国　　B. 法国　　C. 日本
4. （　） A. 买名牌儿　　B. 颜色漂亮　　C. 适合自己
5. （　） A. 他们可以聊天儿　　B. 他们可以问路
   C. 他们想去吃饭
6. （　） A. 邻居　　B. 孩子　　C. 小狗
7. （　） A. 男孩儿站在小李旁边　　B. 小李和那个男孩儿说过话
   C. 小李在照片上见过那个男孩儿

8. （　） A. 电视机　　　　B. 空调　　　　　C. 冰箱

9. （　） A. 生气　　　　　B. 吃惊　　　　　C. 难过

10. （　） A. 他们的伞丢了　　　　　　B. 男的觉得伞太大了

　　　　　C. 女的担心会下雨

（三）听后做练习　Do the exercises after listening

1. 听后选择正确答案　Choose the right answers after listening

（1）（　） A. 5个月　　　　　B. 6个月　　　　　C. 10个月

（2）（　） A. 12月31日　　　B. 1月1日　　　　C. 2月1日

（3）（　） A. 花儿　　　　　　B. 水果　　　　　　C. 茶

（4）（　） A. 苹果　　　　　　B. 饺子　　　　　　C. 牛肉

2. 听后判断正误　Judge the statements true or false after listening

（1）医生觉得他的脸色不好。　　　　　　　　　　　　　（　）

（2）医生让他去一个很远的地方。　　　　　　　　　　　（　）

（3）他每天都走很多路。　　　　　　　　　　　　　　　（　）

（4）他在快递公司工作。　　　　　　　　　　　　　　　（　）

二　语音语调练习　Phonetic Drills

（一）选择你听到的句子　Choose the sentences you hear

1. （　） A. Nǐ yào de zīliào wǒ gěi nǐ gǎodào le.

　　　　　B. Nǐ yào de zīliào wǒ gěi nǐ kǎodào le.

2. （　） A. Gāngcái wǒ yòu tiānle yí ge cài.　　B. Gāngcái wǒ yòu diǎnle yí ge cài.

3. （　） A. Nà wèi Chén xiānsheng de tàidù búcuò.

　　　　　B. Nà wèi Chéng xiānsheng de tàidù búcuò.

4. （　） A. Qiánmiàn yì qún rén zài nào shénme?

　　　　　B. Qiánmiàn yì qún rén zài lāo shénme?

5. (　) A. Wǒ de shēnghuó yòngpǐn dōu quán le.
   B. Wǒ de shēnghuó yòngpǐn dōu juān le.

6. (　) A. Tā sì suì jiù dào guówài qù le.　　　B. Tā shí suì jiù dào guówài qù le.

7. (　) A. Wǒ méiyǒu zhòngguo cǎor.　　　　B. Wǒ méiyǒu zhòngguo zǎor.

8. (　) A. Tā cái chīle yíbàn jiù bǎo le.　　　　B. Tā cái chīle yíbàn jiù pǎo le.

9. (　) A. Děng nǐ huífùle wǒ zài lái kàn nǐ.　　B. Děng nǐ huīfùle wǒ zài lái kàn nǐ.

10. (　) A. Nǐ kàn wǒ yǎn de zěnmeyàng?　　B. Nǐ kàn wǒ yǎng de zěnmeyàng?

（二）听后标出画线词语的声调 Mark the tones of the underlined words or phrases after listening

1. Měi ge rén dōu yào aihu zìjǐ de yǎnjing.
2. Wǒ shuō de xuésheng bù baokuo tā.
3. Jīnnián de chanzhi yòu zēngjiā le.
4. Tā de huà méiyǒu yìdiǎnr daoli.
5. Wǒ xǐ shǒu dōu yào yòng xishouye.

会 话 Conversations

一 课 文 Texts

（一）你们怎么照啊

（在照相馆）

丈　夫：师傅，今天是我儿子一岁的生日，请你给我们全家照
　　　　张相。

摄影师：行，没问题。你们打算怎么照呢？

丈　　夫：四个老人坐着，爷爷抱着孩子，我和妻子站在后面。

妻　　子：后面只有我们俩站着，好看吗？

丈　　夫：那也没办法呀。好了，我们听师傅的。师傅，你看怎么照好？

摄影师：这样吧，孩子有小椅子，可以坐在中间，奶奶和外婆坐在两边，你们夫妻俩站在孩子后边，爷爷和外公看上去身体都不错，就请分别站在小两口的旁边。你们看怎么样？

妻　　子：我觉得这样挺好，爷爷站在奶奶的后面，外公站在外婆的后面。

丈　　夫：行，我也觉得这样挺好。

摄影师：怎么样？都准备好了吗？都往我这儿看。小两口站紧一点儿，头往上抬一点儿，行，大家都别动了，笑一笑，好！

（二）麻烦您给我们照张相

（李明爱和丁荣在校园里照相）

李明爱：丁荣，你看，秋天的校园多美啊！

丁　荣：是啊，我们照张合影吧。

李明爱：好啊，那边过来了一个男孩儿，就请他帮我们照一张吧。

丁　荣：（对那个男孩儿）你好！能不能麻烦你给我们照张相？

男孩儿：好的，你们想怎么照？

丁　荣：就照半身吧，我们学院的名字和后面的楼都请照进去。

男孩儿：好。

（在照相馆）

李明爱：你好，我们要洗几张六寸的照片。

工作人员：好的。一块五一张，明天下午来取。

李明爱：能不能便宜点儿？

工作人员：三十张以上一块钱一张。

丁　荣：我们下次还在你这儿洗，就给我们便宜点儿吧。

工作人员：行，那就一块钱一张吧。

李明爱、丁荣：谢谢！

二 注释 Notes

（一）这样吧 Let's do it this way

说出自己意见时的一种表达方式。如：
It's an expression to speak out one's opinion. For example:

这样吧，你们先去，我马上就来。

（二）能不能麻烦你给我们照张相 Could you please take a picture for us

"能不能麻烦……"是请求别人帮助时的一种表达方式。类似的说法还有：
The expression "能不能麻烦……" is used to ask for help. The following are the similar expressions:

(1) 能不能请你……

(2) 我可以 / 能……吗?

(3) 对不起，请您 / 你……，行吗 / 好吗 / 可以吗?

三 练习 Exercises

（一）认读汉字并写出拼音 Learn and read the following characters and give *pinyin* to each of them

适＿＿＿　　米＿＿＿　　偷＿＿＿　　感＿＿＿　　因＿＿＿

合＿＿＿　　员＿＿＿　　家＿＿＿　　原＿＿＿　　冲＿＿＿

抓_____　　狗_____　　掉_____　　旦_____　　递_____

爷_____　　动_____　　抬_____　　寸_____　　厘_____

（二）根据课文内容回答问题 Answer the questions according to the texts

① 谁在照相馆照了合影？

② 他们今天为什么要一起照相？

③ 他们是怎么照的？

④ 丁荣和李明爱照了一张什么样的合影？

⑤ 她们俩是怎么和工作人员谈照片价钱的？

（三）模仿例句，完成对话 Complete the dialogues according to the examples

① 例　A：丁荣，你看，秋天的校园多美啊！
　　　　B：是啊，我们照张合影吧。

　　　　A：你看，_____！
　　　　B：是啊，_____，我们照张合影吧。

② 例　A：你好！能不能麻烦你给我们照张相？
　　　　B：好的，你们想怎么照？

　　　　A：你好！能不能_____？
　　　　B：好的，_____？

③ 例　A：你们三位怎么照啊？
　　　　B：我们坐着照吧。爷爷您坐中间，妹妹，我们俩坐两边。

　　　　A：_____怎么照啊？
　　　　B：我们_____，_____。

(四) 根据所给的词语完成对话 Complete the dialogues with the given words or phrases

① A：你觉得这件衣服怎么样？

　　B：_____。（适合）

　　A：是吗？那我就买吧。

② A：有什么事儿？

　　B：_____。（麻烦）

　　A：行，没问题。

③ A：我想看今天的足球赛，可没买到票，真倒霉。

　　B：_____。（这样吧）

　　A：那怎么行，你也想看的嘛。

(五) 任务活动 Task activities

① 你的朋友想在学校外面租房，你给你的中国朋友打电话，请他帮忙。

② 你生病了，你请同学帮你向老师请假。

(六) 读一读下面的对联，注意语气和感情 Read the following couplets, pay attention to the mood and emotion

Duìlián　(yī)
对联 （一）

Shàonián bù jīng qín xué kǔ,
少　年　不　经　勤　学　苦，

lǎo lái fāng huǐ dú shū chí.
老　来　方　悔　读　书　迟。

Couplet (One)

If one does not study hard when he is young,

he will regret not to read early when he is old.

Duìlián (èr)
对联（二）

Rén wú xìn bú lì,
人 无 信 不 立，

tiān yǒu rì fāng míng.
天 有 日 方 明。

Couplet (Two)

One cannot exist in the society with no credit,

only with the sun, can the sky become bright.

第三十六课
这是我们应该做的

Lesson 36 — It is our duty

生词 New Words

听力部分 Listening Part

1	日子	n.	rìzi	date, day, time
2	节日	n.	jiérì	holiday
3	车厢	n.	chēxiāng	carriage, coach
4	掉	v.	diào	to drop, to fall
5	声音	n.	shēngyīn	voice, sound
6	感情	n.	gǎnqíng	feeling
7	外地	n.	wàidì	other place
8	增加	v.	zēngjiā	to increase, to raise, to add
9	孙子	n.	sūnzi	grandson

10	经过	v.	jīngguò	to pass
11	政府	n.	zhèngfǔ	government
12	驾驶	v.	jiàshǐ	to drive
13	执照	n.	zhízhào	license
14	领导	n./v.	lǐngdǎo	leadership; to lead
15	矮	adj.	ǎi	short (not tall), low
16	工人	n.	gōngrén	worker
17	上学		shàng xué	to go to school
18	理解	v.	lǐjiě	to understand

会话部分

Conversation Part

1	报警		bào jǐng	to report an emergency to the police
2	派	v.	pài	to send, to dispatch
3	锁	n./v.	suǒ	lock; to lock
4	刀子	n.	dāozi	knife
	刀	n.	dāo	knife
5	盘子	n.	pánzi	plate, dish
6	举	v.	jǔ	to lift, to raise, to hold up
7	金属	n.	jīnshǔ	metal
8	托运	v.	tuōyùn	to consign

第三十六课 这是我们应该做的

本课生字　New Characters

| 厢 | 增 | 孙 | 政 | 府 | 驾 | 驶 | 执 |
| 领 | 矮 | 派 | 锁 | 刀 | 举 | 属 | 托 |

听力 Listening

一 听力理解练习 Listening Comprehension

（一）听下面的句子并选择正确答案　Listen to the following sentences and choose the right answers

1. (　) A. 生日　　　　　　B. 节日　　　　　　C. 结婚的日子
2. (　) A. 他是谁　　　　　B. 大家都知道他　　C. 不知道他的人是谁
3. (　) A. 高兴　　　　　　B. 不满　　　　　　C. 吃惊
4. (　) A. 他们打车去的　　B. 那个地方没意思　C. 小李没说哪儿好玩儿
5. (　) A. 不想说话　　　　B. 说了很多话　　　C. 非常感动
6. (　) A. 火车上　　　　　B. 车站　　　　　　C. 汽车上
7. (　) A. 小李不应该知道　B. 你为什么不知道　C. 你应该知道
8. (　) A. 他只有两块钱　　B. 钱可能掉下去了　C. 他买东西花了两块钱
9. (　) A. 夫妻　　　　　　B. 同事　　　　　　C. 朋友
10. (　) A. 晚饭后　　　　　B. 快睡觉时　　　　C. 起来以前

（二）听下面的对话并选择正确答案　Listen to the following conversations and choose the right answers

1. （　）A. 上课以前　　　　　B. 下课以前　　　　　C. 下课以后
2. （　）A. 在家　　　　　　　B. 在公司　　　　　　C. 在外地
3. （　）A. 很便宜　　　　　　B. 不便宜　　　　　　C. 还可以
4. （　）A. 女的有时候喝咖啡　B. 女的问哪天去喝咖啡
　　　　　C. 女的很喜欢喝咖啡
5. （　）A. 他不喜欢足球　　　B. 他看了足球比赛　　C. 他不知道有球赛
6. （　）A. 女的要去上课　　　B. 女的要去拿书　　　C. 男的知道增加了一门课
7. （　）A. 爷爷身体不好　　　B. 爷爷没打过孙子　　C. 爷爷不喜欢孙子
8. （　）A. 红色　　　　　　　B. 黄色　　　　　　　C. 蓝色
9. （　）A. 女的在找她的车　　B. 女的今天没开车　　C. 男的看见女的的车了
10. （　）A. 十月　　　　　　　B. 十一月　　　　　　C. 十二月

（三）听后做练习　Do the exercises after listening

1. 听后选择正确答案　Choose the right answers after listening

　　（1）（　）A. 一个人　　　　B. 两个人　　　　C. 三个人
　　（2）（　）A. 第五千个　　　B. 第一万个　　　C. 第一千万个
　　（3）（　）A. 告诉他好消息　B. 他开快车　　　C. 他喝酒后开车
　　（4）（　）A. 他喝了一瓶酒　B. 他偷了车　　　C. 他的驾照忘带了

2. 听后判断正误　Judge the statements true or false after listening

　　（1）父亲经常给我写信。　　　　　　　　　　　　　　　　（　）
　　（2）父亲60岁退休。　　　　　　　　　　　　　　　　　　（　）
　　（3）父亲的个子比我高。　　　　　　　　　　　　　　　　（　）
　　（4）父亲平时不看书。　　　　　　　　　　　　　　　　　（　）
　　（5）我以前对父亲的印象不太好。　　　　　　　　　　　　（　）
　　（6）父亲在一家公司工作。　　　　　　　　　　　　　　　（　）
　　（7）在电话里，父亲哭了。　　　　　　　　　　　　　　　（　）

（四）听后写句子 Dictation

1. _____

2. _____

3. _____

二 语音语调练习 Phonetic Drills

（一）选择你听到的句子 Choose the sentences you hear

1. (   ) A. Dàjiā dōu xǐhuan nǐ de chéngshì.   B. Dàjiā dōu xǐhuan nǐ de chéngshí.
2. (   ) A. Zhèli yǒu yí ge dà wènhào.   B. Zhèli yǒu yí ge dà wénháo.
3. (   ) A. Wǒmen yǒu zúgòu de shíjiān.   B. Wǒmen yǒu zúgòu de shíjiàn.
4. (   ) A. Nǐ jiā zài nǎr?   B. Nǐ jiā zài nàr?
5. (   ) A. Wǒ gàosu tā zhè shì tā de yìwù.   B. Wǒ gàosu tā zhè shì tā de lǐwù.
6. (   ) A. Tā wúfǎ jiēshòu zhè yī shìshí.   B. Tā wúfǎ jiēshòu zhè yī shǐshí.
7. (   ) A. Wáng dàye xǐhuan gàn huór.   B. Wáng dàye xǐhuan gānhuò.
8. (   ) A. Nǐ kànjiànguo nà kē xīngxing ma?
         B. Nǐ kànjiànguo nà kē xíngxīng ma?
9. (   ) A. Wǒ gāngcái de tíyì yǒu rén yǒu yíyì ma?
         B. Wǒ gāngcái de tíyì yǒu rén yǒu yìyì ma?
10. (   ) A. Nǐ qù mǎi bēizi ma?   B. Nǐ qù mǎi bèizi ma?

（二）听后标出画线词语的声调 Mark the tones of the underlined words or phrases after listening

1. Wéiwú'ěrzú shì ge nénggē-shànwǔ de minzu.
2. Nǐ xǐhuan chī qiaokeli ma?
3. Lǐ lǎoshī zài haiwai shēnghuóle shí nián.
4. Tā zhǎngdà hòu xiǎng dāng laoshi.
5. Měi ge rén dōu yīnggāi zìjué baohu huánjìng.
6. Shàng kè de shíhou nǐ dài yanjing ma?

7. Lí zhèr bù yuǎn yǒu ge dàxíng de huafeichang.

8. Hǎinán Dǎo shì ge měilì de difang.

9. Zhè jǐ tiān zongshi guā fēng xià yǔ.

10. Nǐ zhīdao fenghuang de chuánshuō ma?

(三) 听后填空 Fill in the blanks after listening

1. _____ duì sùzào shēncái hěn _____.
2. Tā gěi wǒ de _____ shì tā zǒng néng mòmò de _____ tā zhōuwéi de rén.
3. Dùzi li de shíwù hái méi _____ jiù bèi dìdi de _____ dòu de dàxiǎo bùzhǐ.
4. Wèile yǒu yí ge _____ qiánchéng, tā cānjiāle xǔduō _____ bān.
5. Yào xiǎng _____ kāi de cànlàn, bìxū shī yǐ zúgòu de _____.

Conversations

一 课 文 Texts

（一）打 110，找警察

（丁荣的钥匙忘在家里了，她进不去了，就打了110）

110 中心：您好！这里是110报警台。

丁 荣：您好！我的钥匙忘在家里了，没办法进去了，你们能帮助我吗？

110 中心：可以。请告诉我们你家的地址。

丁荣：我住在上海路。

110 中心：请说清楚一点儿。

丁荣：对不起，是上海路26号。

110 中心：请您等一会儿，我们马上就派人过去。

丁荣：谢谢，麻烦你们了。

110 中心：不客气，这是我们应该做的。

（大概十分钟后，开锁的人到了，帮丁荣打开了门）

师傅：门打开了，锁没有坏，原来的钥匙你还可以用。

丁荣：太谢谢你了！

师傅：请付一百五十块钱，再麻烦你填一下这张单子。

丁荣：好的。

（二）机场的安全检查

（李明爱坐飞机去云南旅行，她背着一个小包正在通过安全检查）

安检人员：钥匙、手机、手表请都放在这个盘子里。

李明爱：请问，照相机也要拿出来吗？

安检人员：照相机可以放在包里，包请拿下来，放在这里，你从那个门过去。

李明爱：好的。

（李明爱在过安全门时，安全门发出了"嘀、嘀"的声音）

安检人员：小姐，请站到这儿，举起手。好，再转过身去。好的，过去吧。

李明爱：我的包可以拿了吗？

安检人员：请等一下，你的包里有金属的东西吗？

李明爱：没有啊，我都拿出来了。

安检人员：你看，这里这个黑色的东西是什么？你没带刀子吗？

李明爱：没有啊。真奇怪。

安检人员：看，这不是一把小刀吗？刀不能带上飞机，你可以放在托运的行李里。你可以现在去办托运，或者放在这儿等你下次到机场时来取。

李明爱：真对不起，我忘了，是朋友刚才给我的，让我吃苹果时用的。这把小刀就放在你们这儿吧。给你们添麻烦了。

二 练 习 Exercises

（一）认读汉字并写出拼音 Learn and read the following characters and give *pinyin* to each of them

掉 ___	声 ___	感 ___	加 ___	经 ___
理 ___	举 ___	情 ___	孙 ___	盘 ___
解 ___	厢 ___	增 ___	政 ___	领 ___
矮 ___	派 ___	锁 ___	刀 ___	驾 ___

（二）根据课文内容回答问题 Answer the questions according to the texts

① 丁荣为什么给110中心打电话？
② 110中心是怎么回答的？
③ 后来谁来了？做了什么？
④ 机场安检时，什么东西要放在盘子里？
⑤ 李明爱的包很快拿到了吗？为什么？
⑥ 李明爱的包里有什么？是谁给她的？

（三）扩展练习 Extending exercises

例　个→个个→个个都很努力→同学个个都很努力→
　　我们班同学个个都很努力

张→_____→_____→_____→_____

天→_____→_____→_____→_____

件→_____→_____→_____→_____

样→_____→_____→_____→_____

（四）模仿例句，完成对话 Complete the dialogues according to the examples

① 例 A：我的钥匙忘在家里了，没办法进去了，你们能帮助我吗？

　　　B：可以。请告诉我们你家的地址。

　　A：_____，你们能帮助我吗？

　　B：可以。_____。

② 例 A：谢谢，麻烦你们了。

　　　B：不客气，这是我们应该做的。

　　A：谢谢，麻烦你了。

　　B：_____。

③ 例 A：请等一下，你的包里有金属的东西吗？

　　　B：没有啊，我都拿出来了。

　　A：请等一下，_____？

　　B：_____。

④ 例 A：刀不能带上飞机，你可以放在托运的行李里。

　　　B：真对不起，我忘了，是朋友刚才给我的。

　　A：_____不能带上飞机，你可以_____。

　　B：_____。

（五）用所给的词语或结构各说一句话 Make up one sentence orally with the given words or structure

① 各　　② 临　　③ 记得　　④ 连……都……
⑤ 舍得　⑥ 感情　⑦ 增加　　⑧ 矮

（六）任务活动 Task activities

① 你的钱包和证件被偷了，你给110中心打电话寻求帮助。
② 你朋友的手机不见了，他请你帮他一起找找。

（七）读一读下面的古诗，注意语气和感情 Read the following poem, pay attention to the mood and emotion

Zǎo fā Báidì Chéng
早 发 白 帝 城

Zhāo cí Báidì cǎiyún jiān, qiānlǐ Jiānglíng yí rì huán.
朝 辞 白 帝 彩 云 间，千 里 江 陵 一 日 还。

Liǎng àn yuán shēng tí bú zhù, qīng zhōu yǐ guò wàn chóng shān.
两 岸 猿 声 啼 不 住，轻 舟 已 过 万 重 山。

Leave Baidi City at Pawn

Leave Baidi at dawn with rainbow cloud,

to Jiangling by night-fall is one thousand miles.

Yet monkeys are still calling on both banks behind me,

my boat has already passed though thousands of mountains.

第三十七课
我想预订一个房间

Lesson 37

I want to book a room

生词 New Words

听力部分

Listening Part

1	安全带	n.	ānquándài	safety belt, strap
2	系	v.	jì	to tie, to fasten, to button up
3	伤	v./n.	shāng	to hurt; injury, wound
4	电风扇	n.	diànfēngshàn	electric fan, fanner
5	旅客	n.	lǚkè	hotel guest, passenger, voyager
6	航班	n.	hángbān	scheduled flight
7	售票处	n.	shòupiàochù	ticket office, booking office
8	开学		kāi xué	to start school, to begin a term
9	收拾	v.	shōushi	to put in order, to tidy, to clear away
10	垃圾	n.	lājī	rubbish, garbage

11	交通	n.	jiāotōng	traffic, communications
12	保管	v.	bǎoguǎn	to take care of, to store and manage
13	所有	adj.	suǒyǒu	all
14	同	adj.	tóng	same, alike, similar
15	陌生	adj.	mòshēng	strange, unfamiliar
16	主动	adj.	zhǔdòng	initiative, active
17	卧铺	n.	wòpù	sleeping berth, sleeper
18	女人	n.	nǚrén	woman
19	误会	v./n.	wùhuì	to misunderstand, to misconstrue; mistake

会话部分
Conversation Part

1	含	v.	hán	to keep in the mouth, to contain
2	早餐	n.	zǎocān	breakfast
3	保留	v.	bǎoliú	to remain, to retain
4	航空	n.	hángkōng	aviation, air navigation
5	费	n.	fèi	fee, expense, charge, cost
6	以下	n.	yǐxià	below, under

专名
Proper Nouns

1	海口	Hǎikǒu	Haikou (capital of Hainan Province)
2	三亚	Sānyà	Sanya (name of a city)
3	厦门	Xiàmén	Xiamen (name of a city)

本课生字 — New Characters

系 伤 扇 旅 航 售 拾 垃

圾 保 管 陌 卧 铺 误 含

听力 Listening

一 听力理解练习 Listening Comprehension

（一）听下面的句子并选择正确答案 Listen to the following sentences and choose the right answers

1. （　） A. 他暑假出国旅行了　　B. 放假的时候他出去旅游了
   C. 他喜欢去有名的地方玩儿

2. （　） A. 想回家睡觉了　　B. 电影没意思　　C. 早就知道电影不好看

3. （　） A. 喜欢笑着说话　　B. 个子不太高　　C. 大概30岁

4. （　） A. 售票员　　B. 快递员　　C. 空姐

5. （　） A. 张文走后就给说话人打电话了
   B. 说话人让张文有事儿就给他打电话
   C. 张文因为有事儿就给说话人打电话了

6. （　） A. 不能参加比赛　　B. 肯定能得冠军　　C. 他的腿在比赛中受伤了

7. （　） A. 着急　　B. 兴奋　　C. 难过

8. （　） A. 小张没有空调　　B. 说话人把电风扇拿来了
   C. 说话人早就知道小张没空调

9. (　　) A. 机场　　　　　　B. 售票处　　　　　C. 火车站
10. (　　) A. 凉快　　　　　　B. 可以看风景　　　C. 很方便

🎧 (二) 听下面的对话并选择正确答案 Listen to the following conversations and choose the right answers

1. (　　) A. 她不想结婚　　　B. 她也要去开会　　C. 她想跟男的一起去
2. (　　) A. 男的准备得很好　　B. 女的可能会考不好
       C. 这次考试会很难
3. (　　) A. 他们家现在不太干净　　B. 下午有客人要来他们家
       C. 女的早就知道小王要来
4. (　　) A. 女的护照还在　　B. 女的在回学校的路上
       C. 女的今天去外面吃饭了
5. (　　) A. 要早一点儿买机票　　B. 机票已经卖光了　　C. 应该早上去买机票
6. (　　) A. 男的今天不上班　　B. 女的让男的扔垃圾
       C. 男的忘了门口有垃圾
7. (　　) A. 男的在检查钱包　　B. 女的明天要出门　　C. 男的没有带机票
8. (　　) A. 她没有钱买汽车　　B. 骑车比开车方便　　C. 骑车上班不太累
9. (　　) A. 他们还没上飞机　　B. 飞机已经起飞了　　C. 男的记错了起飞时间
10. (　　) A. 什么时候回南京　　B. 怎么去三亚　　　C. 旅行的安排

🎧 (三) 听后做练习 Do the exercises after listening

1. 听后选择正确答案 Choose the right answers after listening

   (1) (　　) A. 家住在哪儿　　B. 家里有多少钱　　C. 自己的爱好
   (2) (　　) A. 离车门近，上下车方便
            B. 这个座位比其他的座位软
            C. 不用跟很多陌生人挤在一起
   (3) (　　) A. 不要随便相信陌生人
            B. 可以喝陌生人给的饮料
            C. 要把所带的钱放在一个地方

（4）（　　）A. 不要吃陌生人给的东西

　　　　　　B. 旅途中要多喝水少吃水果

　　　　　　C. 不要跟陌生人一起游玩儿

2. 听后判断正误　Judge the statements true or false after listening

（1）丈夫不愿意逛商场，所以进了商场就低头走路。（　　）

（2）妻子不让丈夫看漂亮女人。（　　）

（3）找不到妻子，丈夫没事儿做，所以跟女售货员聊天儿。（　　）

（4）丈夫喜欢那个漂亮的女售货员。（　　）

（5）丈夫跟女售货员说话是为了找到妻子。（　　）

（四）听后写句子　Dictation

1. _____

2. _____

3. _____

二　语音语调练习　Phonetic Drills

（一）选择你听到的句子　Choose the sentences you hear

1. (　　) A. Yánjiū shì bìbùkěshǎo de.　　B. Yān jiǔ shì bìbùkěshǎo de.

2. (　　) A. Dàjiā bìng bù liǎojiě zhège shìjì.　　B. Dàjiā bìng bù liǎojiě zhège sījī.

3. (　　) A. Nǐ shì Shǎnxīrén ma?　　B. Nǐ shì Shānxīrén ma?

4. (　　) A. Pígé mǎimai fēngxiǎn hěn dà.　　B. Píngguǒ mǎimai fēngxiǎn hěn dà.

5. (　　) A. Zhè shì wǒ de xīfú.　　B. Zhè shì wǒ de xífú.

6. (　　) A. Nǐ jiànguo xiāngjiāoshù ma?　　B. Nǐ jiànguo xiàngjiāoshù ma?

7. (　　) A. Jiànguo tā de rén dōu wàngbuliǎo tā de měimào.

　　　　　B. Jiànguo tā de rén dōu wàngbuliǎo tā de méimao.

8. (　　) A. Zhè zhǐshì yì zhǒng jiǎxiàng.　　B. Zhè zhǐshì yì zhǒng jiǎxiǎng.

9. (　　) A. Tā jiǎnjié de biǎodále tā de xiǎngfǎ.

　　　　 B. Tā jiànjiē de biǎodále tā de xiǎngfǎ.

10. (　　) A. Zhè shì tā de yìyuàn ma?　　　　B. Zhè shì tā de yīyuàn ma?

（二）听后标出画线词语的声调　Mark the tones of the underlined words or phrases after listening

1. Lǎoshī gàosu wǒmen renhe shì dōu bù néng qīngyán fàngqì.

2. Zhèli yì nián sìjì qihou yírén.

3. 《Jīqíng Ranshao de Suìyuè》shì yí bù hěn hǎokàn de diànshìjù.

4. Wǒ jiā gebi zhùle yí wèi piàoliang de āyí.

5. Shēnzhèn shì yí zuò hěn yǒu fāzhǎn qianli de chéngshì.

6. Nǐ jiǎng de xiàohua yìdiǎnr yě bù haoxiao.

7. Nánjīng de dìtiě yuǎn méiyǒu Shànghǎi de nàme yongji.

8. Xiàtiān yí dào, hěn duō rén dōu qù jiāngbiān you yong.

9. Tā de xiǎoshuō jí fù xiangxiangli.

10. Nǐ zhīdao Qingdao shì nǎge shěng de ma?

（三）听后填空　Fill in the blanks after listening

1. Wǒmen yǐjīng dáchéngle_____, xià ge yuè kāi yì jiā fēn_____.

2. Zhège_____ bǎ_____ dōu xiàngěile zǔguó de yīliáo shìyè.

3. Nàge_____ cóng jǐngchá de yǎnpí dǐxia táopǎo le.

4. Tā de_____ shífēn_____ tā.

5. Zuówǎn_____ shí, wǒ mèngjiàn zìjǐ bù tíng de_____.

会话 Conversations

一、课文 Texts

（一）我想预订一个房间

（张文给宾馆打电话订房间）

张　文：喂，你好，是西山宾馆吗？

服务员：您好，这里是西山宾馆，有什么可以帮助您的吗？

张　文：我下星期要去广州出差，想预订一个房间。

服务员：我们这边有标准间，也有大床房和套房，请问您想要哪种房间？

张　文：房间里面条件怎么样？

服务员：标准间有两张床、电视、空调、小冰箱、24小时热水。大床房面积小一点儿，只有一张大床，其他差不多。套房有客厅……

张　文：标准间和大床房一个晚上多少钱？

服务员：标准间498元，大床房460元，含早餐。

张　文：我要个大床房吧。

服务员：您什么时候到？

张　文：下星期二中午。

服务员：那我们的房间会保留到下星期二下午六点，您方便给我们留个电话号码吗？

张　文：没问题，13905165888。

（二）退改机票

安　达：喂，你好。

售票员：您好，厦门航空公司售票处。

安　达：小姐，我在你们售票处买了一张十二月二十六号到北京的机票，现在想把时间换到十二月二十九号。

售票员：请等一下，我查查。对不起，二十九号的航班已经客满了，三十号的可以吗？

安　达：也可以。改时间要交手续费吗？

售票员：您买的是打折机票吗？

安　达：对，打了八折。

售票员：五折以下的机票要收10%的手续费，您这是八折机票，不需要交手续费。

安　达：那如果我要退票，要交多少钱的手续费？

售票员：六折以上的机票在24小时以前退票要收5%的手续费。

安　达：我去办理的时候要把证件带上吗？

售票员：对，我们要看一下您的证件。

安　达：知道了，谢谢你。

售票员：不客气。

二 练 习 Exercises

（一）根据课文内容回答问题　Answer the questions according to the texts

1. 张文下个星期去广州做什么？
2. 西山宾馆标准间和大床房条件一样吗？
3. 张文订的是什么样的房间？一个晚上多少钱？
4. 张文去广州后要在几点之前到西山宾馆？
5. 安达在哪儿买的机票？他的票打了几折？
6. 安达的机票换到什么时候了？
7. 换机票需要交手续费吗？
8. 打七折以后800元买的机票，如果退票的话要交多少手续费？

（二）**用所给的词语或结构各说一句话** Make up one sentence orally with each of the given words or structures

① 趁　　② 左右　　③ 主动　　④ 最好

⑤ 把 + 结果补语　　⑥ 既……又……　　⑦ 一……就……

⑧ 早知道……就……了

（三）**任务活动** Task activities

① 你打电话预订一个双人间。

② 你买了一张机票，给航空公司打电话改时间。

③ 你买了一张打六折的机票，现在要去退票。

（四）**读一读下面的古诗，注意语气和感情** Read the following poem, pay attention to the mood and emotion

Huánghè Lóu Sòng Mèng Hàorán zhī Guǎnglíng
黄鹤楼送孟浩然之广陵

（Táng）Lǐ Bái
（唐）李白

Gùrén xī cí Huánghè Lóu, Yānhuā sānyuè xià Yángzhōu.
故人西辞黄鹤楼，烟花三月下扬州。

Gū fān yuǎn yǐng bì kōng jìn, wéi jiàn Cháng Jiāng tiānjì liú.
孤帆远影碧空尽，唯见长江天际流。

Seeing Meng Haoran off at Yellow Crane Tower

(Tang) Li Bai

You have left me behind, my dear friend, at the Yellow Crane Terrace,

on your way to visit Yangzhou in the misty month of flowers.

Your sail, a single shadow, disappears gradually in the blue sky,

now I can only see the river on its way to heaven.

第三十八课
张文教我包饺子

Lesson 38

Zhang Wen teaches me to wrap jiaozi

生词 New Words

听力部分

Listening Part

1	猪	n.	zhū	pig
2	羊	n.	yáng	sheep, goat
3	卡	n.	kǎ	card
4	洗衣机	n.	xǐyījī	washing machine, washer
5	文件	n.	wénjiàn	document
6	签	v.	qiān	to sign
7	团	n.	tuán	group
8	挂失		guà shī	to report the loss of
9	让	v.	ràng	to let, to allow

10	乱	adj.	luàn	in disorder
11	背	v.	bèi	to recite
12	洞	n.	dòng	hole, cave
13	闻	v.	wén	to smell, to sniff at
14	粮食	n.	liángshi	grain
15	它们	pron.	tāmen	they (for inanimate objects)
16	发生	v.	fāshēng	to happen, to occur, to take place

会话部分
Conversation Part

1	刷	v.	shuā	to brush, to swipe
2	收银员	n.	shōuyínyuán	cashier
3	输	v.	shū	to input
4	正确	adj.	zhèngquè	correct, right, proper
5	发票	n.	fāpiào	invoice
6	这样	pron.	zhèyàng	like this
7	捏	v.	niē	to hold between the fingers
8	烧	v.	shāo	to burn, to cook
9	开	v.	kāi	to boil
10	锅	n.	guō	pot, boiler
11	浮	v.	fú	to float

专 名 Proper Nouns

| 1 | 杜康 | Dù Kāng | name of a person; a kind of wine named after this person |
| 2 | 广东 | Guǎngdōng | Guangdong (Province) |

本课生字 New Characters

猪　羊　签　团　挂　乱　背　洞

粮　刷　收　确　捏　烧　锅　浮

听力 Listening

一 听力理解练习 Listening Comprehension

（一）听下面的句子并选择正确答案 Listen to the following sentences and choose the right answers

1. （　） A. 猪肉　　　　　　B. 牛肉　　　　　　C. 羊肉
2. （　） A. 可能不知道　　　B. 不可能知道　　　C. 一定知道
3. （　） A. 一定要看球赛　　B. 不可以睡觉　　　C. 不能看球赛
4. （　） A. 没有下雨　　　　B. 只下了几次雨　　C. 一直下雨
5. （　） A. 这张桌子是波伟的　B. 桌子在教室后边　C. 说话人让波伟搬桌子
6. （　） A. 他不喜欢了　　　B. 他不用了　　　　C. 他有新的了
7. （　） A. 他要签名　　　　B. 他让秘书签名　　C. 他不能在文件上签名
8. （　） A. 花钱少一点儿　　B. 订宾馆麻烦　　　C. 能玩儿得好一点儿

9. （　　） A. 十一个　　　　　B. 十五个　　　　　C. 三十个

10. （　　） A. 开心　　　　　　B. 生气　　　　　　C. 后悔

（二）听下面的对话并选择正确答案　Listen to the following conversations and choose the right answers

1. （　　） A. 男的　　　　　　B. 女的　　　　　　C. 小王
2. （　　） A. 餐桌上　　　　　B. 书架上　　　　　C. 书桌上
3. （　　） A. 男的正在上班　　B. 这个房间有点儿乱　C. 孩子马上去客厅玩儿
4. （　　） A. 没做完作业　　　B. 忘了带了　　　　C. 丢了
5. （　　） A. 男的花了多少钱　B. 男的花钱做什么了　C. 男的在哪儿花的钱
6. （　　） A. 说话人是夫妻　　B. 他们在谈出国的事情

　　　　　C. 女的不想把机会让给别人

7. （　　） A. 男的很喜欢历史　B. 男的没有上历史课　C. 男的正在准备考试
8. （　　） A. 警察　　　　　　B. 司机　　　　　　C. 商场工作人员
9. （　　） A. 今天是周末　　　B. 女的要复习　　　C. 男的下星期要考试
10. （　　） A. 明明不想学音乐　B. 明明音乐学得不好

　　　　　C. 明明的爸爸对他影响很大

（三）听后做练习　Do the exercises after listening

1. 听后选择正确答案　Choose the right answers after listening

　　（1）（　　） A. 树洞里　　　　　B. 商店里　　　　　C. 家里
　　（2）（　　） A. 做酒的人　　　　B. 做酒的方法　　　C. 做酒需要的时间
　　（3）（　　） A. 粮食　　　　　　B. 好喝的酒　　　　C. 商店

2. 听后判断正误　Judge the statements true or false after listening

　　（1）广东人喜欢在家里喝早茶。　　　　　　　　　　　　　　　　（　　）
　　（2）吃早茶时，顾客只能在菜单上选择自己想吃的东西。　　　　　（　　）
　　（3）广东早茶吃的东西种类很多。　　　　　　　　　　　　　　　（　　）
　　（4）有空儿的时候，可以吃一顿好吃又舒服的广东早茶。　　　　　（　　）

（四）听后写句子 Dictation

1. _____

2. _____

3. _____

二 语音语调练习 Phonetic Drills

（一）选择你听到的句子 Choose the sentences you hear

1. (　) A. Zhè shì yì zhǒng xīn de shíwù.　　B. Zhè shì yì zhǒng xīn de shìwù.

2. (　) A. Wǒ kěyǐ wèn nǐ ma?　　B. Wǒ kěyǐ wěn nǐ ma?

3. (　) A. Dìbǎn yǒudiǎnr huá.　　B. Dìbǎn yǒudiǎnr huā.

4. (　) A. Wǒ xǐhuan zuò shìr.　　B. Wǒ xǐhuan zuò shī.

5. (　) A. Yīnwèi tā de nǔlì, tā yǒule yí dòng dà fángzi.
   　　B. Yīnwèi tā de núlì, tā yǒule yí dòng dà fángzi.

6. (　) A. Nǎodai bù línghuó.　　B. Lǎo Dài bù línghuó.

7. (　) A. Zhè jiù shì tā de měilì suǒzài.　　B. Zhè jiù shì tā de měilì suǒzài.

8. (　) A. Yífu cóngxiǎo jiù bù xǐhuan wǒ.　　B. Yìfù cóngxiǎo jiù bù xǐhuan wǒ.

9. (　) A. Méiyǒu zhèyàng de qiānlì, wǒmen wúfǎ zuò zhè jiàn shì.
   　　B. Méiyǒu zhèyàng de qiánlì, wǒmen wúfǎ zuò zhè jiàn shì.

10. (　) A. Jīngguò zhè cì de shíjiàn, wǒmen gèng liǎojiě tā de wéirén le.
    　　B. Jīngguò zhè cì de shìjiàn, wǒmen gèng liǎojiě tā de wéirén le.

（二）听后标出画线词语的声调 Mark the tones of the underlined words or phrases after listening

1. Liú nǎinai shì wèi he'ai de lǎorén.

2. Nǐ qùguo zhanlan zhongxīn ma?

3. Qùguo Shēnzhèn de rén méiyǒu bù zhīdao Jǐnxiù Zhonghua de.

4. Xiǎomíng měi tiān bàngwǎn dōu huì qù gōngyuán san bu.

5. Měi tiān zǎoshang hē yì bēi niunai yǒuyì shēntǐ jiànkāng.

6. Rénmen dōu shuō duìzhe liúxīng xu yuan yuànwàng jiù néng shíxiàn.

7. Báilùdòng Shūyuàn zuòluò zài zhuming de Lú Shān fēngjǐngqū nèi.

8. Hěn duō rén dōu mèngxiǎng zuò yí cì huánqiú lüxing.

9. Nǐ néng jiè wǒ yì zhī yuanzhubi ma?

10. Yí dào zhōumò māma jiù yǒu gànbuwán de jiawu.

（三）听后填空 Fill in the blanks after listening

1. _____ bǎ zhǔnbèi gōngzuò dōu zuòhǎo, yùqī mùbiāo cái néng _____.

2. _____ shang hěn duō rén chōu yān, _____ piāole wǒ yìshēn.

3. Wǒ hěn xǐhuan wǒ _____ gěi wǒ mǎi de _____.

4. Tā _____ de biǎodále tā de _____.

5. Fùqin zūncóngle yéye de _____, jiēguǎnle zhè jiā _____.

会 话　Conversations

一　课 文　Texts

（一）刷 卡

（顾客把付款单拿给收银员）

收银员：一共237元6角。请问您是付现金还是刷卡？

顾　客：刷卡。

收银员：好的，请把银行卡给我。

顾　客：中国银行的卡可以用吗?

收银员：当然可以，请您输一下密码。

顾　客：好的。

收银员：对不起，小姐，密码不正确，请您再输一次。

顾　客：可能是我记错了，我再试一下。

收银员：这次对了，请您在这里签个名。

顾　客：好。

收银员：这是您的卡和发票，请拿好。

顾　客：谢谢。

（二）张文教我包饺子

张　文：丁荣，我们今天包饺子吃，怎么样？

丁　荣：好啊，我吃过饺子，但还没包过呢。

张　文：也不太难，饺子皮儿和馅儿我都准备好了。

丁　荣：那你教我包吧。

张　文：你看，把馅儿放在皮儿上，然后再把它们包起来就好了。

丁　荣：好，我来试试。……我包得怎么不好看呀？

张　文：包的时候，应该把馅儿放在中间，但不要太多。

丁　荣：哦。是这样吗？

张　文：对，这个包得挺好的。还有，皮儿要捏紧一点儿，这样煮的时候才不会破。

丁　荣：怎么煮饺子啊？

张　文：先把水烧开，然后把饺子放到锅里。水开了，饺子浮上来，再加点儿冷水。

丁　荣：加一次就可以了吗？

张　文：蔬菜馅儿的加两次水，肉馅儿的加三次水。

丁　荣：好，我们马上试试吧。

二　注　释 Note

请问您是付现金还是刷卡？ Would you pay by cash or credit card?

"是……还是……"格式表示给出供选择的两项，常用于口语中，后面带的常是动词性短语或小句。如：

The expression "是……还是……" provides two alternatives. It is mainly used in spoken Chinese. It is often followed by verbial phrases or clauses. For example:

(1) 你是想骑车还是想打车？

(2) 你是星期六去还是星期天去？

注意 Note:

此处的"是"不同于表判断的动词"是"，与"你是中国人还是韩国人"中的"是……还是……"有所不同。

The word "是" here is different from the judging verb "是" (be). It is different from the expression "是……还是……" in the sentence "你是中国人还是韩国人".

三 练 习 Exercises

（一）根据课文内容回答问题 Answer the questions according to the texts

1. 顾客是怎么付的钱？
2. 顾客用的是哪个银行的卡？
3. 刷卡的时候需要做什么？
4. 你知道怎么包饺子吗？
5. 你知道怎么煮饺子吗？
6. 丁荣饺子包得怎么样？
7. 煮蔬菜馅儿的饺子与煮肉馅儿的饺子有什么不同？

（二）用所给的结构说一句话或一组对话 Make up a sentence or a dialogue orally with the given structures

1. 不……不……
2. 没有……不……
3. 除了……，都/也/还
4. 把+给/在/到
5. 想/要/能/会/可以+把
6. ……起来

⑦ ……就好了　　　　　　⑧ 是……还是……

（三）任务活动　Task activities

① 说说你吃饺子的一次经历。

② 你包过或煮过饺子吗？请谈一谈。

③ 说说你们国家的一种食品的做法。

④ 买东西时刷卡付钱。

（四）读一读下面的古诗，注意语气和感情　Read the following poem, pay attention to the mood and emotion

Xiāngsī
相思

（Táng）Wáng Wéi
（唐）王　维

Hóngdòu shēng nán guó, chūn lái fā jǐ zhī.
红豆　生　南　国，春　来　发　几　枝。
Yuàn jūn duō cǎixié, cǐ wù zuì xiāngsī.
愿　君　多　采撷，此　物　最　相思。

Yearning

(Tang) Wang Wei

Red beans grow in the south, germinate when spring comes.

May you collect more of them, for they inspire your yearning most.

第三十九课
中国电影你看得懂吗

Lesson 39

Can you understand a Chinese film

生词 New Words

听力部分

Listening Part

1	针	n.	zhēn	needle
2	地	n.	dì	terra, ground
3	够	v.	gòu	to reach
4	手术	v./n.	shǒushù	to operate; operation
5	反	adj.	fǎn	in a reverse
6	生意	n.	shēngyi	business
7	傻	adj.	shǎ	stupid, foolish
8	脏	adj.	zāng	dirty, unclean
9	作用	n.	zuòyòng	function
10	日期	n.	rìqī	date

第三十九课 中国电影你看得懂吗

11	罚	v.	fá	to punish, to penalize
12	款	n.	kuǎn	a sum of money, fund
13	背	v.	bēi	to carry on the back
14	琴	n.	qín	a general name for certain musical instrument
15	喊	v.	hǎn	to shout, to cry out, to yell

会话部分 Conversation Part

1	包括	v.	bāokuò	to include
2	一块儿	adv.	yíkuàir	together, in company
3	意思	n.	yìsi	meaning
4	好处	n.	hǎochù	benefit, advantage
5	哎	intj.	āi	showing surprise, to remind sb. of sth.
6	鬼	n.	guǐ	ghost
7	可怕	adj.	kěpà	awful, terrible, horrible

专 名 Proper Noun

| 武汉 | Wǔhàn | Wuhan (capital of Hubei Province) |

本课生字 New Characters

反　傻　脏　罚　喊　括　鬼

听力 Listening

一 听力理解练习 Listening Comprehension

（一）听下面的句子并选择正确答案 Listen to the following sentences and choose the right answers

1. （　） A. 他没去过杭州　　B. 他想再看看杭州　　C. 他正在去杭州的路上
2. （　） A. 他吃得完　　　　B. 他吃不完　　　　　C. 他想一个人吃完
3. （　） A. 眼镜坏了　　　　B. 坐在最前边　　　　C. 看不清楚东西
4. （　） A. 十斤　　　　　　B. 十斤半　　　　　　C. 十五斤
5. （　） A. 手机丢了　　　　B. 手机是怎么丢的　　C. 把手机放在哪儿了
6. （　） A. 这儿已经很漂亮了 B. 这儿不太干净　　　C. 这儿没有垃圾
7. （　） A. 他演得不好　　　B. 他没认真演　　　　C. 他还没演
8. （　） A. 房间里没有人　　B. 房间里非常安静　　C. 一根针掉在地上了
9. （　） A. 别让孩子拿到药　B. 不能给孩子吃药　　C. 孩子的药不够
10. （　） A. 生气　　　　　　B. 后悔　　　　　　　C. 难过

（二）听下面的对话并选择正确答案 Listen to the following conversations and choose the right answers

1. （　） A. 男的刚下班　　　B. 男的还在公司　　　C. 女的还没做饭
2. （　） A. 眼镜店　　　　　B. 医院　　　　　　　C. 办公室
3. （　） A. 打电话　　　　　B. 发邮件　　　　　　C. 在网上聊天儿
4. （　） A. 男的弄坏了　　　B. 拿的方向不对　　　C. 那个东西有毛病
5. （　） A. 她不喜欢听　　　B. 她听的时间很长　　C. 多听，以后会听得懂
6. （　） A. 男的邀请女的去吃饺子　　　　　　　B. 去晚了就没有饺子吃
        C. 那家饭馆儿不卖饺子了
7. （　） A. 很傻　　　　　　B. 爱漂亮　　　　　　C. 吃不好，睡不好
8. （　） A. 不便宜　　　　　B. 有个地方坏了　　　C. 脏的地方洗不干净

9. （　） A. 夫妻　　　　　B. 母子　　　　　　C. 父女

10. （　） A. 男的现在不高兴　B. 男的的女朋友很高兴　C. 安德有女朋友

（三）听后做练习 Do the exercises after listening

1. 听后选择正确答案 Choose the right answers after listening

   (1) （　） A. 进出学校　　B. 在阅览室看杂志　　C. 在图书馆借书
   (2) （　） A. 挂失　　　　B. 办新证　　　　　　C. 交手续费
   (3) （　） A. 丢了借书证　B. 把借书证借给别人　　C. 超过了还书的日期
   (4) （　） A. 图书馆的书都是两个月后还
              B. 毕业的时候借书证要还给学校
              C. 没带借书证可以进图书馆，但不可以借书

2. 听后判断正误 Judge the statements true or false after listening

   (1) 那个学音乐的人想练习弹琴，所以对着牛弹琴。　（　）
   (2) 他弹得不好，所以那头牛没有抬头。　　　　　　（　）
   (3) 他不知道为什么牛不听他弹的音乐。　　　　　　（　）
   (4) 一个路人告诉了他原因。　　　　　　　　　　　（　）

（四）听后写句子 Dictation

1. _____
2. _____
3. _____

二 语音语调练习 Phonetic Drills

（一）选择你听到的句子 Choose the sentences you hear

1. （　） A. Nǐ zhīdao zhège guójiā de shǒufǔ ma?
         B. Nǐ zhīdao zhège guójiā de shǒufù ma?

2. (　　) A. Nà zuò piàoliang de yuánlín shì gǔdài de gōngyuán.
   B. Nà zuò piàoliang de yuánlín shì gǔdài de gòngyuàn.

3. (　　) A. Tiān yuèláiyuè liàng le. B. Tiān yuèláiyuè liáng le.

4. (　　) A. Zhèyàng de júzi hǎo ma? B. Zhèyàng de jǔzhǐ hǎo ma?

5. (　　) A. Gōngyuán li yǒu xǔduō hú. B. Gōngyuán li yǒu xǔduō hǔ.

6. (　　) A. Wǒ pànle yí ge yuè yě méi néng pàndào zhè cì jīhuì.
   B. Wǒ pànle yí ge yuè yě méi néng pàndào zhè cì jǐhuì.

7. (　　) A. Nà shì nǐ de shìyǒu ma? B. Nà shì nǐ de shíyóu ma?

8. (　　) A. Tā lǎoshì bú zài jiā. B. Tā lǎoshī bú zài jiā.

9. (　　) A. Gōngsī xīn shèlìle yí ge gōngguānbù.
   B. Gōngsī xīn shèlìle yí ge gōngguǎnbù.

10. (　　) A. Zhè shì wǒmen de gòngshí. B. Zhè shì wǒmen de gōngshì.

(二) 听后标出画线词语的声调 Mark the tones of the underlined words or phrases after listening

1. Xuéxiào dǎsuàn wèi měi wèi tóngxué pèibèi yì tái <u>diannao</u>.
2. Nǐ kànguo zhè bù ràng rén fēicháng <u>dongqing</u> de diànyǐng ma?
3. Wǒ bǎ <u>yaoshi</u> wàng zài jiàoshì le.
4. Jiějie zuótiān yòu mǎile yí jiàn <u>shimao</u> de yīfu.
5. Xuésheng gōngyù nèi měi ge fángjiān dōu zhuāngyǒu <u>reshuiqi</u>.
6. Shēngwù hé <u>dili</u> shì gāozhōngshēng de bìxiū kēmù.
7. Zhè bùfen jì shì quánwén de <u>zhongdian</u>, yòu shì quánwén de nándiǎn.
8. Sìchuān Shěng hé Yúnnán Shěng de <u>jiaojiechu</u> yǒu ge zhùmíng de <u>Jiuzhaigou</u> fēngjǐngqū.
9. Jùshuō tā zài Zhōngshān Líng <u>fujin</u> mǎile yí dòng biéshù.
10. Xiāngjiāo hányǒu yì zhǒng néng zēngqiáng réntǐ miǎnyìlì de <u>wuzhi</u>.

(三) 听后填空 Fill in the blanks after listening

1. Nǐ shì xǐhuan _____ kè háishi xǐhuan _____ kè?
2. Wǒmen _____ de shìqing dōu méi fāshēng, zhēn shì chūrén _____.
3. Nǐ zěnme néng yǒu zhèyàng de _____ ne? Zhēn bú _____.

4. Tā línghuó de _____ le nǐ wénzhāng zhōng _____ de jīngdiǎn míngyán.

5. Nà tóu _____ hǎoxiàng lèijí le, _____ yōnglǎn de xié wò zài cǎodì shang.

会话 Conversations

一 课文 Texts

（一）长江上的大桥

王明：安德，周末你去干什么了？

安德：我去看南京长江大桥了。

王明：是吗？觉得怎么样？

安德：非常雄伟，上面有很多汽车，下面也不断地有火车开过。

王明：长江是中国的第一大河，长江上的大桥在交通上都非常重要，特别是南京长江大桥。

安德：长江上还有哪些大桥啊？

王明：武汉长江大桥是长江上的第一座大桥，1957年建成的。

安德：后来呢？后来又建了不少桥吧？

王明：对，到现在一共有很多座大桥了，有的城市还建了二桥或三桥。

安德：对，我也听谁说过，南京也建了新的长江二桥和三桥，是吧？

王明：是的，南京长江二桥和三桥都已经建好通车了，特别漂亮，很现代化。

安德：那有空儿我们一起去看看？

王明：没问题。

（二）中国电影你看得懂吗

丁　荣：在看什么电影啊？

李明爱：中国电影，坐下一块儿看吧。

丁　荣：他们说的话你听得懂吗？

李明爱：当然不可能都听得懂，但下面有英文字幕，大概的意思可以知道。

丁　荣：我一般也是这样，但听得懂的很少，很多都听不清楚。

李明爱：我们知道的词还太少，不过，多听还是有好处。

丁　荣：你说得对。哎，这个电影我好像看过，是个说鬼的电影吧？

李明爱：是，上次我是跟朋友一起看的，很可怕，晚上害怕得睡不着觉。

丁　荣：那你怎么还看啊？

李明爱：我不是想再练习一下听力吗？再把英文字幕换成中文字幕。

丁　荣：那这样真是变成学汉语了。你都是在哪儿看啊？

李明爱：看中国的视频网站啊！网站上有很多好看的电影。

丁　荣：好，哪天我也看看。

注　释 Note

长江上的大桥在交通上都非常重要 All the bridges over the Yangtze River are very important in traffic

"在……上"指在某个方面。这句话是说长江上的大桥在交通方面很重要。

"在……上" means "in the aspect of". This sentence means that bridges over the Yangtze River are very important in the aspect of traffic.

三 练 习 Exercises

（一）根据课文内容回答问题 Answer the questions according to the texts

1. 安德觉得南京长江大桥怎么样？
2. 长江上的第一座大桥是哪座大桥？哪年建成的？
3. 南京一共有几座长江大桥？
4. 李明爱看得懂中国电影吗？她怎么看中国电影？
5. 丁荣看得懂中国电影吗？
6. 李明爱正在看什么中国电影？
7. 李明爱常常在哪儿看中国电影？

（二）用所给的词语或结构各说一句话 Make up one sentence orally with the given words or structures

1. 可……了
2. 不断
3. 在……上
4. V + 得 + 结果补语
5. 好像
6. 一块儿
7. 没问题
8. 谁/什么/哪儿/怎么/什么时候（虚指）

（三）任务活动 Task activities

1. 说说你参观一个地方的经历。
2. 说说你们国家最有名的古代建筑。
3. 跟朋友随便聊天儿，用上可能补语。

（四）读一读下面的古诗，注意语气和感情　Read the following poem, pay attention to the mood and emotion

Fēngqiáo yè bó
枫桥夜泊

（Táng）Zhāng Jì
（唐）张继

Yuè luò wū tí shuāng mǎn tiān, jiāng fēng yúhuǒ duì chóu mián.
月落乌啼霜满天，江枫渔火对愁眠。

Gūsū chéng wài Hánshān Sì, yèbàn zhōngshēng dào kèchuán.
姑苏城外寒山寺，夜半钟声到客船。

A Night Mooring By Maple Bridge

(Tang) Zhang Ji

Moon's down, crows cry and frost fills all the sky,

by maples and boat lights, I sleeplessly lie.

Outside Suzhou Hanshan Temple is in sight,

its ringing bells reach my boat at midnight.

第四十课
复习（八）

Lesson 40
Revision (VIII)

生词 New Words

听力部分
Listening Part

1	任务	n.	rènwu	task, assignment, duty
2	帮忙		bāng máng	to help, to do a favor, to give a hand
3	拒绝	v.	jùjué	to refuse (a request, opinion), to reject
4	孕妇	n.	yùnfù	pregnant woman
5	递	v.	dì	to hand over, to pass
6	结冰		jié bīng	to freeze
7	大衣	n.	dàyī	overcoat
8	骂	v.	mà	to abuse, to curse, to scold
9	论文	n.	lùnwén	thesis, paper, article
10	环保	n./adj.	huánbǎo	environmental protection; environmental

11	感激	v.	gǎnjī	to feel grateful, to be thankful
12	顺利	adj.	shùnlì	smooth, successful
13	万事如意		wànshì rúyì	everything goes as you wish
14	打工		dǎ gōng	to have a temporary job, to do part-time job
15	挣	v.	zhèng	to earn, to make (money)
16	市场	n.	shìchǎng	market, marketplace

会话部分
Conversation Part

1	鱼香肉丝		yúxiāng ròusī	name of a dish
2	西红柿	n.	xīhóngshì	tomato
3	炒	v.	chǎo	to fry
4	主食	n.	zhǔshí	staple food, main course
5	米饭	n.	mǐfàn	rice
6	买单		mǎi dān	to pay the bill
7	集合	v./n.	jíhé	to gather, to assemble; muster
8	游客	n.	yóukè	traveller, tourist
9	遗憾	adj./n.	yíhàn	regretful, sorry; pity

专名
Proper Nouns

1	故宫	Gùgōng	the Imperial Palace, the Palace Museum
2	天坛	Tiāntán	the Temple of Heaven

本课生字 New Characters

任　拒　绝　递　骂　论　激　挣

丝　柿　炒　集　遗　憾　宫　坛

听力 Listening

一 听力理解练习 Listening Comprehension

（一）听下面的句子并选择正确答案 Listen to the following sentences and choose the right answers

1. （　）A. 钥匙　　　　　B. 手机　　　　　C. 银行卡
2. （　）A. 你一定得做完　B. 你可以做不完　C. 做得完做不完没关系
3. （　）A. 爸爸　　　　　B. 妈妈　　　　　C. 爷爷
4. （　）A. 坐飞机回来了　B. 打车回来了　　C. 走回来了
5. （　）A. 很喜欢说话　　B. 喜欢帮助别人　C. 拒绝帮助别人
6. （　）A. 爸爸只跟我谈学习　　　　　　　B. 爸爸不跟我谈学习
　　　　　C. 爸爸有时候跟我谈学习
7. （　）A. 他不是医生　B. 你应该相信他　C. 他的话都是真的
8. （　）A. 没什么意思　B. 没有人去过　　C. 大家都说好
9. （　）A. 说话人　　　B. 老人　　　　　C. 孕妇
10.（　）A. 他来的时间不长　B. 他经验不多　C. 他是个病人

（二）听下面的对话并选择正确答案　Listen to the following conversations and choose the right answers

1. （　）　A. 开空调　　　　B. 开窗户　　　　C. 开电灯
2. （　）　A. 饭馆儿　　　　B. 售票处　　　　C. 航空公司
3. （　）　A. 男的被罚了100块钱　　　　B. 男的脸很长
　　　　　C. 男的心情不好
4. （　）　A. 冰箱上面　　　B. 冰箱里面　　　C. 桌子上
5. （　）　A. 小林认识那个男孩儿　　　　B. 小林没见过那个男孩儿
　　　　　C. 那个男孩儿是小林的朋友
6. （　）　A. 男的旁边　　　B. 女的旁边　　　C. 男的手上
7. （　）　A. 时间　　　　　B. 天气　　　　　C. 交通
8. （　）　A. 他让别人叫女的了　　　　　B. 他没听见女的叫他
　　　　　C. 他叫过女的了
9. （　）　A. 他觉得很幸福　　B. 这没什么可羡慕的
　　　　　C. 他每天吃不同的菜
10. （　）A. 女的正在修改论文　　　　　B. 女的论文写得很好
　　　　　C. 女的边带孩子边写论文

（三）听后做练习　Do the exercises after listening

1. 听后选择正确答案　Choose the right answers after listening

　　(1) （　）　A. 很方便　　　　B. 很环保　　　　C. 很亲切
　　(2) （　）　A. 不环保　　　　B. 有些话不好意思说
　　　　　　　　C. 见不到朋友的面
　　(3) （　）　A. 女的要给朋友寄贺卡　　B. 女的想给朋友们发邮件
　　　　　　　　C. 男的要送女的新年礼物

2. 听后判断正误　Judge the statements true or false after listening

　　(1) 他回家主要是为了看父母。　　　　　　　　　　　　　　　（　）
　　(2) 为了省钱，他没有坐飞机回家。　　　　　　　　　　　　　（　）

（3）他坐船坐了三天才到家。　　　　　　　　　　　　　　　　　（　　）

（4）他找到的工作是开卡车。　　　　　　　　　　　　　　　　　　（　　）

（5）他打了三十天工。　　　　　　　　　　　　　　　　　　　　　（　　）

（6）他打工不仅是为了挣学费，还为了增加知识和经验。　　　　　　（　　）

（四）听后写句子 Dictation

1. _____

2. _____

3. _____

二　语音语调练习 Phonetic Drills

（一）选择你听到的句子 Choose the sentences you hear

1. (　) A. Tā yǒu zhèyàng de jīnglì zhēn jiào rén xiànmù.
   B. Tā yǒu zhèyàng de jīnglǐ zhēn jiào rén xiànmù.

2. (　) A. Wǒmen xià zhōu zài liánxì ba.　　　B. Wǒmen xià zhōu zài liànxí ba.

3. (　) A. Tā shēncái biànle xǔduō, yǐjīng dàbùrúqián le.
   B. Tā shēncái biǎnle xǔduō, yǐjīng dàbùrúqián le.

4. (　) A. Zhège chéngshì de shìmín duì líhuār yǒu hěn shēn de gǎnqíng.
   B. Zhège chéngshì de shìmín duì lǐhuār yǒu hěn shēn de gǎnqíng.

5. (　) A. Tā de bēizi bú jiàn le.　　　B. Tā de bèizi bú jiàn le.

6. (　) A. Tā de shìlì zhēn qiáng.　　　B. Tā de shílì zhēn qiáng.

7. (　) A. Zhè shì bàba sònggěi wǒ de yuánguī.
   B. Zhè shì bàba sònggěi wǒ de yuánzhuī.

8. (　) A. Tā shōudàole zǒnglǐ de zhùfú.　　　B. Tā shòudàole zǒnglǐ de zhùfú.

9. (　) A. Shuǐcǎo zài nǎr?　　　B. Shuǐcáo zài nǎr?

10. (　) A. Nǐ xǐhuan xuéxiào de guīhuà ma?　　　B. Nǐ xǐhuan xuéxiào de guīhuàr ma?

（二）听后标出画线词语的声调　Mark the tones of the underlined words or phrases after listening

1. Zhège guójiā de gōngjiāo xitong fēicháng fādá.
2. Wǒ jiā de xiyiji mǎi huílai méi duō jiǔ jiù huài le.
3. Zhengfu zài xuéxiào fùjìn jiànle yí zuò tǐyùguǎn.
4. Jīnnián nǐmen kāile jǐ cì guoji huiyì?
5. Tā shì wǒmen sùshè xuéxí de bangyang.
6. Bānzhǎng tōngzhī wǒmen xiàwǔ liǎng diǎn zài wénhuàgōng jihe.
7. Tā de huà hěn ràng wǒmen gandong.
8. Mèimei shénmeyàng de xianhuar dōu xǐhuan.
9. Lǎobǎn yāoqiú wǒmen měi ge yuè xiě yí fèn zongjie.
10. Xiànzài de niánqīngrén liuxing guò Qíngrén Jié.

会 话 Conversations

一 课文 Texts

（一）买　单

服务员：欢迎光临！二位想吃点儿什么？

安　达：你们饭店什么菜做得比较好？

服务员：您可以试一试我们这儿的鱼香肉丝，比别的地方好吃多了。

丁　荣：好的，就来一个鱼香肉丝。

安　达：再来一个西红柿炒鸡蛋，一个酸菜鱼。

服务员：要不要来点儿啤酒？

丁　荣：不要了，下午还有事儿呢。

服务员：主食吃什么？

丁　荣：两碗米饭。

服务员：您要的是：鱼香肉丝，西红柿炒鸡蛋，酸菜鱼，两碗米饭。

丁　荣：对，请快一点儿上菜。

（半小时后）

安　达：小姐，买单。

服务员：一共是160块。收您200块，找您40块。欢迎下次光临。

（二）十一点二十准时在车上集合

（在大巴车上，导游王小姐和游客谈今天的安排）

王导：各位朋友，我们马上就要到故宫了。

游客：我们今天上午就参观这一个地方吗？

王导：没错儿，我们今天上午就在这儿参观。

游客：那下午怎么安排呢？

王导：我们是这样安排的，中午在全聚德吃烤鸭，下午去天坛。

游客：中午我要跟一个北京的朋友见面，我能不能下午出发前回来？

王导：也可以。不过不吃全聚德烤鸭太遗憾了。

游客：没关系，以后还有机会的。

王导：好吧。朋友们，我们现在已经到故宫了，现在是九点二十，给大家三个小时的时间，十二点二十准时在车上集合，大家都听清楚了吗？好，现在请大家跟我来……

二 练 习 Exercises

（一）认读汉字并写出拼音 Learn and read the following characters and give *pinyin* to each of them

市 _____	顺 _____	论 _____	任 _____	集 _____
场 _____	利 _____	文 _____	拒 _____	遗 _____
骂 _____	结 _____	环 _____	递 _____	憾 _____
炒 _____	冰 _____	保 _____	丝 _____	宫 _____

（二）根据课文内容回答问题 Answer the questions according to the texts

1. 丁荣和安达点了哪几个菜？
2. 他们为什么没有要啤酒？
3. 吃完饭后付钱的时候应该说什么？
4. 这个旅行团今天有哪些安排？
5. 他们在故宫参观多长时间？什么时候集合？

（三）模仿例句，完成对话 Complete the dialogues according to the examples

1. 例 A：欢迎光临，二位想吃点儿什么？
   B：来一个鱼香肉丝，再来一个西红柿炒鸡蛋。

   A：欢迎光临，几位想吃点儿什么？
   B：_____。

2. 例 A：主食吃什么？
   B：两碗米饭。

A：主食吃什么？

B：_____。

③ 例 A：小姐，买单。

B：一共是160块，收您200块，找您40块。欢迎下次光临。

A：_____。

B：一共是278块，_____。

④ 例 A：那下午怎么安排呢？

B：我们是这样安排的，中午在全聚德吃烤鸭，下午去天坛。

A：_____？

B：我们是这样安排的，_____。

（四）用所给的词语和图片各说一句话　Make up one sentence orally with the given words and pictures

帮忙

拒绝

递

打工

集合

遗憾

（五）任务活动 Task activities

① 你跟朋友去一家饭店吃饭，你们看着菜单点菜。

② 你跟旅行团去旅行，你问导游这几天的路线安排。

（六）读一读下面的古诗，注意语气和感情 Read the following poem, pay attention to the mood and emotion

Lèyóuyuán
乐游原

（Táng） Lǐ Shāngyǐn
（唐）李 商隐

Xiàng wǎn yì bú shì, qū chē dēng gǔyuán.
向 晚 意 不 适，驱 车 登 古 原。

Xīyáng wúxiàn hǎo, zhǐshì jìn huánghūn.
夕 阳 无 限 好，只 是 近 黄 昏。

The Leyou Tombs

(Tang) Li Shangyin

Feel distracted at dusk, I have driven up among the Leyou Tombs.

The setting sun is really beautiful, except for that the dusk is approaching.

生词索引

A

哎	āi	39
矮	ǎi	36
爱人	àiren	28
安全带	ānquándài	37

B

百货	bǎihuò	34
办法	bànfǎ	25
办事	bàn shì	34
半天	bàntiān	25
帮忙	bāng máng	40
包	bāo	31
包括	bāokuò	39
薄	báo	29
保持	bǎochí	34
保存	bǎocún	32
保管	bǎoguǎn	37
保留	bǎoliú	37
报警	bào jǐng	36
杯	bēi	31
背	bēi	39
背	bèi	38
笔	bǐ	30
笔记	bǐjì	32
变	biàn	24
变化	biànhuà	28
标准	biāozhǔn	32
标准间	biāozhǔnjiān	34
别人	biéren	25
冰灯	bīngdēng	29
冰箱	bīngxiāng	22
饼干	bǐnggān	25
病	bìng	22
布置	bùzhì	31
步	bù	33

C

擦	cā	31
才	cái	22
材料	cáiliào	32
采访	cǎifǎng	29
草	cǎo	33
长途	chángtú	21
超过	chāoguò	28
炒	chǎo	40
车厢	chēxiāng	36
成功	chénggōng	24
成绩	chéngjì	22
成语	chéngyǔ	34
乘客	chéngkè	28
冲	chōng	35

虫子	chóngzi	27
出差	chū chāi	28
出发	chūfā	24
处理	chǔlǐ	29
春天	chūntiān	26
聪明	cōngming	21
从前	cóngqián	34
催	cuī	32
村子	cūnzi	33
寸	cùn	35

D

答案	dá'àn	25
打工	dǎ gōng	40
打扰	dǎrǎo	22
打扫	dǎsǎo	24
大号	dàhào	30
大爷	dàye	32
大衣	dàyī	40
待	dāi	25
戴	dài	28
当地	dāngdì	27
当然	dāngrán	24
刀	dāo	36
刀子	dāozi	36
导游	dǎoyóu	30
倒	dǎo	32
低	dī	26
底	dǐ	30
地	dì	39
地下	dìxià	30
递	dì	40
点	diǎn	23
电	diàn	32
电池	diànchí	33
电风扇	diànfēngshàn	37
电视台	diànshìtái	24
电梯	diàntī	32
电影院	diànyǐngyuàn	31
调查	diàochá	30
掉	diào	36
动	dòng	35
动物	dòngwù	33
动物园	dòngwùyuán	33
动作	dòngzuò	31
洞	dòng	38
堵车	dǔ chē	30
肚子	dùzi	23
队	duì	26
对象	duìxiàng	31

F

发票	fāpiào	38
发生	fāshēng	38
发现	fāxiàn	25
罚	fá	39

法律	fǎlǜ	30
反	fǎn	39
方法	fāngfǎ	25
方向	fāngxiàng	33
房东	fángdōng	32
放	fàng	27
放学	fàng xué	27
费	fèi	37
分数	fēnshù	25
愤怒	fènnù	34
服务员	fúwùyuán	26
浮	fú	38
父亲	fùqin	28
复印	fùyìn	21

G

该	gāi	28
改	gǎi	29
感动	gǎndòng	35
感激	gǎnjī	40
感情	gǎnqíng	36
感谢	gǎnxiè	33
干	gān	32
干	gàn	28
钢琴	gāngqín	24
歌词	gēcí	31
根	gēn	34
工厂	gōngchǎng	34

工人	gōngrén	36
工艺品	gōngyìpǐn	33
工资	gōngzī	26
恭喜	gōngxǐ	24
狗	gǒu	35
够	gòu	23
够	gòu	39
顾客	gùkè	25
挂	guà	33
挂号	guà hào	23
挂失	guà shī	38
关	guān	25
关	guān	26
冠军	guànjūn	29
光临	guānglín	27
逛	guàng	25
鬼	guǐ	39
锅	guō	38
国外	guówài	21

H

害怕	hàipà	29
含	hán	37
喊	hǎn	39
航班	hángbān	37
航空	hángkōng	37
好处	hǎochù	39
号	hào	30

黑板	hēibǎn	31
猴子	hóuzi	34
候车室	hòuchēshì	29
滑雪	huá xuě	29
化	huà	29
还	huán	23
环保	huánbǎo	40
汇款	huìkuǎn	30
会议	huìyì	32
活	huó	23

J

机会	jīhuì	27
鸡蛋	jīdàn	32
及格	jí gé	25
急	jí	22
集合	jíhé	40
记者	jìzhě	24
纪念	jìniàn	27
纪念品	jìniànpǐn	27
系	jì	37
加	jiā	31
家长	jiāzhǎng	35
驾驶	jiàshǐ	36
架	jià	24
假期	jiàqī	34
减肥	jiǎn féi	25
剪	jiǎn	27

简单	jiǎndān	23
建议	jiànyì	31
降	jiàng	29
交通	jiāotōng	37
骄傲	jiāo'ào	34
接	jiē	22
接受	jiēshòu	33
节日	jiérì	36
结冰	jié bīng	40
金属	jīnshǔ	36
紧张	jǐnzhāng	25
进去	jìnqu	31
经过	jīngguò	36
警察	jǐngchá	32
久	jiǔ	29
酒店	jiǔdiàn	34
举	jǔ	36
拒绝	jùjué	40
剧场	jùchǎng	33

K

卡	kǎ	38
开	kāi	21
开	kāi	38
开会	kāi huì	23
开玩笑	kāi wánxiào	24
开学	kāi xué	37
看病	kàn bìng	22

看不起	kànbuqǐ	34
考	kǎo	21
考虑	kǎolǜ	34
科	kē	23
颗	kē	34
可怕	kěpà	39
可惜	kěxī	22
客人	kèren	26
空调	kōngtiáo	27
哭	kū	22
苦	kǔ	23
裤子	kùzi	23
快递员	kuàidìyuán	35
款	kuǎn	39

L

垃圾	lājī	37
懒	lǎn	21
老	lǎo	28
了不起	liǎobuqǐ	29
厘米	límǐ	35
理发师	lǐfàshī	27
理解	lǐjiě	36
理想	lǐxiǎng	24
栗子	lìzi	34
脸	liǎn	29
粮食	liángshi	38
两口子	liǎngkǒuzi	32

邻居	línjū	27
零食	língshí	25
领导	lǐngdǎo	36
留	liú	30
龙井	lóngjǐng	35
楼梯	lóutī	32
录音	lùyīn	25
乱	luàn	38
论文	lùnwén	40
旅客	lǚkè	37
旅途	lǚtú	34
旅行社	lǚxíngshè	34
旅游	lǚyóu	25
律师	lǜshī	24

M

麻烦	máfan	27
马虎	mǎhu	25
骂	mà	40
买单	mǎi dān	40
毛病	máobìng	28
帽子	màozi	22
梦	mèng	25
米饭	mǐfàn	40
免费	miǎnfèi	28
陌生	mòshēng	37
母亲	mǔqin	28

N

拿	ná	23		起飞	qǐfēi	24
奶奶	nǎinai	35		气温	qìwēn	29
难过	nánguò	28		汽车	qìchē	33
内科	nèikē	23		千米	qiānmǐ	26
年轻	niánqīng	26		签	qiān	38
捏	niē	38		钱包	qiánbāo	23
牛肉	niúròu	32		巧	qiǎo	34
暖和	nuǎnhuo	26		亲切	qīnqiè	32
女儿	nǚ'ér	23		琴	qín	39
女人	nǚrén	37		请客	qǐng kè	31
				秋天	qiūtiān	23
P				裙子	qúnzi	23
爬	pá	21				
派	pài	36		**R**		
盘子	pánzi	36		让	ràng	38
胖	pàng	25		任务	rènwu	40
片子	piānzi	31		日期	rìqī	39
骗子	piànzi	30		日子	rìzi	36
乒乓球	pīngpāngqiú	29				
平	píng	29		**S**		
平均	píngjūn	29		傻	shǎ	39
平时	píngshí	25		晒	shài	33
破	pò	32		山	shān	21
				伤	shāng	37
Q				商量	shāngliang	28
妻子	qīzi	23		上学	shàng xué	36
齐	qí	34		烧	shāo	38
棋	qí	32		摄影师	shèyǐngshī	33
起	qǐ	21		生产	shēngchǎn	27

生意	shēngyi	39		孙子	sūnzi	36
声音	shēngyīn	36		所有	suǒyǒu	37
诗	shī	32		锁	suǒ	36
实用	shíyòng	27				
食物	shíwù	31		**T**		
使用	shǐyòng	28		它	tā	25
市场	shìchǎng	40		它们	tāmen	38
市区	shìqū	26		台灯	táidēng	26
适合	shìhé	35		抬	tái	35
收拾	shōushi	37		太阳	tàiyang	26
收银员	shōuyínyuán	38		谈	tán	27
手	shǒu	32		弹	tán	24
手术	shǒushù	39		糖	táng	33
首	shǒu	31		躺	tǎng	24
售票处	shòupiàochù	37		烫	tàng	27
瘦	shòu	25		讨厌	tǎo yàn	29
输	shū	38		套房	tàofáng	34
输	shū	26		特别	tèbié	22
刷	shuā	38		疼	téng	21
刷	shuā	33		题	tí	22
摔	shuāi	32		添	tiān	33
顺利	shùnlì	40		条件	tiáojiàn	34
说不定	shuōbudìng	26		调皮	tiáopí	27
司机	sījī	32		贴	tiē	33
松鼠	sōngshǔ	33		停	tíng	31
算了	suànle	26		停车场	tíngchēchǎng	30
随便	suíbiàn	26		同	tóng	37
				同事	tóngshì	22

同意	tóngyì	31		洗发水	xǐfàshuǐ	30
头发	tóufa	27		洗衣机	xǐyījī	38
投	tóu	33		喜酒	xǐjiǔ	33
团	tuán	38		喜糖	xǐtáng	33
退	tuì	33		下班	xià bān	23
托运	tuōyùn	36		夏天	xiàtiān	23

W

				现金	xiànjīn	28
外地	wàidì	36		羡慕	xiànmù	31
外公	wàigōng	35		香	xiāng	32
外科	wàikē	24		响	xiǎng	24
外婆	wàipó	27		像	xiàng	27
完成	wánchéng	30		小号	xiǎohào	30
晚饭	wǎnfàn	22		小伙子	xiǎohuǒzi	26
万事如意	wànshì rúyì	40		小偷儿	xiǎotōur	35
网上银行	wǎngshàng yínháng	21		小心	xiǎoxīn	33
忘	wàng	24		笑话	xiàohua	32
为了	wèile	28		效果	xiàoguǒ	29
文件	wénjiàn	38		心情	xīnqíng	34
闻	wén	38		欣赏	xīnshǎng	23
卧铺	wòpù	37		新郎	xīnláng	22
误会	wùhuì	37		新娘	xīnniáng	22

X

				新鲜	xīnxiān	29
西部	xībù	27		行	xíng	25
西红柿	xīhóngshì	40		行李	xíngli	30
西药	xīyào	23		学院	xuéyuàn	35
吸烟	xī yān	30				

Y

希望	xīwàng	24		牙	yá	29

牙膏	yágāo	29
盐	yán	34
羊	yáng	38
阳光	yángguāng	24
养	yǎng	34
样子	yàngzi	27
遥控器	yáokòngqì	28
药	yào	21
药房	yàofáng	23
要是	yàoshi	27
钥匙	yàoshi	32
爷爷	yéye	35
一块儿	yíkuàir	39
一路顺风	yílù shùnfēng	30
医学	yīxué	30
遗憾	yíhàn	40
以上	yǐshàng	30
以下	yǐxià	37
意思	yìsi	39
阴	yīn	26
迎	yíng	31
迎接	yíngjiē	33
赢	yíng	26
硬币	yìngbì	33
游客	yóukè	40
游戏	yóuxì	27
有劲儿	yǒu jìnr	28

幼儿园	yòu'éryuán	33
鱼	yú	34
鱼香肉丝	yúxiāng ròusī	40
预报	yùbào	29
原因	yuányīn	35
圆	yuán	26
约会	yuēhuì	31
孕妇	yùnfù	40

Z

脏	zāng	39
早餐	zǎocān	37
增加	zēngjiā	36
站	zhàn	33
长	zhǎng	27
账户	zhànghù	21
朝三暮四	zhāosān-mùsì	34
照	zhào	21
照顾	zhàogù	22
照相	zhào xiàng	33
这样	zhèyàng	38
针	zhēn	39
争论	zhēnglùn	26
正确	zhèngquè	38
政府	zhèngfǔ	36
挣	zhèng	40
支付	zhīfù	28
知识	zhīshi	26

执照	zhízhào	36		住院	zhù yuàn	22
直	zhí	27		祝福	zhùfú	22
直接	zhíjiē	33		抓	zhuā	35
中号	zhōnghào	30		转	zhuǎn	26
中学	zhōngxué	26		撞	zhuàng	32
中药	zhōngyào	23		资料	zīliào	33
终点站	zhōngdiǎnzhàn	33		字幕	zìmù	31
猪	zhū	38		嘴	zuǐ	23
主动	zhǔdòng	37		作用	zuòyòng	39
主食	zhǔshí	40				

专名

B
| 北京 | Běijīng | 23 |

C
| 长城 | Chángchéng | 27 |

D
| 杜康 | Dù Kāng | 38 |

G
| 故宫 | Gùgōng | 40 |
| 广东 | Guǎngdōng | 38 |

H
| 哈尔滨 | Hā'ěrbīn | 29 |
| 海口 | Hǎikǒu | 37 |

K
| 孔子 | Kǒngzǐ | 26 |
| 昆明 | Kūnmíng | 27 |

M
| 马丽 | Mǎ Lì | 31 |

S
三亚	Sānyà	37
山本	Shānběn	31
山东	Shāndōng	34
圣诞节	Shèngdàn Jié	31

T
| 天坛 | Tiāntán | 40 |

W
| 武汉 | Wǔhàn | 39 |

X
西安	Xī'ān	23
厦门	Xiàmén	37
西双版纳	Xīshuāngbǎnnà	27
香港	Xiānggǎng	26

Y
亚洲	Yàzhōu	27
元旦	Yuándàn	35
云南	Yúnnán	25

博雅国际汉语精品教材

汉语初级强化教程·听说课本 II（第二版）
听力文本及参考答案

Intensive Elementary Chinese Course

Listening and Speaking II
Second Edition
Listening Scripts and Answer Keys

肖奚强　朱　敏　主编

北京大学出版社
PEKING UNIVERSITY PRESS

目录 CONTENTS

第二十一课	我想开一个账户	1
第二十二课	你去哪儿了	7
第二十三课	医生给我开了点儿药	13
第二十四课	你有时间吗	19
第二十五课	复习（五）	25
第二十六课	今天比昨天暖和一点儿	31
第二十七课	那儿没有北京这么冷	37
第二十八课	我的空调坏了	43
第二十九课	太阳一出来雪就化了	49
第 三十 课	复习（六）	54
第三十一课	我们班表演什么呢	60
第三十二课	我的笔记叫波伟借走了	66
第三十三课	给你添麻烦了	72
第三十四课	真是太巧了	78
第三十五课	复习（七）	83
第三十六课	这是我们应该做的	89
第三十七课	我想预订一个房间	95
第三十八课	张文教我包饺子	102
第三十九课	中国电影你看得懂吗	108
第 四十 课	复习（八）	114

第二十一课　我想开一个账户

一 听力理解练习

（一）听下面的句子并选择正确答案

1. 爸爸每天都很忙，妈妈有时候忙，有时候不太忙，哥哥常常和朋友出去玩儿。

   问：谁忙极了？（ A ）

   A. 爸爸　　　　　　B. 妈妈　　　　　　C. 哥哥

2. 王明对经济、历史很感兴趣，但是经济学得不太好，历史学得非常好。

   问：关于王明，下面哪句话是对的？（ B ）

   A. 经济和历史学得都不错

   B. 对历史感兴趣，历史学得很好

   C. 对经济不感兴趣，所以学得不好

3. 今天我太累了，不想走路，也不想骑自行车，咱们打车去学校吧。

   问：他们打算怎么去学校？（ C ）

   A. 走路　　　　　　B. 骑自行车　　　　C. 坐出租车

4. 你怎么这么懒，自己的衣服还要别人帮你洗。

   问：说话人是什么语气？（ B ）

   A. 很高兴　　　　　B. 不满意　　　　　C. 有点儿奇怪

5. 波伟，明天上午有汉语考试，你怎么还在看电视？你复习了吗？

   问：关于波伟，下面哪句话是对的？（ A ）

   A. 波伟正在看电视　　B. 波伟正在复习汉语　　C. 波伟明天下午有考试

6. 李老师身体不舒服，所以黄老师来教我们口语，听说黄老师教得也不错。

   问：下面哪种说法是错的？（ C ）

   A. 黄老师来教我们　　B. 李老师身体不太好　　C. 黄老师教我们语法

7. 波伟每天回宿舍后都很认真地复习旧课，预习新课，所以学得很好。

   问：波伟为什么学习很好？（ B ）

   A. 他很聪明　　　　B. 他学习很认真　　　C. 他又聪明又认真

8. 小姐，换美元需要护照，请问您带了吗？

　　问：说话人可能在哪儿？（ B ）

　　A. 邮局　　　　　　　B. 银行　　　　　　　C. 商场

9. 啊？这件衣服才一百五十块钱。

　　问：说话人觉得这件衣服怎么样？（ C ）

　　A. 太贵了　　　　　　B. 有点儿贵　　　　　C. 很便宜

10. 这家饭馆儿太差了，服务员不热情，菜做得也不好吃，以后不要来这儿吃饭。

　　问：关于这家饭馆儿，下面哪句话是对的？（ C ）

　　A. 他们的菜做得还不错　　B. 服务员的态度比较好

　　C. 说话人不喜欢这家饭馆儿

（二）听下面的对话并选择正确答案

1. 男：你今天怎么不去上课呀？

　　女：我昨天晚上睡得晚，十一点才起床。

　　问：女的今天为什么没去上课？（ A ）

　　A. 早上起得晚　　　　B. 今天没课　　　　　C. 她生病了

2. 男：安达学习是不是不努力？这次考试才70多分。

　　女：不是。他以前常常考90多分，但是上个星期他妈妈来中国看他，他陪妈妈，所以没考好。

　　问：关于安达，我们可以知道什么？（ C ）

　　A. 学习很不努力　　　B. 常常考70多分　　　C. 他妈妈来中国了

3. 男：你为什么来中国？是工作、学习还是旅行？

　　女：我来中国学习汉语，回国以后想在学校里教汉语。

　　问：女的回国以后做什么？（ C ）

　　A. 旅行　　　　　　　B. 学习汉语　　　　　C. 教汉语

4. 女：广播里说下午要下雨，你开车要注意安全。

　　男：我开车很好，别担心。

　　问：从对话中我们可以知道什么？（ C ）

　　A. 现在正在下雨　　　B. 女的不让男的开车　　C. 男的开车开得很好

5. 女：又累又热，我们休息休息吧。

    男：爬到上面再休息吧。

    问：他们可能在做什么？（ B ）

    A. 跑步　　　　　　　B. 爬山　　　　　　　C. 打球

6. 女：你怎么才来呀？

    男：对不起，路上车太多了，开得太慢了，没办法，我只好下车走到这儿。

    问：下面哪句话是对的？（ A ）

    A. 路上车很多　　　　B. 男的坐车来这儿的　　C. 男的先走路，后坐车

7. 女：中午我们去哪儿吃饭？

    男：下课以后说吧，老师正看我们呢。

    问：他们可能在哪儿？（ A ）

    A. 教室　　　　　　　B. 图书馆　　　　　　C. 办公室

8. 男：我头疼得很，家里还有药吗？

    女：我找找，好像没有，我去买吧。

    问：女的要做什么？（ C ）

    A. 去医院　　　　　　B. 回家找药　　　　　C. 去药店

9. 男：我们明天在哪儿见？

    女：我们九点半在长途汽车东站见，注意，不是西站。

    问：他们明天在哪儿见？（ C ）

    A. 公共汽车站　　　　B. 长途汽车西站　　　C. 长途汽车东站

10. 男：借书的人怎么这么多？你明天再借吧。

    女：每天都这么多，我们再等等吧。

    问：下面哪句话是对的？（ A ）

    A. 女的想今天借书　　　B. 男的想请女的帮他借书

    C. 今天图书馆里人不多

（三）听后填空

1. 我昨天晚上睡得晚，今天上课的时候<u>累极了</u>。

2. 她是一个很认真<u>的</u>学生，每天晚上都认真<u>地</u>在宿舍里学习。

3. 今天你怎么不上课啊？

4. 他英语学得好极了，但是法语学得不太好。

5. 我明天不能去，因为我要和朋友去北京玩儿。

(四) 听后做练习

1. 听后判断正误

男：最近学习很忙吧？

女：忙极了。

男：听说有个英文电影很好看，我们去看看？

女：好啊，我也很想看电影。

男：我现在上网看看有几点的。

女：好的，你去哪儿看？

男：我去电影院的网站上看看。

(1) 女的对看电影不感兴趣。　　　　　　　　　　(×)

(2) 男的知道在哪儿看电影的时间安排。　　　　　(√)

(3) 他们要去看英文电影。　　　　　　　　　　　(√)

(4) 他们在说现在看什么电影。　　　　　　　　　(×)

2. 听后选择正确答案

男：你怎么还不去经理办公室？

女：他让我明天去啊。

男：不是，是今天上午。

女：啊，是吗？

男：我在办公室的时候，经理很不高兴，他问我你怎么不去。

女：这怎么办？

男：你现在就去办公室看看吧。

女：好的，我现在就去。

（1）女的应该什么时候去办公室？（ A ）

　　A. 今天上午　　　　B. 明天上午　　　　C. 现在

（2）经理现在可能在哪儿？（ B ）

　　A. 教室　　　　　　B. 办公室　　　　　C. 家

（3）经理现在心情怎么样？（ B ）

　　A. 很高兴　　　　　B. 很生气　　　　　C. 很满意

二 语音语调练习

（一）选择你听到的词语

1. (A) A. fēngfù   B. fēnfù
2. (B) A. yìzhǐ   B. yìzhì
3. (B) A. bāng máng   B. bēnmáng
4. (B) A. jiānbīng   B. jiānbing
5. (A) A. xīngchén   B. xīncháo
6. (B) A. ránhòu   B. yánhòu
7. (B) A. fùnǚ   B. fùyǔ
8. (A) A. tóutòng   B. téngtòng
9. (A) A. tōngzhī   B. tōngchī
10. (B) A. zhíchǐ   B. zhīchí

（二）选择你听到的句子

1. (A) A. Zhè shì yí liè huǒchē.   B. Zhè shì yí liè huòchē.
2. (B) A. Nǐ yǒu méiyǒu zhù yì?   B. Nǐ yǒu méiyǒu zhúyi?
3. (A) A. Zhè jiàn yīfu wǒ mǎi le.   B. Zhè jiàn yīfu wǒ mài le.
4. (B) A. Nà zhǐshì yí ge míngzi.   B. Nà zhǐshì yí ge míngcí.
5. (A) A. Bú yào xiāngxìn wūshù.   B. Bú yào xiāngxìn wǔshù.
6. (A) A. Méi guānxi, bié zháojí.   B. Méi guānxi, bié jiāojí.
7. (A) A. Wǒ hěn bù xǐhuan kàn zázhì.   B. Wǒ hěn bù xǐhuan kàn zájì.
8. (A) A. Zhè tiáo hángxiàn hěn cháng.   B. Zhè tiáo fángxiàn hěn cháng.
9. (B) A. Nǐ néng sòng wǒ qù jīchǎng ma? B. Nǐ néng sòng wǒ qù jùchǎng ma?
10. (B) A. Qìchē bù néng zhèngcháng yùnxíng.

　　　　B. Qìchē bù néng zhèngcháng yùnyíng.

（三）听后标出画线词语的声调

1. Jīntiān de tiānqì <u>hǎojí le</u>.
2. Tā lánqiú dǎ de <u>hǎo de hěn</u>.
3. Tā měi tiān dōu <u>nǔlì de</u> xuéxí.
4. Māma zuò de fàn <u>hǎochī jí le</u>.
5. Wǒmen méi chūqu, <u>yīnwèi</u> xià yǔ le.
6. Tā de Hànzì xiě de <u>piàoliang jí le</u>.
7. Nǐ Hànyǔ <u>zěnme</u> xué de zhème hǎo?
8. Wǒ shēng bìng le, <u>suǒyǐ</u> méi shàng kè.
9. Tā zài xuéxí shang <u>jìnbù</u> kuài de hěn.
10. Liú lǎoshī shuō tā <u>lǎoshi</u> de hěn.

第二十二课　你去哪儿了

一　听力理解练习

（一）听下面的句子并选择正确答案

1. 李明爱，老师告诉你了吗？这个题怎么做？

   问：他想知道什么？（ B ）

   A. 李明爱问老师什么　　B. 这个题怎么做　　C. 李明爱做什么了

2. 小黄大学还没毕业呢。

   问：小黄现在在做什么？（ B ）

   A. 工作　　　　　　B. 上大学　　　　　C. 找工作

3. 这件衣服不贵，颜色也不错，但是大了点儿。

   问：说话人对衣服的什么不满意？（ C ）

   A. 价格　　　　　　B. 颜色　　　　　　C. 大小

4. 你去哪儿了？我不是告诉你了吗？晚饭以后不能马上打球！

   问：他刚才可能去做什么了？（ A ）

   A. 去打球了　　　　B. 去踢球了　　　　C. 去吃晚饭了

5. 波伟，你怎么还不睡觉？快休息吧，书可以明天再看。

   问：从这句话中，我们知道什么？（ C ）

   A. 现在不太晚　　　B. 波伟睡着了　　　C. 波伟还在看书

6. 丁荣，不要哭，这次考得不好没关系，下次再努力吧。

   问：丁荣为什么哭？（ B ）

   A. 学习不努力　　　B. 考得不太好　　　C. 不能参加考试

7. 我参加 HSK 考试了，我觉得考得还不错，一个月后就可以知道成绩。

   问：下面哪句话是错的？（ C ）

   A. 他觉得自己考得不错

   B. 他现在还不知道成绩

   C. 他一个月后参加考试

8. 波伟，丁荣的电话，她很急，你快点儿。

    问：说话人让波伟做什么？（ A ）

    A. 接电话　　　　　B. 打电话　　　　　C. 快点儿走

9. 你找波伟？他不是回国了吗？

    问：下面哪句话是对的？（ A ）

    A. 波伟回国了　　　B. 波伟经常回国　　C. 波伟不想回国

10. 黄色的有点儿长，我要一件短点儿的。这件白色的不错。

    问：说话人在买什么？（ B ）

    A. 鞋子　　　　　　B. 衣服　　　　　　C. 帽子

（二）听下面的对话并选择正确答案

1. 男：李明爱，你昨天怎么没来上课？

    女：我同屋病了，我陪她去医院了。

    问：李明爱为什么没来上课？（ C ）

    A. 她身体不舒服　　B. 她去医院看病了　C. 她陪同屋去医院了

2. 男：喂，你好，请帮我找一下丁荣。

    女：她去上课了。你晚上再打吧。

    问：他们在做什么？（ C ）

    A. 聊天儿　　　　　B. 上课　　　　　　C. 打电话

3. 男：李明爱是不是回宿舍了？

    女：老师不是让她去办公室了吗？

    问：李明爱去哪儿了？（ A ）

    A. 办公室　　　　　B. 教室　　　　　　C. 宿舍

4. 男：你去超市的时候帮我买两瓶牛奶，另外，再买几条毛巾，好吗？

    女：冰箱里不是还有牛奶吗？

    问：从对话中，我们可以知道什么？（ A ）

    A. 冰箱里还有牛奶　B. 女的没有时间去超市

    C. 女的想买牛奶

5. 男：这么晚了，你姐姐还没回来吗？

女：她刚才就回来了，那时你正在做饭呢。

问：下面哪句话是对的？（ C ）

A. 姐姐现在在做饭　　B. 姐姐现在还没回来　　C. 男的不知道姐姐回来了

6. 男：你觉得这张画儿怎么样？

女：这张有点儿大，旁边的那张小一点儿，而且也很漂亮，我就要那张了。

问：他们在说什么？（ A ）

A. 买哪张画儿　　　　B. 画的是什么　　　　C. 画儿画得怎么样

7. 男：丁荣，你怎么还没走，电影不是六点开始吗？

女：我的作业还没写完，不看了。

问：下面哪句话是对的？（ C ）

A. 电影六点半开始　　B. 丁荣写完作业了　　C. 丁荣不看电影了

8. 男：丁荣，你去医院了吗？

女：只是感冒，没事儿，我自己去药店买点儿药吧。

问：从对话中，我们可以知道什么？（ B ）

A. 医生给丁荣开药了　　B. 丁荣没去医院　　C. 丁荣已经买药了

9. 男：今天不是周末吗？你怎么还去教室？

女：今天是星期六啊，我还觉得是星期五呢。

问：今天是星期几？（ B ）

A. 星期五　　　　　　B. 星期六　　　　　　C. 星期天

10. 男：这药怎么吃？

女：白色的一天吃三次，一次一片；红色的一天吃两次，一次两片。

问：下面哪句话是对的？（ A ）

A. 白色的一天吃三次，一次一片

B. 红色的一天吃三次，一次两片

C. 白色的一天吃两次，一次一片

（三）听后填空

1. 你明天<u>不是</u>没课<u>吗</u>？

2. 下课了，你<u>怎么</u>还不回宿舍呀？

3. 我昨天到医院去看病了。
4. 我不是告诉你晚饭后不要锻炼身体吗?
5. 你今天复习课文了没有?

22-5 (四)听后做练习

1. 听后判断正误

男:明天咱们办公室的同事一起出去玩儿,你准备吃的了吗?

女:我不去,你们去吧。

男:怎么了,你有什么事儿?

女:老板给我的工作还没做呢。

男:你昨天不是说你做了吗?

女:我说的是小王。

(1) 女的不和他们一起出去玩儿。　　　　　　　　　　(✓)

(2) 女的准备吃的了。　　　　　　　　　　　　　　　(×)

(3) 男的知道女的工作没做。　　　　　　　　　　　　(×)

(4) 小王的工作做了。　　　　　　　　　　　　　　　(✓)

2. 听后选择正确答案

男:你昨天去哪儿了?

女:昨天小明的姐姐结婚,邀请我去参加婚礼。

男:婚礼怎么样,热闹吧?

女:是啊,很多人参加她的婚礼。看到他姐姐结婚,我也想结婚了。

男:哈哈,可是你要先找到一个男朋友再说。

女:你说得对,我要努力先找个男朋友。

(1) 女的昨天做什么了?(B)

A. 结婚　　　　　　B. 参加婚礼　　　　　C. 和朋友约会

(2) 小明姐姐的婚礼怎么样?(B)

A. 人不多　　　　　B. 很热闹　　　　　　C. 时间不长

(3) 女的打算做什么？（ C ）

　　A. 结婚　　　　　　B. 努力学习　　　　　　C. 找个男朋友

语音语调练习

（一）选择你听到的词语

1.（ A ）A. huàn qián　　B. fànqián
2.（ A ）A. diàntī　　B. diànjī
3.（ A ）A. qíngjǐng　　B. xíngjǐng
4.（ B ）A. bànlǐ　　B. pānbǐ
5.（ A ）A. shāzi　　B. shǎzi
6.（ B ）A. zuòzhèn　　B. zuò zhèng
7.（ B ）A. shēngchǎn　　B. shèngchǎn
8.（ A ）A. xuéyè　　B. xuèyè
9.（ A ）A. nánkān　　B. nánkàn
10.（ A ）A. zìrán　　B. zīrǎo

（二）选择你听到的句子

1.（ A ）A. Zhè shì tiānlánsè.　　B. Zhè shì tiānránsè.
2.（ B ）A. Míngtiān wǒ mǎshàng ná guòlai.　　B. Míngpiàn wǒ mǎshàng ná guòlai.
3.（ A ）A. Wǒ bàba zài biānjiǎn gōngzuò.　　B. Wǒ bàba zài biānjiāng gōngzuò.
4.（ A ）A. Nǐ zěnme hái bù kāi kǒu?　　B. Nǐ zěnme hái bù gǎi kǒu?
5.（ B ）A. Nǐ yào yǒu hěnxīn cái xíng.　　B. Nǐ yào yǒu héngxīn cái xíng.
6.（ A ）A. Tā gàosule dàjiā tā de shēnshì.　　B. Tā gàosule dàjiā tā de shēngrì.
7.（ B ）A. Qǐng gěi wǒ yìxiē lǐzi.　　B. Qǐng gěi wǒ yìxiē lìzi.
8.（ A ）A. Wǒ míngtiān jiù qù mǎi shū.　　B. Wǒ míngtiān jiù qù mǎi shù.
9.（ B ）A. Nǐ yídìng yào hǎohāor zhāodài.　　B. Nǐ yídìng yào hǎohāor jiāodài.
10.（ B ）A. Wǒ bù zhīdào tā yǒu méiyǒu gēnjù.　　B. Wǒ bù zhīdào tā yǒu méiyǒu gōngjù.

（三）听后标出画线词语的声调

1. Zuòyè wǒ zuótiān jiù xiěwán le.

2. Nǐ bú shì shuō nǐ bù xiǎng jiā le ma?

3. Wǒ qiántiān xiàwǔ qù kàn zúqiú bǐsài le.

4. Nàtiān de huàzhǎn nǐ kànle méiyǒu?

5. Tāmen tī de zhēn shì jīngcǎi de hěn.

6. Wǒ huí jiā de shíhou bàba yǐjīng huílai le.

7. Māma bú shì gàosu nǐ le ma?

8. Nǐ zěnme hái bù zhīdào zhè jiàn shì?

9. Jīnglǐ ràng wǒ shuōshuo wǒ de jīnglì.

10. Gōngsī de zhíyuán dōu zìyuàn cānjiā zhège huódòng.

第二十三课　医生给我开了点儿药

一 听力理解练习

（一）听下面的句子并选择正确答案

1. 她上个星期刚买了两件毛衣，今天又买了一条牛仔裤。
   问：她最近买了什么？（ C ）
   A. 衬衫和裤子　　　B. 毛衣和裙子　　　C. 毛衣和裤子

2. 他们三个人要坐地铁，所以每人买了一张六块钱的地铁票。
   问：一张地铁票多少钱？（ B ）
   A. 三块钱　　　　　B. 六块钱　　　　　C. 七块钱

3. 你听错了，我们不是这周二考试，是下周二考试。
   问：他们什么时候考试？（ C ）
   A. 上个星期二　　　B. 这个星期二　　　C. 下个星期二

4. 天气越来越热，很多女孩儿都已经穿裙子了。
   问：现在大概是什么时候？（ A ）
   A. 夏天　　　　　　B. 秋天　　　　　　C. 冬天

5. 小李，一会儿下了班以后来一下我的办公室，我有点儿事儿要跟你聊。
   问：现在可能是几点？（ B ）
   A. 早上 8 点　　　　B. 下午 4 点　　　　C. 晚上 10 点

6. 林林，现在不可以出去玩儿，吃了饭，做完作业才可以出去玩儿。
   问：林林什么时候可以出去玩儿？（ C ）
   A. 现在　　　　　　B. 吃饭以前　　　　C. 做完作业以后

7. 今天中午我去银行换钱，但是人太多了，我就回来了。我想下课以后再去看看。
   问：从早上到现在，他去了几次银行？（ A ）
   A. 一次　　　　　　B. 两次　　　　　　C. 三次

8. 我先点了四个菜，后来觉得五个人吃可能不够，就又点了两个。
   问：他一共点了几个菜？（ C ）
   A. 四个　　　　　　B. 五个　　　　　　C. 六个

9. 我今天从上午开始肚子就不舒服，不想吃东西，只喝了一杯牛奶，午饭也没吃。我也不知道为什么，可能是昨天晚上吃太多了。

   问：他哪儿不舒服？（ C ）

   A. 嗓子　　　　　B. 眼睛　　　　　C. 肚子

10. 北京、西安这两个地方我当然都很喜欢，但是我最喜欢的还是北京。我在那儿上了四年大学，那儿有我的老师、同学和朋友，我对那儿的感情很深。

    问：他最喜欢哪个城市？（ A ）

    A. 北京　　　　　B. 西安　　　　　C. 南京

（二）听下面的对话并选择正确答案

1. 男：昨天你去商场买什么了？

   女：我给爸爸买了一件外套，680块钱，给你买了一件衬衫，200，给咱们女儿买了一双鞋，375。

   问：男的和女的大概是什么关系？（ B ）

   A. 爸爸和女儿　　　B. 丈夫和妻子　　　C. 哥哥和妹妹

2. 男：我才喝了一瓶，没问题的。

   女：别喝醉了，下午还要开会呢。

   问：男的可能喝的是什么？（ A ）

   A. 啤酒　　　　　B. 咖啡　　　　　C. 茶

3. 男：你觉得这篇文章怎么样？

   女：我汉语不好，很多字都不认识，只看懂了大概的意思。

   问：女的看懂这篇文章了吗？（ C ）

   A. 都看懂了　　　B. 都没看懂　　　C. 看懂了一些

4. 女：这雨越下越大，你在这儿等一等吧，过会儿再走。

   男：我带伞了，没关系。

   问：男的打算做什么？（ C ）

   A. 去拿伞　　　　B. 等一等　　　　C. 离开这儿

5. 男：大夫，您给我开点儿中药吧！

   女：中药很苦，你能吃吗？还是开点儿西药吧。

   问：这个对话发生在哪儿？（ C ）

A. 超市　　　　　　　B. 商店　　　　　　　C. 医院

6. 男：张大姐，买了这么多菜啊？
   女：我儿子考完试了，今天晚上回来，这些都是他爱吃的。
   问：下面哪句话是对的？（ A ）
   A. 女的买了很多菜　　B. 女的考完试了　　C. 两个人是夫妻

7. 男：张老师在家吗？
   女：你是不是走错了？我姓张，但是我们家没有当老师的。
   问：下面哪句话是对的？（ B ）
   A. 女的是老师　　　　B. 张老师不住在这儿　C. 男的找到张老师了

8. 女：小明，我上次给你买的水果你都吃完了吗？
   男：苹果我最爱吃，都吃完了，香蕉吃了一半，橘子我没吃，都还在那儿呢。
   问：香蕉吃了多少？（ B ）
   A. 都吃完了　　　　　B. 吃了一半　　　　　C. 没吃

9. 男：儿子回来了吗？
   女：半小时前回来了，喝了口水，拿了件衣服又走了。
   男：去哪儿了？又去打球了吗？
   女：他没说，不过篮球还在家里，应该不是吧。
   问：关于他们的儿子，下面哪句话是对的？（ C ）
   A. 正在喝水　　　　　B. 去打球了　　　　　C. 现在不在家

10. 女：你到哪儿了？大家都到了，就等你了。
    男：办公室里还有点儿事没做，做完了我马上来！
    女：还要多长时间？
    男：半个小时吧，你们先点菜，不用等我。
    问：男的什么时候去？（ C ）
    A. 半小时以前到了　　B. 现在正在去的路上　C. 半个小时以后

（三）听后做练习

1. 听后选择正确答案

   男：李姐！看见你太好了！
   女：小张，怎么了？发生什么事情了？

男：我下班以后来超市，拿完了东西，给钱的时候才发现手机和钱包都忘在办公室了。

女：没事儿，我这儿有，你要多少？

男：今天买的东西比较多，大概两百多吧。

女：给你三百，够吗？

男：够了够了，明天早上上班的时候还您，太谢谢您了。

女：别客气，快去吧。

(1) 现在大概是什么时候？（ C ）
   A. 上午九点　　　　B. 下午两点　　　　C. 晚上六点
(2) 这个对话发生在哪儿？（ A ）
   A. 超市　　　　　　B. 办公室　　　　　C. 家里
(3) 女的借给男的多少钱？（ C ）
   A. 几十块　　　　　B. 两百多块　　　　C. 三百块
(4) 女的和男的是什么关系？（ B ）
   A. 夫妻　　　　　　B. 同事　　　　　　C. 姐弟

2. 听后选择正确答案

中国人常说，"饭后百步走，能活九十九"。意思是说，吃完饭以后，不要马上坐下来看电视或者休息，出去走一走、散散步，这样对身体好，是健康的生活习惯。在所有的运动中，散步可以说是最简单、最方便的运动了。你不用找时间找地方，上下班的路上、家附近的小公园、公司楼下都可以。跟家人、朋友一边散散步，一边聊聊天儿，欣赏欣赏身边的风景，不但不会让你感到累，还是一种休息呢。

(1) "饭后百步走，能活九十九"这句话中的"九十九"指的是什么？（ B ）
   A. 九十九步　　　　B. 九十九岁　　　　C. 九十九次
(2) 短文中没有提到哪个地方可以散步？（ B ）
   A. 公司楼下　　　　B. 办公室里　　　　C. 家旁边的小公园
(3) 这段话在说什么？（ C ）
   A. 晚饭后要做什么　B. 在哪儿可以休息　C. 散步是比较好的运动

语音语调练习

(一)选择你听到的词语

1. (B) A. xiǎngfǎ B. xiànfǎ
2. (A) A. chénshù B. chéngshú
3. (A) A. bīnzhǔ B. bǐngzhú
4. (A) A. yīnmái B. yīnmóu
5. (A) A. shēngmìng B. shénmíng
6. (B) A. chāngjué B. chǎnquán
7. (B) A. rěnràng B. réngrán
8. (A) A. xiāngdāng B. xiàndài
9. (B) A. línmù B. língmù
10. (B) A. jiǎngshī B. jiānshì

(二)选择你听到的句子

1. (B) A. Tā hěn xǐhuan zhèli de pénjǐng. B. Tā hěn xǐhuan zhèli de fēngjǐng.
2. (A) A. Wǒ huì xiǎoxīn de. B. Wǒ huì xiào xǐng de.
3. (A) A. Tā shì wǒ xīnzhōng de nǚshén. B. Tā shì wǒ xīnzhōng de nǚshēng.
4. (A) A. Qiáng shang guàzhe jiǎngzhuàng. B. Qiáng shang guàzhe jiǎnzhāng.
5. (A) A. Tā hěn ài tā de qīnrén. B. Tā hěn ài tā de qíngrén.
6. (B) A. Wǒmen gāncuì chūfā ba. B. Wǒmen gǎnjǐn chūfā ba.
7. (B) A. Qìguān fāshēngle bìngbiàn. B. Qìguǎnr fāshēngle bìngbiàn.
8. (A) A. Zhuāngzǐ shì gǔdài yí wèi yǒumíng de zhéxuéjiā.
    B. Zhāngzi shì gǔdài yí wèi yǒumíng de zhéxuéjiā.
9. (B) A. Zhè shì wǒmen gōngsī de Lǐ Jiāng xiānsheng.
    B. Zhè shì wǒmen gōngsī de Lín Jiāng xiānsheng.
10. (A) A. Nàge qíngjǐng hái zài wǒ de nǎohǎi li.
    B. Nàge qíngxing hái zài wǒ de nǎohǎi li.

(三)听后标出画线词语的声调

1. Nǐ kěnéng gǎnmào le.
2. Nàge yīshēng de yīshù hěn gāo.
3. Jīngjì fāzhǎn de yuèláiyuè xùnměng.
4. Tā bǎ xiéyóu dāngchéngle yágāo.
5. Gōngrén shīfu lái gěi wǒmen xiūhǎole diànbīngxiāng.

6. Gězhōubà shuǐdiànzhàn wèiyú Yíchāng jìngnèi.

7. Zhège kōngtiáo de yāsuōjī huàidiào le.

8. Xíngrén guò mǎlù yào zǒu rénxíng-héngdào.

9. Qínjiǎn jiéyuē shì Zhōnghuá mínzú de chuántǒng měidé.

10. Yào dào guǎngkuò de shìjiè li qù shíjiàn.

（四）听后画出重音

1. 我只吃了两块面包。

2. 今天太晚了，我明天再来。

3. 她怎么又来了？

4. 我现在觉得好多了。

5. 下了课你去哪儿了？

第二十四课　你有时间吗

一　听力理解练习

（一）听下面的句子并选择正确答案

1. 我在美国学了两年，来中国以后又学了半年。

   问：他一共学了多长时间？（ C ）

   A. 半年　　　　　　　　B. 两年　　　　　　　　C. 两年半

2. 这种手机很便宜，八九百块钱就可以买着。

   问：这种手机最可能多少钱？（ B ）

   A. 688 块钱　　　　　　B. 868 块钱　　　　　　C. 1088 块钱

3. 他去年十月去了香港，走的时候说两个月就回来，可过了半年才回来。

   问：他什么时候回来的？（ B ）

   A. 二月　　　　　　　　B. 四月　　　　　　　　C. 十月

4. 丁丁，你姐姐生我的气，不接我电话，你帮我跟她说说好吗？

   问：谁生气了？（ A ）

   A. 丁丁姐姐　　　　　　B. 丁丁　　　　　　　　C. 我

5. 我告诉他会议两点开始，可他迟到了一个半小时！

   问：他几点到的？（ C ）

   A. 1∶30　　　　　　　　B. 2∶00　　　　　　　　C. 3∶30

6. 如果你再晚 10 分钟到，飞机就起飞了。

   问：下面哪个说法是正确的　（ A ）

   A. 飞机10分钟后起飞　　B. 飞机现在就起飞　　　C. 飞机10分钟前起飞了

7. 每天上班，我要先坐半个小时的地铁，下了地铁还要再走 15 分钟才能到办公室。

   问：他每天上班最少要花多长时间？（ C ）

   A. 15 分钟　　　　　　　B. 30 分钟　　　　　　　C. 45 分钟

8. 我刚吃完饭躺到床上，就听见电话响了。

   问：电话响的时候他在做什么？（ B ）

   A. 吃饭　　　　　　　　B. 在床上躺着　　　　　C. 打电话

9. 昨天特别累，上午去超市买东西，下午去打了两个小时的羽毛球，回到家累极了，晚上洗了个热水澡，睡了个好觉。

问：他昨天做什么了？（ B ）

A. 去寄快递　　　　B. 锻炼了两个小时　　C. 洗了个凉水澡

10. 失眠对健康非常不好。如果您有失眠的问题，那么睡觉前喝杯牛奶，洗个热水澡，听听安静的音乐，都可以对您的失眠有一些帮助。

问：下面哪种方法对失眠有帮助？（ C ）

A. 喝水　　　　　　B. 锻炼　　　　　　C. 听安静的音乐

(二) 听下面的对话并选择正确答案

1. 男：明天我们几点去火车站？

   女：10点的火车，9点半就要到火车站，那么我们8点出发就可以。

   问：明天他们要去哪儿？（ B ）

   A. 飞机场　　　　　B. 火车站　　　　　C. 地铁站

2. 男：刚才跟你说话的那个人是谁啊？

   女：是张明，新来的内科医生，上个星期才到咱们院。

   问：关于张明，我们可以知道什么？（ C ）

   A. 去年大学毕业　　B. 是一个外科医生　　C. 刚到这里工作

3. 女：你房间挺干净的嘛！

   男：我已经打扫了一个上午了，能不干净吗？

   问：下面哪个说法是错的？（ B ）

   A. 现在房间里很干净

   B. 男的房间现在不干净

   C. 男的今天上午打扫房间了

4. 男：听说你刚租的那套房子在公园附近，环境很好吧？

   女：环境是挺好的，就是每天上班要坐一个半小时的公共汽车。

   问：关于那套房子，我们可以知道什么？（ B ）

   A. 是女的买的　　　B. 附近有个公园　　　C. 在女的办公室附近

5. 男：你的眼睛怎么那么红？是不是刚才哭了？

   女：哪儿啊！可能是因为刚起床。

问：关于女的，下面哪个说法是对的？（ C ）

A. 她眼睛不红　　　　　B. 她刚才哭了　　　　　C. 她刚起床

6. 男：文文，你都看了两个小时的电视了，别看了，睡觉去吧。

    女：等一会儿吧，比赛马上就结束。

    问：文文现在可能在做什么？（ B ）

    A. 睡觉　　　　　　　B. 看电视　　　　　　　C. 参加比赛

7. 男：小李和小王结婚了。

    女：不会吧？他们才认识三个月！

    问：女的是什么语气？（ C ）

    A. 高兴　　　　　　　B. 生气　　　　　　　　C. 吃惊

8. 女：你周末常常做什么？

    男：弹弹钢琴，看看电视，跟朋友聊聊天儿，再去游游泳，一个周末就过去了。

    问：男的周末不常做什么？（ B ）

    A. 弹钢琴　　　　　　B. 看电影　　　　　　　C. 游泳

9. 男：7点半了，哎呀，电影8点开始，我们快点儿走吧！

    女：不对啊，我的表才6点半，你看错了吧。

    男：我看看，哦，是我看错了，那还有一个多小时，咱们做什么？

    女：前面有家书店，咱们进去逛逛吧。

    问：现在几点？（ A ）

    A. 6：30　　　　　　　B. 7：30　　　　　　　C. 8：00

10. 女：经理，明天我朋友从美国来看我，我想请两天假。

    男：最近公司这么忙，你怎么能请假？下个星期再说吧。

    女：可是我的朋友下个星期就要走了。我跟小张说好了，我的事情这几天他帮我做。

    男：那就一天吧，后天回来上班。

    问：女的可以请多长时间的假？（ A ）

    A. 一天　　　　　　　B. 两天　　　　　　　　C. 一个星期

（三）听后做练习

1. 听后选择正确答案

    男：文文，你明天有空儿吗？我有两张明天晚上的电影票。

女：我跟丁荣说好了明天晚上一起去游泳。

男：那后天呢？怎么样？

女：后天上午我要去看一个朋友，他生病住院了。从医院回来以后我还要预习。

男：那，那星期天呢？星期天你没什么事情吧？

女：星期天上午我要跟妈妈去商场买衣服。

男：啊？你怎么那么忙啊？那好吧，你说你什么时候有空儿？我等你！

女：你没空儿的时候我就有空儿。

(1) 男的想约女的明天去做什么？（ A ）

    A. 看电影   B. 游泳   C. 看画展

(2) 女的星期天做什么？（ C ）

    A. 去医院看朋友   B. 预习   C. 陪妈妈去买衣服

(3) 说话的时候最可能是星期几？（ A ）

    A. 星期四   B. 星期五   C. 星期六

(4) 女的以后可能和男的出去玩儿吗？（ B ）

    A. 可能   B. 不可能   C. 如果有空儿就去

2. 听后判断正误

李老师钢琴弹得特别好。一天，我问他，要练习多长时间才能弹得那么好。他告诉我："10分钟。"10分钟？我觉得他在开玩笑。"是真的，不过是每天10分钟。"

原来，李老师小时候学了一段时间的钢琴，可是很久不练习，差不多都忘了。三年前，李老师发现，他上课的教室是403，对面404房间里有一架钢琴，没有人用。从那时开始，每次下课休息的时候，李老师就到对面房间去弹钢琴，当然，他只弹10分钟。10分钟的时间不长，但是如果你好好儿利用的话，也可以成功。

(1) 李老师说，每天练习10分钟，钢琴就可以弹得很好。　　　　（ √ ）

(2) 李老师在404教室上课。　　　　（ × ）

(3) 李老师上课的教室里有一架钢琴。　　　　　　　　　　　　（ × ）

(4) 李老师三年前开始学习钢琴。　　　　　　　　　　　　　　（ × ）

二 语音语调练习

（一）选择你听到的词语

1. (B) A. yǎnjing　　B. yǎnjìng　　　2. (B) A. fēngzī　　B. fēngzi

3. (A) A. mùdi　　B. mùdì　　　　4. (A) A. xīngxing　　B. xíngxīng

5. (B) A. tóuténg　　B. tóutòng　　　6. (B) A. yīnxiàng　　B. yìnxiàng

7. (A) A. kuàilè　　B. kuài le　　　 8. (B) A. jízī　　B. jīzi

9. (A) A. shūshāng　　B. shū shang　　10. (A) A. xiàohua　　B. xiàohuār

（二）选择你听到的句子

1. (B) A. Zhè shì wǒ de tǔdì.　　　　B. Zhè shì wǒ de túdì.

2. (B) A. Nǐ néng fēnqīng zhèli de dōngxi ma?
   B. Nǐ néng fēnqīng zhèli de dōngxī ma?

3. (A) A. Zhīdao tāmen yào lái wǒ cái zhǔnbèi de.
   B. Zhídào tāmen yào lái wǒ cái zhǔnbèi de.

4. (A) A. Zhè běn shū gěile wǒ hěn shēn de yìnxiàng.
   B. Zhè běn shū gěile wǒ hěn shēn de yǐngxiǎng.

5. (A) A. Wǒ bīnguǎn fángjiān de yàoshi bú jiàn le.
   B. Wǒ bīnguǎn fángjiān de yàoshuǐ bú jiàn le.

6. (B) A. Tā de gōngsī zuò de shì jìn kǒu máoyī.
   B. Tā de gōngsī zuò de shì jìn kǒu màoyì.

7. (B) A. Tā chángchang shòudào lǎoshī de biǎozhāng.
   B. Tā chángchang shòudào lǎoshī de biǎoyáng.

8. (A) A. Shìshàng de shìr shuí néng shuō qīngchu?
   B. Shíshàng de shìr shuí néng shuō qīngchu?

9. (A) A. Wǒ qù shāngdiàn mǎi yìxiē jiǎozi.
   B. Wǒ qù shāngdiàn mǎi yìxiē jiàozi.

10. (B) A. Jīnglǐ míngtiān yídìng huì lái.　　B. Jīnglǐ míngtiān yídìng huílai.

（三）听后标出画线词语的声调

1. Zuìjìn pútao shàng shì le.

2. Nǐ shìshi zhè jiàn dà yìdiǎnr de ba.

3. Tā yáole yáo tóu tànle kǒu qì.

4. Wǒ bǎ shǒu shang de shìr chǔlǐ wánle jiù lái.

5. Zhè shì yí duàn wēixiǎn de lǚchéng.

6. Yì tiáo èyú zhèngzài xiàng tā bījìn.

7. Zhè jiàn shì zhēn ràng rén nányǐzhìxìn.

8. Nǐ zěnme lǎoshì húlihútu de?

9. Zhège kuàidì shì jìdào Měiguó Yēlǔ Dàxué de.

10. Shíbā-jiǔ suì zhèng shì fēnghuá-zhèngmào de niánjì.

（四）听后画出重音

1. 我在这儿工作<u>十年</u>了。

2. 我想在公司附近<u>租</u>套房子。

3. 他打篮球打了一<u>下午</u>。

4. 博物馆外面<u>太吵了</u>。

5. 他昨天晚<u>上才</u>睡了四个小时的觉。

第二十五课　复习（五）

一　听力理解练习

（一）听下面的句子并选择正确答案

1. 来中国以后我才有了睡午觉的习惯。

   问：下面哪种说法正确？（ A ）

   A. 他现在习惯了睡午觉
   B. 他一直都有睡午觉的习惯
   C. 来中国以前他很喜欢睡午觉

2. 我只有两百多块钱，能买这双鞋吗？

   问：说话人想知道什么？（ C ）

   A. 谁能买这双鞋　　B. 这双鞋贵不贵　　C. 她的钱够不够买这双鞋

3. 丁荣每天耐心地教我，所以我画画儿进步很快。

   问：他画画儿为什么进步很快？（ A ）

   A. 丁荣教得很耐心　　B. 丁荣教得很快　　C. 他学得很耐心

4. 你刚才打我的手机了吧？不好意思，我没听见。你找我有事儿吗？

   问：说话人可能在做什么？（ C ）

   A. 找电话　　B. 接电话　　C. 回电话

5. 你昨天就来晚了，今天怎么又迟到了？

   问：说话人是什么语气？（ B ）

   A. 高兴　　B. 生气　　C. 奇怪

6. 那个大商场的东西质量很好，但售货员对顾客不热情。

   问：关于那个大商场，下面哪种说法不对？（ C ）

   A. 东西很好　　B. 售货员不热情　　C. 顾客很多

7. 你看见那个红色的大楼了吗？它的旁边就有一家银行。

   问：说话人在做什么？（ C ）

   A. 问路　　B. 找银行　　C. 帮助别人

8. 老师看了看我的试卷，满意地笑了。

   问：老师觉得她考得怎么样？（ A ）

   A. 不错　　　　　　B. 不好　　　　　　C. 不好也不差

9. 我昨天身体不舒服，没有去上课，睡了一天。

   问：他昨天上午可能在哪儿？（ C ）

   A. 医院　　　　　　B. 教室　　　　　　C. 宿舍

10. 这次考试我们班有一个学生没考及格，三个学生60多分，五个学生70多分，别的学生80多分或者90多分。

    问：他们班有多少个学生成绩不到70分？（ B ）

    A. 五个　　　　　　B. 四个　　　　　　C. 三个

（二）听下面的对话并选择正确答案

1. 男：饭做好了吗？

   女：如果你肚子饿，就先去吃点儿饼干。

   问：男的想做什么？（ B ）

   A. 做饭　　　　　　B. 吃饭　　　　　　C. 吃饼干

2. 男：小明怎么还在玩儿电脑啊？

   女：他已经玩儿了一个上午了，让他关了电脑去做作业吧！

   问：小明现在在做什么？（ A ）

   A. 玩儿电脑　　　　B. 关电脑　　　　　C. 做作业

3. 女：你明天能不能陪我去逛逛书店？

   男：我已经跟波伟约好了明天去博物馆参观。

   问：男的打算明天做什么？（ C ）

   A. 去书店　　　　　B. 逛商店　　　　　C. 参观博物馆

4. 女：你一共在中国待了多长时间？

   男：大概三个星期吧。我先在云南旅游了一个星期，又到北京一个朋友家里住了半个月。

   问：男的在北京大概待了多长时间？（ B ）

   A. 一个星期　　　　B. 两个星期　　　　C. 三个星期

5. 男：我刚才去你宿舍找你，你怎么不在啊？

女：我下了课就去图书馆借书了。

问：女的刚才在哪儿？（ C ）

　　A. 宿舍　　　　　　B. 教室　　　　　　C. 图书馆

6. 女：你女朋友怎么没跟你一起吃饭？

　　男：周末我没陪她，她还在生我的气。

　　问：说话的这两个人可能是什么关系？（ A ）

　　A. 同学　　　　　　B. 夫妻　　　　　　C. 男女朋友

7. 男：我很努力地学习，才考了70多分，怎么办啊？

　　女：不要着急，你再试试别的学习方法。

　　问：女的可能觉得男的怎么样？（ C ）

　　A. 不努力　　　　　B. 太着急　　　　　C. 学习方法不太好

8. 男：我敲了半天，你怎么不开门？

　　女：对不起，别生气，刚才我在听录音。

　　问：女的为什么刚才没开门？（ A ）

　　A. 没听见　　　　　B. 不想见男的　　　　C. 有点儿生气

9. 女：你肚子还疼吗？要不要去医院？

　　男：一会儿疼，一会儿不疼，先不去了。

　　问：关于对话，下面哪句话是对的？（ B ）

　　A. 男的肚子一直很疼　　B. 女的很关心男的　　C. 男的想去医院

10. 男：这次汉语考试，波伟又考了第一名。

　　女：是啊，他已经得了很多次第一名了，只有一次不是第一名。

　　问：关于波伟的汉语考试，我们可以知道什么？（ A ）

　　A. 常常得第一名　　　B. 只得了一次第一名　　C. 这次不是第一名

（三）听后做练习

1. 听后判断正误

　　女：你今天怎么来得这么早？

　　男：今天不是要考试吗？我七点五十就到教室了。

　　女：但是我们八点半才开始考试啊。

男：我觉得平常八点上课，考试也应该八点开始。

女：但是老师已经告诉我们了，你没听见吗？

男：我没听清楚。别的考试呢？

女：下午的考试两点开始，明天的考试也是八点半。

男：谢谢你。

(1) 男的早来了十分钟。 (×)

(2) 男的听错了考试的时间。 (✓)

(3) 今天下午也有考试。 (✓)

(4) 明天的考试八点开始。 (×)

2. 听后选择正确答案

期中考试考完了。我们一共考了三门课，语法、口语和听力。我的语法考得不错，得了92分，我们班的最高分是94分；我的口语考了96分，是班里的第一名。同学们问我怎么考得这么好，我说，因为我交了一个中国朋友，我们经常用汉语聊天儿。我的听力考得最差，只得了84分。刚看见这个分数时，我很奇怪，因为平常我的听力也不错，这次考试的时候，我觉得大部分我都听懂了，怎么考得这么差？我认真地看了看试卷，才发现了问题。有的地方答案我看错了；有的地方听错了；有的地方我太马虎了，写错了汉字。下次我一定注意。

(1) 他们班语法考试的最高分是多少？（ B ）

　　A. 96分　　　　　　B. 94分　　　　　　C. 92分

(2) 关于他的口语考试，下面哪句话不对？（ A ）

　　A. 考了92分　　　　B. 考了第一名　　　C. 得了96分

(3) 他的听力为什么考得很差？（ A ）

　　A. 做得比较马虎　　B. 都没听懂　　　　C. 没认真准备

(4) 关于他的听力成绩，下面哪句话是对的？（ C ）

　　A. 他觉得分数不对　B. 是班里最差的　　C. 他不太满意

二 语音语调练习

(一) 选择你听到的词语

1. (A) A. fāngmiàn   B. fāngbiàn
2. (B) A. bǐrú   B. mítú
3. (B) A. nàixīn   B. nàixìng
4. (A) A. kùnnan   B. kuánglán
5. (A) A. shúliàn   B. sùyán
6. (B) A. wénzì   B. wénzi
7. (A) A. tígāo   B. tiàogāor
8. (A) A. xuéqī   B. lièqí
9. (A) A. guòqù   B. guòlù
10. (B) A. yìbān   B. yíbàn

(二) 选择你听到的句子

1. (A) A. Wǒ méiyǒu shìjuàn.   B. Wǒ méiyǒu shíjiān.
2. (A) A. Péiyǎng háizi yào yǒu nàixīn.   B. Péiyǎng háizi yào yǒu àixīn.
3. (A) A. Zhè zhǒng chǎnpǐn de zhìliàng zěnmeyàng?
         B. Zhè zhǒng chǎnpǐn de zhòngliàng zěnmeyàng?
4. (B) A. Wǒ zhǐshì yí ge gùkè éryǐ.   B. Wǒ zhǐshì yí ge guòkè éryǐ.
5. (A) A. Tā de rèqíng ràng rén gǎndòng.   B. Tā de rénqíng ràng rén gǎndòng.
6. (A) A. Biéren nǐ bú yòng wǒ yòng.   B. Biézhēn nǐ bú yòng wǒ yòng.
7. (A) A. Zhèr yǒu hěn duō bǐnggān.   B. Zhèr yǒu hěn duō bīngshān.
8. (A) A. Zhè shì yí ge hǎo fāngfǎ.   B. Zhè shì yí ge hǎo bànfǎ.
9. (B) A. Nǐ zhè shì zhèngquè de cídài ma?
         B. Nǐ zhè shì zhèngquè de zītài ma?
10. (A) A. Zhège fēnshù yǒu wèntí ma?   B. Zhè kē fēngshù yǒu wèntí ma?

(三) 听后标出画线词语的声调

1. Zhè cì kǎo shì jǐ ge xuésheng bù jí gé?
2. Wǒ zuìjìn yuèláiyuè pàng.
3. Nǐ yǒu shénme hǎo de jiǎn féi fāngfǎ ma?
4. Tā zǒngshì kǎo shì yǐqián kāi yèchē.
5. Wǒ yòng Hànyǔ biǎoyǎn jiémù de shíhou hěn jǐnzhāng.
6. Fàng jià yǐhòu wǒ xiǎng qù Yúnnán lǚyóu.

7. Nǐmen bān de zuì gāo fēn shì duōshao?

8. Wǒ zuótiān wǎnshang mèngjiànle wǒ de māma.

9. Wǒ zhǎole bàntiān yě méi zhǎozháo.

10. Tā xǐle yí ge rèshuǐzǎo jiù shuì jiào le.

（四）听后画出句重音

1. 我男朋友会做饭，而且做得<u>很好</u>。

2. 你<u>刚才</u>说什么？我没听清楚。

3. 周末的作业很多，我做了<u>两个晚上才做完</u>。

4. 我<u>越来越</u>喜欢学汉语。

5. 我们<u>刚到家</u>，外面就<u>下雨了</u>。

6. 王明常常给我讲中国的<u>风俗习惯</u>。

第二十六课　今天比昨天暖和一点儿

一 听力理解练习

（一）听下面的句子并选择正确答案

1. 我八点就来了，王明比我晚了半个小时。

    问：王明几点来的？（ C ）

    A. 7：30　　　　　B. 8：00　　　　　C. 8：30

2. 飞机票1200块钱，比高铁票贵了500块，还是坐高铁吧。

    问：高铁票多少钱？（ A ）

    A. 700元　　　　B. 500元　　　　C. 1200元

3. 我有两个哥哥，大哥比我大8岁，二哥比我大3岁。

    问：我比大哥小几岁？（ C ）

    A. 3岁　　　　　B. 5岁　　　　　C. 8岁

4. 下面请听天气预报：北京，21到30度；香港，30到36度。

    问：今天北京的最高温度是多少度？（ B ）

    A. 21度　　　　　B. 30度　　　　　C. 36度

5. 你打这个号码当然不通，这是小张原来的手机号码。

    问：关于小张，下面哪个说法是对的？（ B ）

    A. 换新手机了　　B. 换手机号码了　　C. 不愿意接电话

6. 这是沙可吗？几年不见，比以前帅多了！

    问：这句话是什么意思？（ B ）

    A. 这个不是沙可　　B. 沙可现在很帅　　C. 沙可和以前差不多

7. 这套房子比张文的那套少一个房间，却比她的贵200块钱一个月。

    问：这套房子怎么样？（ C ）

    A. 比张文的大，也贵一点儿

    B. 比张文的小，但是比她的便宜

    C. 比张文的小，却没有她的便宜

8. 大人一张票60元，小孩儿一张票30元，一共90元，找您10元。

   问：这句话可能是谁说的？（ B ）

   A. 商店售货员　　　　B. 博物馆售票员　　　　C. 饭店服务员

9. 昨天我们去公园玩儿了，那个公园很大，好玩儿的也很多，我们一直玩儿到5点关门才出来，在公园门口吃了晚饭，回到家都8点多了。

   问：下面哪个说法正确？（ A ）

   A. 公园5点关门　　　B. 他们玩儿了5个小时　　C. 昨天他们一直在家

10. 今天是星期一，客人比较少，可以休息一会儿。周末就比较忙，有时候从早忙到晚，可能喝水的时间都没有。

    问：说话人的意思是什么？（ A ）

    A. 星期一的客人比周末少

    B. 周末的客人比星期一的少

    C. 星期一的客人和周末的差不多

26-3 （二）听下面的对话并选择正确答案

1. 男：现在的年轻人啊，比咱们那时候幸福多了。

   女：是啊，咱俩结婚的时候哪有汽车啊？

   问：他们俩是什么关系？（ C ）

   A. 同学　　　　　　B. 师生　　　　　　　C. 夫妻

2. 男：这次比赛韩国队一定会赢。

   女：那可不一定。不到最后一分钟，谁赢谁输还不知道呢。

   问：女的觉得这次比赛韩国队怎么样？（ C ）

   A. 韩国队一定会赢　　B. 韩国队一定会输　　C. 结果不好说

3. 男：小张，新公司怎么样？习惯吗？

   女：怎么说呢？这个公司工资比原来的高，环境比原来的好，可是跟同事的关系没有以前的那么好。

   问：小张在新公司对什么方面不太满意？（ C ）

   A. 工资　　　　　　B. 环境　　　　　　　C. 同事关系

4. 女：昨天晚上的篮球比赛怎么样？

   男：101∶80，北京队赢了，昨天晚上他们打得太好了。

问：关于对话，下面哪个说法正确？（ B ）

　　A. 北京队输了　　　　B. 北京队打得很好　　　C. 他们在谈足球比赛

5. 男：春天没有夏天那么热，又比冬天暖和多了，所以春天最好。

　　女：可是春天风太大了，我还是喜欢秋天。

　　问：男的最喜欢什么季节？（ A ）

　　A. 春天　　　　　　　B. 夏天　　　　　　　　C. 秋天

6. 男：你看哪双比较好？

　　女：这双虽然比那双贵一些，但是比那双舒服，还是买这双吧。

　　问：他们在买什么？（ B ）

　　A. 筷子　　　　　　　B. 鞋子　　　　　　　　C. 裤子

7. 男：你的书包找到了吗？

　　女：找到了，忘在出租车上了，我给师傅打了电话以后，他就给我送回来了。

　　问：女的书包现在在哪儿？（ B ）

　　A. 男的那儿　　　　　B. 女的这儿　　　　　　C. 出租车上

8. 男：你最近怎么了？上课没以前认真了，作业做得也没以前好了。

　　女：我妈妈病了，我每天要去医院照顾她。

　　问：女的现在学习情况怎么样？（ A ）

　　A. 比以前差　　　　　B. 比以前好　　　　　　C. 和以前差不多

9. 男：这个手机太贵了，八千多块钱，买个三千多的就行了。

　　女：一分钱一分货，这种质量好。

　　男：我就打打电话上上网，不需要这么贵的。

　　女：那好吧，就听您的吧。

　　问：男的可能买多少钱的手机？（ B ）

　　A. 一千多的　　　　　B. 三千多的　　　　　　C. 八千多的

10. 男：小李，听说你前段时间生病了。现在好一点儿了吗？

　　女：还在吃药，但是已经好多了。

　　男：要注意身体，别太累，另外平时也要多锻炼身体。

　　女：是啊，生了病才知道，健康最重要。

　　问：关于小李，我们可以知道什么？（ B ）

　　A. 还在医院　　　　　B. 最近生病了　　　　　C. 已经不吃药了

(三) 听后做练习

1. 听后选择正确答案

   男：听说你买房子了？在哪儿买的？

   女：在郊区，离咱们学校二三十千米呢。

   男：怎么不在学校附近买啊？

   女：便宜啊，郊区的房子比学校旁边的房子便宜多了。

   男：可是住在郊区，买东西、上班都没有市区方便。

   女：我和爱人商量好了，打算买辆车，这样上班、买东西都方便了。

   男：你住在郊区，孩子上中学怎么办？郊区的学校没有市区的好。

   女：我们家旁边有个五十六中，也非常好。我打算让他在那儿上。

   (1) 女的为什么在郊区买房子？（ B ）
      A. 交通方便　　　　B. 价格便宜　　　　C. 离她公司近

   (2) 女的为什么打算买车？（ C ）
      A. 他们很有钱　　　B. 她的爱人喜欢车　　C. 住在郊区交通不方便

   (3) 关于五十六中，我们可以知道什么？（ A ）
      A. 在女的家旁边　　B. 比市区的学校差多了

      C. 女的儿子正在那儿上学

2. 听后选择正确答案

   一天，孔子和他的学生看见两个小孩儿在争论。一个小孩儿说："中午太阳离我们最近，因为早上很冷，而中午很热，热的比冷的近。"另一个小孩儿说："不对不对！太阳早上离我们最近！你看，早上的太阳又大又圆，中午的太阳非常小，你不觉得小的比大的远吗？"他们问孔子谁说得对，孔子想了想，说："我也不知道。"孩子们走了以后，学生问孔子，他们只是孩子，为什么不随便说点儿什么，而要说不知道呢？孔子说，知道就是知道，不知道就是不知道，这样才能学到知识啊。

   (1) 两个小孩儿在争论什么问题？（ B ）
      A. 太阳什么时候比较大

B. 太阳什么时候比较近

C. 太阳什么时候比较热

(2) 一个小孩儿说中午太阳比较近，是因为什么？（ A ）

  A. 中午比较热 B. 太阳比较大 C. 小的比较远

(3) 一个小孩儿说早上太阳比较近，因为这个时候的太阳：（ A ）

  A. 比较大 B. 比较圆 C. 比较冷

(4) 孔子为什么告诉孩子他不知道这个问题？（ C ）

  A. 小孩子不懂 B. 他不愿意说 C. 他真的不知道答案

语音语调练习

（一）选择你听到的词语

1.（ B ）A. qiánmén B. qiánménr 2.（ B ）A. gānhuò B. gàn huór

3.（ A ）A. dàtóu B. dǎ tóur 4.（ B ）A. bīngguì B. bīnggùnr

5.（ A ）A. báibǎn B. báibānr 6.（ B ）A. xiāojí B. xiǎo jī

7.（ B ）A. jiǔ píng B. jiǔpíngr 8.（ A ）A. hǎo wǎn B. hǎowánr

9.（ B ）A. měishì B. méi shìr 10.（ A ）A. xíngrén B. xìngrénr

（二）选择你听到的句子

1.（ A ）A. Xiànzài lái yǐjīng wǎn le. B. Xiànzài lái yǐjīng wán le.

2.（ A ）A. Xuéxiào zǔzhī xuéshengmen qù chūnyóu.

  B. Xuéxiào zǔzhǐ xuéshengmen qù chūnyóu.

3.（ B ）A. Zhège wèntí shízài méi bànfǎ jiǎng qíng.

  B. Zhège wèntí shízài méi bànfǎ jiǎngqīng.

4.（ A ）A. Zhè běn shū shì bái sòng de. B. Zhè běn shū shì Běi Sòng de.

5.（ B ）A. Jiǎnchá jiù yào dào le. B. Jǐngchá jiù yào dào le.

6.（ A ）A. Tā yǒu hěn duō péngyou. B. Tā yǒu hěn duō fēngyī.

7.（ B ）A. Lǎo Zhāng háishi bú lèyì. B. Lǎo Zhāng hěn shì bú lèyì.

8.（ A ）A. Wǒ fèile hǎo dà gōngfu cái nònghǎo.

  B. Wǒ fèile hǎo dà gōngfu cái nòngláo.

9. (A)　A. Gāng mǎi de píxuē huài le.　　B. Gāng mǎi de píxié huài le.

10. (B)　A. Jìjié biànhuàn zhù yì lěngnuǎn.　　B. Jìjié biànhuà zhù yì lěngnuǎn.

26-7 （三）听后标出画线词语的声调

1. Wǒmen guójiā de <u>sìjì</u> qìhòu yírén.
2. <u>Lóngjǐngchá</u> shì Zhōngguó míng chá.
3. Xiàozhǎng zhùzài yuǎnlí <u>hǎibīn</u> de shāndì.
4. Tā zài yí cì chēhuò zhōng <u>shòu shāng</u> le.
5. Àodàlìyà rénkǒu <u>jiào shǎo</u>.
6. Jiějie de <u>tǐzhòng</u> bǐ yǐqián zēngjiāle yíbàn.
7. Wǒmen diǎnle yí ge <u>shāoqiézi</u>.
8. Tā cóng <u>chúfáng</u> lìkè bēnxiàng <u>shūfáng</u>.
9. Shuǐguǒ li bāohán fēicháng fēngfù de <u>wéishēngsù</u>.
10. <u>Jǐnán</u> shì <u>Shāndōng Shěng</u> de shěnghuì.

26-8 （四）听后画出句重音

1. 船比火车慢<u>多</u>了。
2. 香蕉比苹果<u>贵</u>一块钱。
3. <u>这样</u>才能学到知识啊。
4. 这个商店的东西<u>常常</u>打折。
5. 他比你大<u>几</u>岁？

第二十七课 那儿没有北京这么冷

一 听力理解练习

（一）听下面的句子并选择正确答案

1. 这种洗衣机不但质量好，而且价格也不贵。

    问：这种洗衣机怎么样？（ B ）

    A. 不好但很便宜　　　　B. 又好又便宜　　　　C. 很好但是很贵

2. 澳大利亚的面积是 769 万平方千米，比中国小大概五分之一。

    问：澳大利亚的面积怎么样？（ C ）

    A. 有 769 平方千米　　B. 是中国的五倍　　　C. 比中国小一些

3. 现在雨越来越大，丁荣，你要是不打伞，会感冒的。

    问：从这句话我们可以知道什么？（ A ）

    A. 现在雨下得很大　　B. 丁荣已经打伞了　　C. 丁荣已经感冒了

4. 我们学校1月20号开始放假，2月25号开学。

    问：他们放多长时间的假？（ B ）

    A. 20 多天　　　　　　B. 一个多月　　　　　C. 两个多月

5. 去年我们商场只卖了 2000 台空调，可今年卖了 5000 台。

    问：今年比去年多卖了多少台空调？（ B ）

    A. 2000 台　　　　　　B. 3000 台　　　　　　C. 5000 台

6. 我们学校有 1200 名留学生，其中三分之二是亚洲人。

    问：他们学校有多少名亚洲留学生？（ B ）

    A. 400 名　　　　　　　B. 800 名　　　　　　　C. 1200 名

7. 周末我从来不打游戏，常常打羽毛球、游泳什么的，有时候也会去郊区玩儿。

    问：周末的时候他可能做什么？（ B ）

    A. 打游戏、游泳、去郊区

    B. 打羽毛球、游泳、去郊区

    C. 打游戏、打乒乓球、游泳

8. 去年我们公司生产了两万辆汽车，今年比去年多了一倍。

问：他们公司今年生产了多少辆汽车？（B）

A. 两万辆　　　　　　　B. 4万辆　　　　　　　C. 6万辆

9. 虽然我上大学时学的是历史，但我对历史不感兴趣，所以大学毕业以后，我就找了一份记者的工作。刚开始工作的时候比较难，要学习的东西很多，现在已经慢慢习惯了。

问：下面哪个说法是正确的？（B）

A. 他很喜欢历史专业

B. 他大学时的专业是历史

C. 他的工作跟专业有关系

10. 西安在中国的西部，是一座有三千多年历史的名城，现在人口大概有一千万，面积一万平方千米。

问：关于西安，下面哪个说法是正确的？（B）

A. 在中国南方　　　　　B. 有三千多年历史　　　C. 有八百多万人口

（二）听下面的对话并选择正确答案

1. 男：我生病一般吃中药，不吃西药。

   女：我跟你不一样，西药吃得比较多，中药吃得比较少。

   问：女的生病吃什么药？（C）

   A. 一般吃中药，不吃西药

   B. 一般吃西药，不吃中药

   C. 一般吃西药，很少吃中药

2. 男：你为什么想去西部工作？

   女：虽然西部现在的经济不太好，但是机会比较多，而且我相信那儿会发展得越来越好。

   问：关于西部，我们可以知道什么？（B）

   A. 发展得非常好　　　　B. 机会比较多　　　　C. 风景非常美

3. 女：老李，不是下班了吗？你怎么还不走啊？

   男：女儿还没放学，我过一会儿去接她。

   问：他们两个可能是什么关系？（A）

   A. 同事　　　　　　　　B. 夫妻　　　　　　　C. 邻居

4. 男：这孩子真可爱，眼睛长得跟你一样漂亮。

   女：她鼻子像爸爸，头发也跟她爸一样黄，要是鼻子、头发也像我，就更漂亮了。

   问：孩子的什么地方不像妈妈？（ B ）

   A. 眼睛　　　　　　　B. 鼻子　　　　　　　C. 嘴巴

5. 女：小李呢？

   男：你要是早来两分钟，就能看见他了。

   问：小李在哪儿？（ B ）

   A. 还在房间里　　　　B. 已经走了　　　　　C. 几分钟以后就走

6. 女：你怎么了？这些东西，你怎么都没吃？

   男：忙了一天，累得很，不想吃。

   问：男的为什么没吃东西？（ A ）

   A. 太累了　　　　　　B. 不饿　　　　　　　C. 生病了

7. 男：听说长城又叫"万里长城"，真的有一万里那么长吗？

   女：长城全长约6,350千米，差不多一万三千多里呢。

   问：长城有多长？（ A ）

   A. 6,350千米　　　　B. 10,000千米　　　　C. 13,000千米

8. 男：你的汉语比刚来的时候进步多了。

   女：我们班有十几个国家的同学，大家下课以后常常用汉语聊天儿，谈一谈自己国家的风俗习惯什么的，所以口语就有很大进步。

   问：关于女的，我们可以知道什么？（ C ）

   A. 班里有十几个同学　B. 下课后不常说汉语　C. 汉语水平比以前好

9. 男：你爸喝酒吗？我给他买两瓶酒吧。

   女：他从来不喝酒。红酒、白酒、啤酒都不喝。

   男：那怎么办？带点儿什么礼物好？

   女：他就爱喝茶，你带点儿茶叶就行了。

   问：根据对话，我们可以知道什么？（ C ）

   A. 他们是夫妻　　　　B. 女的买了茶叶　　　C. 女的爸爸不喜欢喝酒

10. 男：听说你们学校有一万多个学生，但是学校怎么这么小？

    女：我们这儿只是老校区，郊区还有一个新校区，比这儿大多了。

    男：大部分学生都在新校区吗？

女：是的，百分之八十的学生都在那儿。

问：关于女的的学校，我们知道什么？（ C ）

  A. 面积很小   B. 有三个校区   C. 有一万多个学生

(三) 听后做练习

1. 听后选择正确答案

  我邻居家有两个儿子，明明是哥哥，今年10岁，亮亮比他小两岁。兄弟俩在一个学校学习，明明学习很认真，成绩非常好。亮亮比哥哥聪明，可是却没有哥哥努力，每次考试都没有哥哥考得好，还常常调皮。一次，他拿了一只虫子放在女同学的桌子上，女同学吓哭了。妈妈知道了这件事情，非常生气。亮亮知道自己错了，他走到妈妈身边，说："妈妈，您别生气了，我以后一定不会这样了。"忽然，他看见妈妈头上有几根白头发，就很奇怪地问："妈妈，你头上为什么会有白头发？"妈妈说："因为你不听我的话，所以我才长了白头发。""噢，我现在明白为什么外婆的头发全白了。"

(1) 明明今年多大？（ B ）

  A. 8岁   B. 10岁   C. 12岁

(2) 关于亮亮，我们知道什么？（ B ）

  A. 学习很认真   B. 比哥哥聪明   C. 每次考试都比哥哥好

(3) 妈妈为什么生气？（ B ）

  A. 亮亮这次没考好   B. 亮亮很调皮   C. 亮亮拿了一只虫子

(4) 亮亮觉得外婆的头发为什么全白了？（ C ）

  A. 外婆老了   B. 外婆生病了   C. 妈妈不听外婆的话

2. 听后回答问题

  朋友结婚，送什么礼物比较合适呢？现在越来越多的年轻人喜欢送红包，送红包不但方便，而且实用。因为你不用花时间去想什么礼物是朋友需要的，或者担心买的礼物朋友不喜欢。给朋友红包，让他们买自己喜欢的东西，不是很好吗？那么红包里包多少钱合适呢？地方不一样，关系不一样，送的红包也就不一样。一般来说，中国人比较喜欢双数，所以人们常送200元、600元、800元等数目的红包。

(1) 现在在中国，朋友结婚的时候，一般送什么礼物？

(2) 为什么人们喜欢送这种礼物？

(3) 中国人送红包的时候常常送多少钱？

语音语调练习

（一）选择你听到的词语

1. (B) A. tǔdì　　　B. túdì
2. (A) A. róngyì　　B. róngyī
3. (A) A. lāche　　 B. lā chē
4. (B) A. zǔzhī　　 B. zǔzhǐ
5. (B) A. tíxiě　　 B. tíxié
6. (B) A. qiánxiàn　B. qiān xiàn
7. (B) A. qīnglǐ　　B. qínglǐ
8. (A) A. zhuāngjia　B. zhuāngjiǎ
9. (A) A. shīrén　　B. shìrén
10. (B) A. chénshì　B. chènshì

（二）选择你听到的句子

1. (A) A. Zhège chéngshì de guīhuà fēicháng hǎo.　B. Zhège chéngshì de guīhuār fēicháng hǎo.
2. (A) A. Gāng zuòwán shǒushù bù néng lǎo dòng.　B. Gāng zuòwán shǒushù bù néng láodòng.
3. (B) A. Wǒmen fángjiān zài yào yí ge bèizi.　B. Wǒmen fángjiān zài yào yí ge bēizi.
4. (A) A. Yào xiàn huār de háizi zhànzài zhèli.　B. Yào xiānhuār de háizi zhànzài zhèli.
5. (B) A. Tā de gōngzuò jiù shì tiáojié jiūfēn.　B. Tā de gōngzuò jiù shì tiáojiě jiūfēn.
6. (A) A. Zhè shì yī bān de jiàoshì.　B. Zhè shì yī bān de jiàoshī.
7. (B) A. Shí nián hòu tāmen yòu chōngfēng le.　B. Shí nián hòu tāmen yòu chóngféng le.
8. (A) A. Tā hěn xǐhuan lǚxíng.　B. Tā hěn xǐhuan Lǚ Tíng.
9. (A) A. Chē bǎ wǒ zhuàngdǎo le.　B. Chēbǎ wǒ zhuàngdǎo le.
10. (A) A. Tā shēngrèn zǒngjīnglǐ zhíwèi.　B. Tā shèngrèn zǒngjīnglǐ zhíwèi.

（三）听后标出画线词语的声调

1. Tā wèi wǒmen shùlìle liánghǎo de bǎngyàng.

2. Zhè zhǐshì yí ge kǒuwù.

3. Lālìsài de lùxiàn yǐjīng quèdìng.

4. Wàitào shang de yì kē kòuzi diào le.

5. Jīntiān shì Guójì Hùshì Jié.

6. Tā de fāyán jiǎnjié míngliǎo.

7. Zhāng Míng hé Zhāng Liàng shì yí duì shuāngbāotāi.

8. Wǒ rěnbuzhù xiào le.

9. Zhège jiànshēnfáng shì xīn kāizhāng de.

10. Chénggōng de kěnéng wēihūqíwēi.

（四）听后画出句重音

1. 这个月的客人比上个月多了<u>两倍</u>。

2. 加拿大是面积第<u>二</u>大的国家。

3. 她<u>从来</u>不吃肉。

4. 她的想法跟别人<u>不一样</u>。

5. 不知道<u>就是</u>不知道。

第二十八课　我的空调坏了

听力理解练习

（一）听下面的句子并选择正确答案

1. 快到冬天了，该穿厚衣服了。
   问：现在大概是几月？（ C ）
   A. 1月　　　　　　　B. 5月　　　　　　　C. 11月

2. 博物馆站马上就要到了，要下车的乘客请做好准备。
   问：说话人可能在哪儿？（ B ）
   A. 博物馆里　　　　　B. 公共汽车上　　　　C. 火车上

3. 今天6月12号了，还有半个月就要考试了，你准备得怎么样了？
   问：他们大概什么时候考试？（ C ）
   A. 5月27号　　　　　B. 6月12号　　　　　C. 6月27号

4. 我们家里没有暖气，冬天的时候，房间里跟外面一样冷。
   问：冬天的时候，他们家里的温度怎么样？（ C ）
   A. 比外面暖和　　　　B. 比外面冷　　　　　C. 跟外面一样冷

5. 那个女孩儿眼睛大大的，头发长长的，安安静静，不太爱说话，我很喜欢。
   问：关于那个女孩儿，下面哪个说法是错的？（ B ）
   A. 眼睛很大　　　　　B. 很爱说话　　　　　C. 很安静

6. 这孩子长得太快了，已经跟妈妈一样高了。
   问：关于这个孩子，下面哪个说法正确？（ B ）
   A. 比妈妈高　　　　　B. 跟妈妈一样高　　　C. 没有妈妈高

7. 我给他拿了三本杂志，不一会儿他就都看完了。
   问：他看这些杂志可能用了多长时间？（ A ）
   A. 半个多小时　　　　B. 大半天　　　　　　C. 一整天

8. 为了工作方便，我又买了一台电脑放在家里。（ B ）
   问：她为什么又买了一台电脑？
   A. 上网　　　　　　　B. 为了工作　　　　　C. 玩儿游戏

9. 别看李真才上二年级，可她的文章写得比很多三年级的同学还好。上个月她写的一篇文章还上了报纸呢。

   问：关于李真，下面哪个说法正确？（ C ）

   A. 在上三年级　　　　B. 是一个记者　　　　C. 文章写得很好

10. 我去年开始每天出去跟朋友学跳舞，跳了半年多以后，腰不酸了，腿不疼了，走路也有劲儿了。以前我常常这儿疼那儿疼，现在都好了。

    问：从这句话中，我们可以知道什么？（ B ）

    A. 以前她身体很好　　B. 她每天锻炼身体　　C. 现在她身体不舒服

（二）听下面的对话并选择正确答案

1. 女：你妻子呢？可以让你妻子帮你啊！

   男：她呀，比我还忙！

   问：关于对话，下面哪个说法正确？（ C ）

   A. 男的不忙，他爱人很忙

   B. 男的很忙，他爱人不忙

   C. 男的很忙，他爱人更忙

2. 男：妈妈，我头疼，不想去学校了。

   女：是吗？那我带你去医院看看。

   问：男孩儿为什么不想去学校？（ B ）

   A. 他不喜欢上学　　　B. 他不舒服　　　　C. 妈妈不让他去上学

3. 男：小姐，对不起，这儿不能用手机支付，必须用现金。

   女：那我找找看现金够不够。

   问：关于对话，下面哪个说法正确？（ C ）

   A. 这里只能用手机支付　B. 女的没带钱　　　C. 这里只能用现金支付

4. 女：为什么这张票不能用了？我朋友上个星期才给我的。

   男：您看这上面写了，8月20号以前使用。

   问：关于对话，下面哪个说法正确？（ B ）

   A. 票是假的　　　　　B. 票过期了　　　　C. 今天是8月19号

5. 男：小文9月就要上小学了。

   女：是吗？上次我看到她的时候，她才3岁，这么快3年就过去了。

问：关于对话，下面哪个说法正确？（ C ）

　　A. 小文上小学了　　　B. 小文今年 3 岁　　　C. 小文今年 6 岁

6. 男：糟糕，我忘了带汉语书了！

　　女：真是的。还有 10 分钟，你快点儿回去拿吧。

　　问：女的是什么语气？（ B ）

　　A. 高兴　　　　　　　B. 生气　　　　　　　C. 难过

7. 男：听说您在这儿工作都快 30 年了。

　　女：我 24 岁大学毕业以后就来这儿工作，到今年 9 月就 35 年了。

　　问：女的今年多大年纪？（ C ）

　　A. 24 岁　　　　　　B. 54 岁　　　　　　C. 59 岁

8. 男：苹果便宜了！10 块钱 3 斤啊！

　　女：你昨天不是才卖 3 块钱 1 斤吗？

　　问：男的卖的苹果怎么样？（ B ）

　　A. 比昨天便宜　　　　B. 比昨天贵　　　　　C. 价格和昨天一样

9. 女：怎么这么多人在这儿排队？

　　男：听说这家新开的超市东西全都打五折，只有今天一天。

　　女：原来是这样啊，那我们也排一下队吧。

　　男：没时间了，电影快要开始了，看完电影再说吧。

　　问：关于对话，下面哪个说法正确？（ C ）

　　A. 他们正在看电影　　B. 女的正在排队　　　C. 电影马上开始了

10. 男：你好，请帮我找一下张文。

　　女：她不在这儿工作了，已经走了半年多了。

　　男：这样啊，您有她的电话吗？方便给我一下吗？

　　女：好的，您记一下。

　　问：张文为什么不在？（ A ）

　　A. 她换工作了　　　　B. 她出差了　　　　　C. 她下班了

（三）听后做练习

1. 听后判断正误

　　女：快起床，上班要迟到了！

男：不会迟到的，从今天开始我就不去上班了。

女：啊？怎么回事儿？你们老板不让你干了？

男：不是，我自己不想干了，我觉得在那个公司干没意思，我想自己开公司。

女：你这孩子，这么大的事儿也不跟爸爸妈妈商量商量。

男：我已经想了很长时间了，您就让我自己决定吧。

(1) 男的上班迟到了。　　　　　　　　　　　　　　　　　　　　(×)

(2) 男的不想在那个公司工作了。　　　　　　　　　　　　　　　(√)

(3) 男的想找另一家公司工作。　　　　　　　　　　　　　　　　(×)

(4) 女的是男的的妈妈。　　　　　　　　　　　　　　　　　　　(√)

2. 听后选择正确答案

女：张老先生，非常欢迎您回到杭州。请问您多大的时候离开杭州的？

男：我15岁的时候就跟父亲母亲离开杭州了，到现在差不多50年了。

女：这是您50年来第一次回杭州吗？

男：是的，这次回来，我发现杭州的变化太大了，我都不认识了。

女：在您的眼里，今天的杭州跟50年前比有什么不一样呢？

男：城市比以前大多了，也漂亮了。城市里有了很多高楼，人们的生活也比以前好多了。

女：那您觉得有什么是在这50年里没有变化的？

男：西湖还和以前一样漂亮，饭菜还是那么好吃。

(1) 张老先生大概多大年纪？（ B ）

　　A. 50多岁　　　　　　B. 60多岁　　　　　　C. 70多岁

(2) 下面哪个不是杭州的变化？（ B ）

　　A. 城市比以前大多了　　B. 西湖比以前漂亮了

　　C. 人们的生活比以前好了

(3) 女的最可能是做什么工作的？（ A ）

　　A. 记者　　　　　　　B. 律师　　　　　　　C. 医生

语音语调练习

（一）选择你听到的词语

1. (B) A. zhēnzi   B. jūnzǐ
2. (B) A. zhǎnqī   B. zhǎnqū
3. (A) A. quántou   B. chuántóu
4. (A) A. shǒuxiān B. shǒuxuǎn
5. (A) A. qiánmiàn B. chánmián
6. (A) A. qióngjiāng B. zhòng jiǎng
7. (B) A. Chángshú B. cángshū
8. (B) A. shīrén   B. sīrén
9. (A) A. zhuō yǐ   B. zuò yǐ
10. (B) A. shūkù   B. sù kǔ

（二）选择你听到的句子

1. (A) A. Wǒmen bù néng chóngdǎo yǐwǎng de fùzhé.
         B. Wǒmen bù néng chóngdǎo Lǐ Huáng de fùzhé.
2. (A) A. Wǒ yào mǎi yì tái zhēnzhèng de shèxiàngjī.
         B. Wǒ yào mǎi yì tái jīngzhì de shèxiàngjī.
3. (B) A. Zhòngdà jiàrì gōngsī cái fàng jià.   B. Zhòngdà jiérì gōngsī cái fàng jià.
4. (B) A. Tā de yīfu shì rǎnsè de.   B. Tā de yīfu shì lánsè de.
5. (A) A. Tā réngrán jùjuéle wǒ.   B. Tā lǐnrán jùjuéle wǒ.
6. (B) A. Qiánbāo li yǒu yì zhāng zhīpiào.   B. Qiánbāo li yǒu yì zhāng jīpiào.
7. (A) A. Tā xiàng wǒ biǎodále tā de qiànyì.   B. Tā xiàng wǒ biǎodále tā de jiànyì.
8. (B) A. Fùqin yǒu yì jiā shāngdiàn.   B. Fùjìn yǒu yì jiā shāngdiàn.
9. (A) A. Qǐng bú yào zhāi huār.   B. Qǐng bú yào zāi huār.
10. (A) A. Zhèr de zīyuán fēicháng fēngfù.   B. Zhèr de néngyuán fēicháng fēngfù.

（三）听后标出画线词语的声调

1. Hēibǎn shang chūle yí ge xīn tōngzhī.
2. Qǐng bāng wǒ kāi yí fèn zhuǎn xué zhèngmíng.
3. Nǐ zěnme sāngēng-bànyè hái bú shuì jiào?
4. Jīntiān xiàwǔ yǒu shūfǎkè.
5. Hánjià wǒ qù Xīzàng lǚxíng le.
6. Qǐng dào dàshǐguǎn shēnqǐng qiānzhèng.

7. Zhège shāngchǎng de shòuhuòyuán fúwù tàidù hěn hǎo.

8. Huí jiā yǐhòu xiān pào jiǎo zài pào zǎo.

9. Xiōngkē yīyuàn lí zhèr bù yuǎn.

10. Zhè zhǒng yào kěyǐ qǐsǐ-huíshēng.

（四）听后画出句重音

1. 春天<u>就要</u>到了。
2. 我的汉语比以前说得好<u>多</u>了。
3. <u>我不</u>想去看电影了。
4. 杭州还是和以前<u>一样</u>漂亮。
5. 你<u>为什么</u>不跟我们商量商量？

第二十九课　太阳一出来雪就化了

一　听力理解练习

（一）听下面的句子并选择正确答案

1. 我先去了北京，又到了西安，最后从那儿坐高铁回南京来了。

    问：说话人现在在哪儿？（ B ）

    A. 西安　　　　　　B. 南京　　　　　　C. 北京

2. 波伟，下雪了，你快点儿下来看看。

    问：波伟现在在哪儿？（ C ）

    A. 外面　　　　　　B. 楼下　　　　　　C. 楼上

3. 听说留学生足球队在这次比赛中得了冠军，真了不起！

    问：留学生足球队得了第几名？（ A ）

    A. 第一名　　　　　B. 第二名　　　　　C. 第三名

4. 安德，你不是生病了吗？怎么又过来上课了呢？

    问：安德现在在哪儿？（ B ）

    A. 医院　　　　　　B. 教室　　　　　　C. 宿舍

5. 我原来打算坐15号的飞机回北京，然后再去上海，但西安这边的事情还没有处理完，只好晚一天回去了。

    问：说话人现在在哪儿？（ C ）

    A. 北京　　　　　　B. 上海　　　　　　C. 西安

6. 今天是星期五，下午不上课，波伟要去上海旅行，他买了中午的票，他说后天上午回来。

    问：波伟什么时候回来？（ C ）

    A. 星期五下午　　　B. 星期六中午　　　C. 星期天上午

7. 我们快点儿出去吧，这里买东西的人太多了。

    问：他们最可能在哪儿？（ B ）

    A. 车站外　　　　　B. 商店里　　　　　C. 银行里

8. 这是你妈妈寄来的毛衣吗？好漂亮啊！

问：说话人觉得那件毛衣怎么样？（ C ）

A. 不漂亮　　　　　　B. 还可以　　　　　　C. 很漂亮

9. 丁荣从图书馆出来，上了楼，打开门一看，同屋还没回来。

问：丁荣现在在哪儿？（ C ）

A. 楼下　　　　　　　B. 图书馆　　　　　　C. 宿舍

10. 今天真热，但还有这么多人在骑车，骑车太难受了，还是像我们这样坐车舒服。哦，到站了，咱们下去吧。

问：说话人最可能在哪儿？（ A ）

A. 公共汽车上　　　　B. 飞机上　　　　　　C. 高铁上

（二）听下面的对话并选择正确答案

1. 男：你没去杭州吧？

   女：不，我昨天刚回来。

   问：女的去没去杭州？（ C ）

   A. 没去　　　　　　　B. 明天去　　　　　　C. 去了

2. 男：波伟呢？刚才不是还在房间里吗？

   女：有人找他，他下楼去了。

   问：波伟现在最可能在哪儿？（ C ）

   A. 房间里　　　　　　B. 楼上　　　　　　　C. 楼下

3. 男：你怎么不等等我？我刚才在候车室找你呢。

   女：我从洗手间出来没看着你，给你打电话你也没接，火车快开了，我就先上来了。

   问：这段对话发生在哪儿？（ A ）

   A. 火车上　　　　　　B. 洗手间　　　　　　C. 候车室

4. 男：你回来了？

   女：昨天晚上刚回来，今天一早就来上班了，真累啊！

   问：这两个人最可能是什么关系？（ A ）

   A. 同事　　　　　　　B. 同学　　　　　　　C. 夫妻

5. 男：我现在一吃酸的东西牙就疼，买什么牙膏比较好？

   女：这种中药牙膏效果不错，你用用看。

   问：男的怎么了？（ C ）

   A. 牙一直疼　　　　　B. 喜欢吃酸的　　　　C. 吃酸东西的时候牙疼

6. 男：真讨厌，又下雪了。

   女：下雪多好啊，外面干干净净的，空气又新鲜。

   男：但是天气太冷了。

   女：冷点儿没关系。

   问：女的是什么意思？（ C ）

   A. 下了很多雪　　　　B. 下雪好玩儿　　　　C. 下雪空气好

7. 男：下雪的时候你会做什么？

   女：当然是和朋友一起去拍雪景。你呢？

   男：我喜欢去滑雪。

   女：那也很有意思。

   问：这段对话没说到什么？（ C ）

   A. 滑雪　　　　　　B. 拍照片　　　　　　C. 堆雪人

8. 男：真困啊，好想睡觉呀，可是还有那么多作业没做完。

   女：我告诉你一个好办法。

   男：你快说吧。

   女：你出去用冷水洗一下脸就不困了。

   问：女的让男的做什么？（ C ）

   A. 做作业　　　　　B. 睡觉　　　　　　　C. 洗脸

9. 男：那不是小李吗？我们去和他打个招呼吧。

   女：你去吧，我不去。

   男：怎么了？

   女：他那种人，我不想和他说话。

   问：女的对小李是什么态度？（ C ）

   A. 害怕　　　　　　B. 担心　　　　　　　C. 不满

10. 男：你还不睡？明天不是有记者来采访你吗？

    女：我知道，但学生的作业还没有改完呢。

    男：还有多少？

    女：还有三本，改完了就睡。

    问：女的可能是做什么的？（ A ）

    A. 老师　　　　　　B. 学生　　　　　　　C. 记者

(三) 听后做练习

1. 听后选择正确答案

男：李明爱，又到周末了，我们去爬山怎么样？

女：爬山太累了，我想在宿舍休息休息，不想出去。

男：我们现在学习很紧张，就更应该锻炼身体了。

女：那明天天气怎么样，你知道吗？

男：我听天气预报了，最近都是晴天。这样的天气应该出去走走。

女：你说得也对，可作业怎么办呢？我还要准备预习下周的课呢。

男：别着急嘛，不是还有星期天吗？

女：好，听你的。要带什么东西去吗？

男：带点儿水和面包等吃的东西，等一会儿我们一起去超市买，还有好几个同学要去呢。

(1) 李明爱为什么不想去爬山？（ C ）
　　A. 病了　　　　　B. 爬不快　　　　　C. 爬山太累

(2) 他们打算什么时候去？（ B ）
　　A. 星期五　　　　B. 星期六　　　　　C. 星期天

(3) 明天天气怎么样？（ B ）
　　A. 很热　　　　　B. 很好　　　　　　C. 不太好

(4) 李明爱的作业做了吗？（ C ）
　　A. 做完了　　　　B. 快做完了　　　　C. 还没做

(5) 他们一起去爬山的有多少人？（ A ）
　　A. 好几个　　　　B. 两个　　　　　　C. 三个

2. 听后回答问题

有一个人早上急急忙忙地穿错了鞋子，一只鞋子的底厚，一只鞋子的底薄，所以走路时一脚高，一脚低，很不舒服。他觉得很奇怪：我今天的腿为什么变得一长一短了呢？一定是因为路不平吧。这时旁边的人告诉他是因为穿错了鞋子，他就让儿子回家去拿鞋子，儿子去了很久才回来,手上却什么也没拿。儿子对爸爸说:"不用换了,家里的那双鞋和这双一样。"

(1) 这个人觉得走路不舒服是什么原因?
(2) 他是怎么知道走路不舒服的原因的?
(3) 他换鞋了吗?为什么?

语音语调练习

(一) 选择你听到的句子

1. (A) A. Nǐ shuō de tā dōu zhīdao le.   B. Nǐ shuō de tā dōu zhǐdǎo le.
2. (A) A. Xiǎo Wáng de jìhuà wǒ bù xiǎng tīng.
           B. Xiǎo Wáng de qìhuà wǒ bù xiǎng tīng.
3. (B) A. Tīngshuō nà tiáo qiāng hěn cháng.   B. Tīngshuō nà tiáo jiāng hěn cháng.
4. (A) A. Tā shì èrniánjí sānbān de nǚshēng.   B. Tā shì èrniánjí sānbān de nǚshén.
5. (A) A. Gēge gàosu wǒ míngtiān yǒu yí ge jíhuì.
           B. Gēge gàosu wǒ míngtiān yǒu yí ge jīhuì.
6. (B) A. Zhè shì fùmǔ duì wǒ de xīwàng.   B. Zhè shì fùmǔ duì wǒ de qīwàng.
7. (B) A. Wǒ bù xǐhuan shuāng mén.   B. Wǒ bù xǐhuan shuān mén.
8. (A) A. Tā gōngzuò shí hěn qínfèn.   B. Tā gōngzuò shí hěn xīngfèn.
9. (A) A. Wǒmen zhōngyú zhǎodàole jìnkǒu.   B. Wǒmen zhōngyú zhǎodàole jǐngkǒu.
10. (B) A. Zhè jiàn yīfu wǒ zhǔnbèi zì fù xiànjīn.
           B. Zhè jiàn yīfu wǒ zhǔnbèi zhīfù xiànjīn.

(二) 听后填空

1. Tā de jiājiào dédàole jiājiǎng.
2. Zài zhè qījiān wǒmen xuéxiào yòu xīn jiànle yí zuò lóu.
3. Wǒ yòng shuǐcǎibǐ huàle jǐ ge shuǐguǒ gěi tā kàn.
4. Māma zài xiǎoxué li zuòle sānshí nián jiàoxué gōngzuò.
5. Zhè zhǒng yǐnliào méiyǒu shénme yíngyǎng.

第三十课 复习（六）

一 听力理解练习

(一) 听下面的句子并选择正确答案

1. 这种窗帘儿质量挺好的，颜色也漂亮，要是再便宜一点儿就好了。
   问：说话人对窗帘儿的哪个方面不满意？（ C ）
   A. 质量　　　　　　B. 颜色　　　　　　C. 价格

2. 我不能喝酸奶，一喝酸奶就肚子疼，严重的话还要去医院。
   问：下面哪个说法正确？（ C ）
   A. 他生病了　　　　B. 他不喜欢喝酸奶　　C. 他不能喝酸奶

3. 这儿的风景真是太美了，比昆明还美！
   问：下面哪个说法正确？（ A ）
   A. 昆明很美，这儿更美　　B. 昆明不美，这儿很美　　C. 昆明很美，这儿不美

4. 别人都在看书呢，请你们说话小声点儿。
   问：他们刚才在做什么？（ B ）
   A. 看书　　　　　　B. 大声说话　　　　C. 小声唱歌

5. 你发烧了，我给你开点儿药，今天明天别去上班了，在家好好儿休息休息，多喝点儿水。
   问：说话人可能是做什么工作的？（ C ）
   A. 经理　　　　　　B. 护士　　　　　　C. 医生

6. 这个世界上没有人比妈妈更爱你。
   问：这句话是什么意思？（ B ）
   A. 有个人比妈妈还爱你　　B. 这个世界上妈妈最爱你
   C. 那个人没有妈妈那么爱你

7. 大学毕业以后，拿到第一个月的工资，他给爸爸妈妈分别买了一块手表和一件毛衣。
   问：他给爸爸买了什么？（ A ）
   A. 一块手表　　　　B. 一件毛衣　　　　C. 一块手表和一件毛衣

8. 我们做了一个调查，现在 15 岁以上吸烟的人是 3.2 亿，比 10 年前多了一倍。

   问：10 年前 15 岁以上吸烟的人是多少？（ A ）

   A. 1.6 亿　　　　　　B. 3.2 亿　　　　　　C. 6.4 亿

9. 我家对门邻居姓张，特别热心，常常帮助我。上次聊天儿的时候我提到家里空调坏了，没想到第二天他就来帮我修好了。有时候我的快递放在楼下，他也经常帮我带上来。

   问：说话人在谈论谁？（ B ）

   A. 快递员　　　　　　B. 他的邻居　　　　　C. 修空调的师傅

10. 他原来答应参加我们的晚会，可后来经理突然通知他，让他去北京出差，下周五才能回来，所以就没办法参加了。

    问：关于这次晚会，下面哪个说法正确？（ B ）

    A. 他不想参加了　　　B. 他不能参加了　　　C. 他没答应参加

（二）听下面的对话并选择正确答案

1. 男：张文，别去教室了，李老师病了，今天不来了。

   女：那好吧，我们一起回去吧。

   问：他们可能在哪儿说话？（ C ）

   A. 教室里　　　　　　B. 宿舍里　　　　　　C. 去教室的路上

2. 女：你就要做爸爸了！

   男：真的吗？太好了！

   问：女的是什么意思？（ B ）

   A. 你爸爸要来了　　　B. 你快要有孩子了　　C. 你应该去见你爸爸

3. 女：这种洗发水跟咱们家的不是一样的吗？怎么贵这么多啊？

   男：进口的就是比国产的贵一些。

   问：下面哪个说法正确？（ B ）

   A. 两种洗发水一样　　B. 他们家的洗发水是国产的

   C. 国产的洗发水没有进口的便宜

4. 男：大号的没有了，中号的行吗？

   女：那就算了吧。

   问：女的是什么意思？（ A ）

A. 她不要了　　　　　B. 她要中号的　　　　　C. 她让男的再找找

5. 男：我就点了两个菜，怎么那么贵？
   女：这里的菜是不便宜。
   问：这个对话可能发生在哪儿？（ B ）
   A. 办公室　　　　　B. 饭馆儿　　　　　C. 菜市场

6. 男：你们干得挺快的啊。
   女：是啊，原来打算7月底完成，最后比计划提前了半个月。
   问：他们什么时候做完的？（ B ）
   A. 7月1号　　　　　B. 7月15号　　　　　C. 7月30号

7. 男：哎呀，踢得真是太差了，要是我去，肯定比他们踢得好！
   女：要是你去呀，你们队肯定输！
   问：他们在谈什么比赛？（ A ）
   A. 足球比赛　　　　　B. 篮球比赛　　　　　C. 羽毛球比赛

8. 男：外面天气好得很，出来跟我们一起玩儿吧。
   女：太热了，我就不出去了。你们好好玩儿。
   问：谁在房间里？（ A ）
   A. 女的　　　　　B. 男的　　　　　C. 男的和女的

9. 男：你好，我想报名参加这次的唱歌比赛。
   女：好的，请填一下这张报名表。
   男：请问有什么要求吗？
   女：必须是我们学校的学生。别的就没有了。
   问：男的正在做什么？（ A ）
   A. 报名　　　　　B. 比赛　　　　　C. 上课

10. 男：你怎么这么早就要走？离起飞还有四五个小时呢。
    女：我怕堵车，今天是星期五，路上车肯定很多。
    男：不用，你让师傅走机场高速路，这条路车少，速度肯定快。
    女：最近这条路车也多了，我还是早点儿走比较放心。
    问：从对话中，我们可以知道什么？（ A ）
    A. 女的要去机场　　　　　B. 现在在堵车　　　　　C. 男的去送女的

（三）听句子，写下你听到的数字

1. 他出生于 2016 年 12 月 23 日。
2. 不知道为什么，今天有 1/4 的同学没来上课。
3. 今年我们国家的经济增长了 5%。
4. 40 年前，我还只是个 12 岁的孩子。
5. 截至今天早上 7 点，我们共收到了短信 127,846 条。
6. 按这样计算，每年可以节省林木 120 多万立方米。

（四）听后做练习

1. 听后选择正确答案

    男：小明现在在哪儿工作啊？

    女：没找到工作呢。

    男：怎么会呢？他在美国读了四五年书，学的是经济，应该很好找工作啊！

    女：刚去的时候学的是经济，学了两年就不学啦。

    男：为什么？

    女：他说学经济的人太多，不好找工作，就学了法律。

    男：法律也很好啊，也挺好找工作的。

    女：唉，他学了一年多又不学啦。

    男：又不学了？这次是为什么？

    女：他说，美国的法律跟中国的不一样，学了也没用，又学医学啦。

    男：医学？当医生好啊，工作又好，工资又高。

    女：只学了不到一年也不学了。说学医学太累，太难。

    男：这孩子，他有没有想清楚自己想干什么啊？

    女：就是没想好啊，所以，回家来慢慢想了。

    （1）小明在美国学习了多长时间？（ C ）

       A. 两个月　　　　　B. 两年　　　　　C. 四五年

(2) 小明为什么不学经济了？（ B ）

　　A. 他喜欢学法律　　　B. 不好找工作　　　　　C. 太累太难

(3) 小明为什么不学法律了？（ B ）

　　A. 不好找工作　　　B. 美国的法律和中国的不一样　　C. 太累太难

2. 听后判断正误

　　一天，我去火车站送朋友，看到一个大男孩儿坐在那里，看样子非常难过。他前面有张纸，上面写了两行字：我是一名大学生，钱包和手机都丢了，希望好心人能借我一点儿钱，让我可以买票回家，我一定双倍还给您。

　　我走到他的前边，看了看他，他也看了看我，问我说："您好！您能帮助我吗？"

　　朋友小声对我说："现在骗子太多了，这个人百分之九十九是骗子。"我想了想，又看了看那个男孩儿，他的眼睛又大又干净。我对朋友说："如果他是那百分之一呢？我相信他不是骗子。"我从钱包里拿出了300块钱。那个男孩儿接过钱，激动地对我说："谢谢您，女士，您给我留个地址和手机号码，我一定双倍还给您。""不用了，你快去买火车票吧。"我笑了笑说。"不，一定要！"

　　一个星期以后，我收到了一笔600块钱的汇款。

(1) 女的去火车站接朋友。　　　　　　　　　　　　　（ × ）

(2) 那个男孩儿来这里找工作。　　　　　　　　　　　（ × ）

(3) 男孩儿想借钱买火车票。　　　　　　　　　　　　（ ✓ ）

(4) 朋友觉得那个男孩儿很可能是个骗子。　　　　　　（ ✓ ）

(5) 女的借给了那个男孩儿400块钱。　　　　　　　　（ × ）

(6) 那个男孩儿还了女的两倍的钱。　　　　　　　　　（ ✓ ）

二 语音语调练习

（一）选择你听到的词语

1.（ B ） A. jīnzi　　　B. qīnzì　　　　2.（ A ） A. bāngzhù　　　B. bàngzhǔ

3. (A) A. cāochǎng　　B. cǎochǎng　　　4. (B) A. zhuīdǎ　　B. chuīdǎ

5. (B) A. dōngtiān　　B. tōng tiān　　　6. (A) A. kāiguó　　B. kāi guó

7. (B) A. chéngshì　　B. zhèngshì　　　8. (B) A. bīngbàng　　B. pīngpāng

9. (B) A. dàxiàn　　B. tāxiàn　　　10. (B) A. píngbǎo　　B. bīngbáo

（二）听句子，用拼音写出你听到的人名

1. 去年<u>李真</u>去了上海。
2. 妈妈在客厅接待了<u>张楠</u>和<u>林天</u>。
3. <u>小丰</u>的哥哥来我们公司工作了。
4. 这次考试只有<u>刘晓天</u>一个人得了 100 分。
5. 这个图书馆是<u>沈文龙</u>先生出钱修建的。
6. 今年 32 岁的<u>安小东</u>是一名普普通通的工人。
7. <u>安静</u>不在家，去上课了。
8. 这是张经理的爱人<u>夏天</u>。

（三）听句子，用拼音写出句子中的地名

1. 她是我去<u>哈尔滨</u>出差的时候认识的朋友。
2. <u>广东</u>的气候跟<u>北京</u>的完全不一样。
3. 这列火车从<u>杭州</u>出发，直接开到<u>武汉</u>，中间不停。
4. 这家公司在<u>上海</u>、<u>天津</u>和<u>西安</u>有三个分公司。
5. 她出生在<u>浙江省绍兴市</u>。
6. 我们公司的地址是<u>中山路</u> 222 号。
7. 这个周末我们打算去<u>黄山</u>玩儿。
8. 他在<u>西藏</u>生活了 20 年。
9. 我打算这个寒假去<u>马来西亚</u>转一转。
10. 昨天上午<u>英国伦敦</u>发生了一起重大的交通事故。

第三十一课 我们班表演什么呢

一 听力理解练习

(一) 听下面的句子并选择正确答案

1. 去年我们去了北京和上海，今年打算去黄山。
   问：去年他们去了几个地方？（ B ）
   A. 一个　　　　　B. 两个　　　　　C. 三个

2. 我从来没有像今天这么高兴过。
   问：说话人是什么意思？（ C ）
   A. 他以前总是不高兴　　B. 他没有高兴过　　C. 今天是他最高兴的一天

3. 他到现在还没有回来，谁也不知道他去哪儿了。
   问：从这句话中，我们可以知道什么？（ C ）
   A. 他刚出去　　B. 他已经回来了　　C. 大家都不知道他去哪儿了

4. 今天课间休息时，我帮老师擦黑板，老师表扬我了。
   问：说话人感到怎么样？（ B ）
   A. 很难过　　　　B. 很高兴　　　　C. 很生气

5. 今天王明吃过晚饭看了一会儿电视后就一直在做作业。
   问：王明现在在做什么？（ B ）
   A. 看电视　　　　B. 做作业　　　　C. 吃饭

6. 这部电影很有意思，我以前看过两遍，丁荣，你也去看一次吧。
   问：丁荣看过这部电影没有？（ A ）
   A. 没看过　　　　B. 看过一遍　　　　C. 看过两遍

7. 你买票了没有？没有票不能进去。
   问：说话人可能在哪儿工作？（ C ）
   A. 饭馆儿　　　　B. 商店　　　　C. 电影院

8. 中国的东西很便宜，来中国后，我买过衣服、运动鞋、手表等很多东西。
   问：下面哪种东西说话人没有提到？（ C ）
   A. 运动鞋　　　　B. 手表　　　　C. 照相机

9. 我来中国快半年了，只去过上海，别的地方都没去过。

    问：下面哪句话正确？（ B ）

    A. 他来中国半年多了　　B. 他去过上海　　C. 他哪儿都没去过

10. 上周我给王明写了一封电子邮件，但到现在他也没给我回邮件。

    问：下面哪句话不正确？（ C ）

    A. 他给王明写邮件了　　B. 上个星期他给王明写的邮件

    C. 王明给他回邮件了

（二）听下面的对话并选择正确答案

1. 男：你觉得杭州怎么样？

    女：小时候去过，去年和朋友一起去的时候，感觉美极了，以后一定要再去一次。

    问：女的最少去过几次杭州？（ B ）

    A. 一次　　　　　　B. 两次　　　　　　C. 三次

2. 女：你最近都做些什么运动？

    男：来中国前我经常踢足球、打篮球、跑步，现在每天都打乒乓球。

    问：男的现在经常做什么运动？（ A ）

    A. 打乒乓球　　　　B. 打篮球　　　　　C. 踢足球

3. 男：看，这个节目多有意思，电视台出钱帮你布置房间。

    女：是吗？有这种好事吗？

    问：女的是什么语气？（ C ）

    A. 羡慕　　　　　　B. 满意　　　　　　C. 不相信

4. 男：还要往前走吗？我的脚都走疼了。

    女：运动鞋还没买到呢，再去一家看看吧。

    问：他们在做什么？（ A ）

    A. 逛街　　　　　　B. 运动　　　　　　C. 看病

5. 女：我要找一个身高一米八，有钱、有房、有车，长得像电影演员，对我又好的人。

    男：这样的人啊，哪儿也没有。

    问：他们在谈什么？（ A ）

    A. 找对象　　　　　B. 电影演员　　　　C. 买房子

6. 男：李明爱，你爱吃辣的东西吧？
   女：是的，特别喜欢。
   男：那你吃过四川菜吗？
   女：我听说很辣，今天就点一个尝尝吧。
   问：李明爱吃过四川菜吗？（ A ）
   A. 没吃过，想尝尝　　　B. 吃过，觉得很辣　　　C. 吃过，还想再吃

7. 男：我上班快迟到了，可手表找不到了。
   女：你想想放哪儿了？
   男：我也不知道放哪儿了，你快帮我找找吧。
   女：别的地方我都找过了，一定在你的包里。
   问：关于这个对话，下面哪句话不正确？（ A ）
   A. 手表一定不在包里　　　B. 快到上班时间了　　　C. 女的在帮男的找手表

8. 男：山本，你是第一次来北京吗？
   女：不是，我2018年在北京学过一个月的汉语。
   男：那这次是第二次来了？
   女：我第二年又来过一次，所以这次已经是第三次了。
   问：山本第二次来北京是哪一年？（ B ）
   A. 2018年　　　　　　B. 2019年　　　　　　C. 2020年

9. 男：你一个人进去看吧。
   女：为什么？不是说好了吗？
   男：我和你不一样，只学过一点儿英语，你说我能看懂吗？
   女：别担心，有字幕呢。
   问：他们现在最可能在哪儿？（ A ）
   A. 电影院门口　　　　　B. 书店门口　　　　　　C. 学校门口

10. 男：外面还在下雨。
    女：今天这雨已经下了一天了。
    男：是啊，一直没停过。
    女：唉，杭州还从来没有下过这么大的雨呢。

问：关于这个对话，下面哪句话正确？（ B ）

A. 杭州经常下大雨　　　B. 今天一直在下雨　　　C. 今天的雨不太大

（三）听后做练习

1. 听后选择正确答案

男：喂，是丁荣吗？我是王明。

女：王明呀，你好！有什么事儿吗？

男：你和波伟这个星期三下午有时间吗？我想请你们去看电影。

女：星期三下午要上课，但四点半以后有空儿。什么电影？

男：当然是中国电影了，你们还没看过吧？这是个新片子，听说很有意思。

女：太好了，老师说要提高汉语水平，平时也应该看看中国的电影和电视。我们一直想什么时候去看看呢。可是又让你请客，挺不好意思的。

男：没关系。我们去的那个电影院周二、周三电影票都是半价。那我们就看五点以后的，我先买票，然后再告诉你们。

女：那我们就不客气了。

(1) 王明打算请几个人去看电影？（ B ）

　　A. 一个　　　　　B. 两个　　　　　C. 三个

(2) 他们打算看几点的电影？（ C ）

　　A. 四点的　　　　B. 四点半的　　　C. 五点以后的

(3) 这是一部什么样的电影？（ A ）

　　A. 新电影　　　　B. 老电影　　　　C. 爱情电影

(4) 票价80元的电影，星期三看要多少钱？（ C ）

　　A. 50元　　　　　B. 30元　　　　　C. 40元

2. 听后判断正误

有一个男孩儿第一次和女孩儿约会，他很紧张，不知道到时候应该说些什么，就问他的爸爸。爸爸说："我的儿子，和女孩子约会时可以聊聊食物、家庭什么的。"到了约会的那一天，男孩儿和女孩儿在咖啡馆见面了，他们每人点了一杯咖啡，很长时间两人谁也没有说话。男孩儿觉得越来越紧张，这时，他想起了爸爸的话，就问女孩儿："你喜欢吃面条儿吗？""不。"女孩儿回答。几分钟后，男孩儿开始问第二个问题："你有哥哥吗？"女孩儿回答："没有。"两人又没有话说了。最后，男孩儿想了想，问女孩儿："要是你有哥哥的话，你觉得他会喜欢吃面条儿吗？"

(1) 这个男孩儿以前没有和女孩子约会过。　　　　　　　　　(✓)
(2) 他爸爸说和女孩儿约会时什么都可以说。　　　　　　　　(×)
(3) 这个男孩儿和女孩儿在饭馆儿见了面。　　　　　　　　　(×)
(4) 约会那天男孩儿很紧张。　　　　　　　　　　　　　　　(✓)
(5) 这次约会两人说了很多话。　　　　　　　　　　　　　　(×)

二 语音语调练习

（一）选择你听到的句子

1. (A)　A. Tā bǎ nàxiē píngzi bǎile yì quānr.　　B. Tā bǎ nàxiē píngzi páile yì quānr.
2. (A)　A. Zhège shì yònglái cái yīfu de.　　B. Zhège shì yònglái zài yīfu de.
3. (B)　A. Yǒuxiē shìr yǒngyuǎn bàituō bùliǎo.　　B. Yǒuxiē shìr yǒngyuǎn bǎituō bùliǎo.
4. (A)　A. Zài tiào wǔ fāngmiàn wǒ hěn bèn.　　B. Zài tiào wǔ fāngmiàn wǒ hěn bàng.
5. (A)　A. Tāmen cóng wàimiàn tái jinlai yí ge rén.
　　　　　B. Tāmen cóng wàimiàn dài jinlai yí ge rén.
6. (B)　A. Wǒ bú tài xǐhuan zhège nánmù.　　B. Wǒ bú tài xǐhuan zhège lánmù.
7. (A)　A. Zhuōzi shang fàngzhe yí kuài bǐng.　　B. Zhuōzi shang fàngzhe yí kuài bīng.
8. (A)　A. Zhèli de qìhòu tài zāo le.　　B. Zhèli de qìhòu tài cháo le.
9. (A)　A. Měi ge rén de shēnfen dōu bù yíyàng.
　　　　　B. Měi ge rén de shěngfèn dōu bù yíyàng.

10. （ B ） A. Wénzhāng zhōng de nà jù huà nǐ cāi chulai le ma?

　　　　　　B. Wénzhāng zhōng de nà jù huà nǐ zhāi chulai le ma?

🎧 （二）听后填空

1. Dàjiā dōu zài <u>jiājǐn</u> xùnliàn, nǐ yě yào <u>jiājǐn</u>.
2. Tā méi děng wǒ <u>kāi kǒu</u> jiù mǎshang <u>gǎi kǒu</u> le.
3. Wǒ dǎsuan <u>xiūxi</u> shí qù <u>xiūlǐ</u> wǒ de zìxíngchē.
4. Tā zài <u>lǚxíng</u> shí rènshile yí wèi <u>nǚxìng</u> péngyou.

第三十二课 我的笔记叫波伟借走了

一 听力理解练习

（一）听下面的句子并选择正确答案

1. 那本书小李昨天刚还给我，又被小王借走了，你等两天再看吧。

   问：那本书是谁的？（ A ）

   A. 说话人的　　　　B. 小王的　　　　C. 小李的

2. 我的自行车叫小王骑走了。

   问：这句话是什么意思？（ C ）

   A. 小王让他骑自行车　　B. 他的自行车丢了

   C. 小王骑走了他的自行车

3. 我看见文文因为拿了别人的东西，被他哥哥打哭了。

   问：谁哭了？（ B ）

   A. 说话人　　　　B. 文文　　　　C. 哥哥

4. 对不起，我刚才去超市买东西了，现在头有点儿疼，不想出去了。

   问：说话人是什么意思？（ C ）

   A. 头不疼了　　　　B. 想去超市　　　　C. 不想出去

5. 那个饭馆儿什么时候去人都是满的。

   问：说话人是什么意思？（ C ）

   A. 问什么时候去那个饭馆儿

   B. 问那个饭馆儿哪天人多

   C. 那个饭馆儿每天都有很多人

6. 我们原来说好今天先去爬山，然后去唱歌的，可是突然下雨了，我们只好在宿舍上网了。

   问：他们现在在做什么？（ B ）

   A. 唱歌　　　　B. 上网　　　　C. 爬山

7. 小明，你睡得太多了，快点儿起来。你越不锻炼，身体越差。

   问：下面哪句话是错的？（ B ）

A. 小明不喜欢锻炼身体　　B. 小明已经起床了　　C. 小明还在睡觉

8. 南京的名胜古迹他都玩儿遍了。

   问：从这句话中，我们可以知道什么？（ C ）

   A. 他想去南京　　B. 他没去过南京　　C. 南京的名胜古迹他都去过

9. 雨越下越大，这把伞太小了，我们到楼梯那儿等一会儿再走吧。

   问：从这句话中，我们可以知道什么？（ C ）

   A. 他们在等人　　B. 他们没带伞　　C. 现在雨下得很大

10. 啊？王明，这么一会儿一大碗饺子你都吃光了？

    问：下面哪句话是错的？（ C ）

    A. 王明吃得很快　　B. 说话人很吃惊　　C. 碗里还有饺子

（二）听下面的对话并选择正确答案

1. 女：我没带照相机，你的照相机呢？

   男：让我同屋摔坏了，送去修了。

   问：从对话中，我们可以知道什么？（ C ）

   A. 女的没有照相机　　B. 男的会修照相机　　C. 照相机坏了

2. 女：那么漂亮的一把伞被别人拿走了，真倒霉！

   男：别难过了，旧的不去，新的不来嘛。

   问：男的是什么意思？（ A ）

   A. 让女的别难过　　B. 那把伞太旧了　　C. 用旧伞换新伞

3. 女：你从美国回来了？现在英语没问题了吧？

   男：刚去时，什么都听不懂，现在好多了，就是还不太标准。

   问：男的现在英语怎么样？（ B ）

   A. 有很多问题　　B. 比以前好　　C. 发音很标准

4. 女：这本书这儿破了一点儿，你给我换一本吧。

   男：这是最后一本，你要是想要的话，就打个八折，56块钱怎么样？

   问：这本书原价多少钱？（ B ）

   A. 60 块　　B. 70 块　　B. 80 块

5. 女：你看你，身上都没有一块儿干的地方了，快进来换衣服吧。

男：哎，我以后不听天气预报了！

问：下面哪句话是对的？（ C ）

A. 天气预报很准　　　　B. 男的衣服有点儿脏　　C. 男的被雨淋湿了

6. 女：太感谢您了，要是护照丢了就麻烦了。

男：是啊，以后打车时注意点儿，不要再忘东西了。

女：您的车号是多少？我要好好儿谢谢您！

男：别客气，这是我应该做的。

问：男的可能是做什么工作的？（ C ）

A. 服务员　　　　　　　B. 警察　　　　　　　　C. 司机

7. 女：你今天几点下班？

男：五点半吧，有什么事儿吗？

女：听说小王被车撞了，下班后我们去医院看看他吧。

男：什么？我上午看见他还好好儿的。

问：男的是什么语气？（ A ）

A. 吃惊　　　　　　　　B. 高兴　　　　　　　　C. 生气

8. 女：今天坐在后面的两个人真讨厌！

男：怎么了？

女：他们一边看电影一边大声聊天儿。

男：是啊，还是在家上网看电影好。

问：刚才他们最可能在哪儿？（ C ）

A. 图书馆　　　　　　　B. 教室　　　　　　　　C. 电影院

9. 男：你走快点儿，行吗？

女：你别催我。

男：飞机马上就要起飞了。

女：谁不想快点儿呀，可是越急越走不快。

问：女的是什么意思？（ C ）

A. 她不想快点儿走　　　B. 她一点儿也不急　　　C. 越急越走不快

10. 女：你认识小李和小王吗？

男：当然认识了，我和他们是好朋友。

女：听说小李和小王中学时是同班同学。

男：你不知道啊？他们两口子原来还是邻居呢。

问：小李和小王现在是什么关系？（ B ）

A. 同学　　　　　　　B. 夫妻　　　　　　　C. 邻居

（三）听后做练习

1. 听后选择正确答案

我到北京三个月的时候，认识了王大爷，他是我的房东，也是我最喜欢的中国人。

王大爷经常穿蓝色的衣服，他不胖也不瘦，是一个很亲切的人，你和他在一起，会感到很快乐。他虽然六十多岁了，但是很爱学习，他最喜欢写诗，常常给我读他自己写的诗。

王大爷不但爱学习，而且也会玩儿，还经常给我说笑话。每次我回到家，他都大声说："来，我们一起下棋吧。"如果他赢了，就会高兴地大叫"中国队赢了"。平时有空儿时，他会带我去公园、商场和电影院。王大爷对我非常关心，有一次我骑车摔倒了，腿摔破了，是他陪我去的医院。

虽然我和王大爷认识的时间不长，但我不会忘了他。

(1) 说话人住在哪儿？（ C ）

　　A. 学校宿舍　　　B. 自己家里　　　C. 学校外面

(2) 关于王大爷，我们知道什么？（ B ）

　　A. 他有点儿胖　　B. 他很快乐　　　C. 他喜欢穿灰色衣服

(3) 下面哪一件不是王大爷喜欢做的事儿？（ C ）

　　A. 写诗　　　　　B. 下棋　　　　　C. 骑车

(4) 说话人的腿因为什么摔破了？（ B ）

　　A. 去公园　　　　B. 骑车　　　　　C. 逛商场

2. 听后判断正误

早上上班，来到公司的大楼前，我突然发现钥匙忘带了。但我一想，我们办公室的小李每天来得都很早,今天一定也来了。

我坐电梯到十三层,电梯门一开,我就看见小李站在办公室门口。原来,她今天也忘带办公室的钥匙了。

我急忙拉着小李下楼,开车去她家拿钥匙。因为今天早上有个重要的会议,会议的材料都放在我们办公室里。

小李的家离公司不太远,在十楼。但当我们走进小李家的大楼时,发现停电了,不能坐电梯了,我们只好走楼梯。

我就和小李边爬楼梯边聊一些倒霉的事儿。到了她家门口,小李突然大叫一声:"今天我遇到了最倒霉的事儿,我家的钥匙也忘在房间里了。"

(1) 来到办公室门口,他发现自己没带钥匙。　　　　　　　(×)

(2) 小李的钥匙在办公室里。　　　　　　　　　　　　　(×)

(3) 从公司到小李家比较近。　　　　　　　　　　　　　(√)

(4) 他们回来时,电梯坏了。　　　　　　　　　　　　　(×)

(5) 他们的办公室在十楼。　　　　　　　　　　　　　　(×)

(6) 小李没有钥匙开家里的门。　　　　　　　　　　　　(√)

语音语调练习

(一) 画出与你听到的一致的句子(一致的画"√",不一致的画"×")

1. (√) Tā de jìyìlì hěn qiáng.

2. (√) Xiǎoháizi dōu hěn tiānzhēn lànmàn.

3. (×) Qūzhǎng zhǐshì wǒmen bìxū ànqī wánchéng rènwu.

4. (×) Tā mǎi de nà shuāng xié shì jìn kǒu de.

5. (√) Wǎnhuì shang dàjiā jìnqíng de gēchàng.

6. (√) Zhànshìmen dǐngfēng mào xuě de qiánjìnzhe.

7. (√) Zǎoshang yǒu hěn duō lùshuǐ.

8. (×) Tā zài chuāng qián níngshén sīkǎo.

9. (×) Wǒ xǐhuan yòng zhège diànshàn.

10. (√) Tā zǒngshì xǐhuan bāngzhù biéren.

（二）听后填空

1. Jiāotōng shìgù shǐ sījī shòudàole hěn dà de cìjī.

2. Tā qù cún qián le, zhǔnbèi chūntiān yòng.

3. Wǒ zài zázhì shang kànjiànle zájì biǎoyǎn de zhàopiàn.

4. Nǎinai měi tiān qīngzǎo qǐlai qīngsǎo yuànzi.

5. Tā de sūnnǚ shì nàge cūnzi li zuì piàoliang de háizi.

第三十三课　给你添麻烦了

一　听力理解练习

（一）听下面的句子并选择正确答案

1. 看，开过来一辆空车，我们快过去。
   问：他们在做什么？（ A ）
   A. 等车　　　　　B. 开车　　　　　C. 等人

2. 你这孩子，我给你50块钱，一斤苹果7块钱，5斤怎么才找回来10块钱呢？
   问：应该找多少钱？（ C ）
   A. 7块钱　　　　B. 10块钱　　　　C. 15块钱

3. 太阳快下山了，晒的衣服应该收进来了。
   问：现在大概是什么时间？（ C ）
   A. 早上　　　　　B. 中午　　　　　C. 傍晚

4. 这个房间里放着沙发、电视、空调什么的。
   问：说话人没提到哪种东西？（ B ）
   A. 电视　　　　　B. 冰箱　　　　　C. 空调

5. 我觉得你买回来的那张画儿不怎么样。
   问：说话人觉得那张画儿怎么样？（ C ）
   A. 不错　　　　　B. 一般　　　　　C. 不好

6. 我寄给朋友的快递，不知道为什么，被退回来了。
   问：快递现在在哪儿？（ B ）
   A. 快递公司　　　B. 说话人这儿　　C. 朋友那儿

7. 安达和波伟说话时，看见一个穿着白色衣服的人，骑着李老师的自行车走了。
   问：自行车被谁骑走了？（ C ）
   A. 安达　　　　　B. 李老师　　　　C. 穿白衣服的人

8. 对不起，您的帽子能不能拿下来？我坐在你后面看不见演员的脸了。
   问：说话人最可能在哪儿？（ C ）
   A. 教室　　　　　B. 汽车上　　　　C. 剧场

9. 有大一号的吗？这双有点儿小，我穿不进去。

   问：说话人在做什么？（ A ）

   A. 买鞋　　　　　　B. 买衣服　　　　　　C. 买裤子

10. 打开电视，我觉得没什么好看的，看着看着就睡着了。

    问：说话人为什么睡着了？（ C ）

    A. 没有节目　　　　B. 不知道看什么　　　C. 节目没意思

🎧 （二）听下面的对话并选择正确答案
33-3

1. 男：小红，那个穿着牛仔裤和小王说话的人是小李吧？

   女：不是小李，是小王的朋友小田。

   问：那个穿着牛仔裤的人是谁？（ B ）

   A. 小李　　　　　　B. 小田　　　　　　　C. 小王

2. 男：哟，今天穿了一条新裙子。

   女：漂亮吧？买回来以后一直都没穿过。

   问：关于这条裙子，从对话中我们可以知道什么？（ A ）

   A. 男的以前没见过　　B. 女的觉得不漂亮　　C. 刚买回来

3. 女：对不起，我得挂了，我儿子还在幼儿园等着我呢。

   男：好，那我们以后再联系吧，我也要去接孩子了。

   问：他们在做什么？（ B ）

   A. 等孩子　　　　　B. 打电话　　　　　　C. 接孩子

4. 男：小明呢？还没放学吗？

   女：他呀，放下书包，拿了个苹果就跑出去踢球了。

   问：小明现在在哪儿？（ C ）

   A. 学校　　　　　　B. 家里　　　　　　　C. 球场

5. 女：谢谢你今天接受我的采访。

   男：我的汉语还不太好，有很多想说的话都不会说。

   问：男的是什么人？（ A ）

   A. 外国人　　　　　B. 老师　　　　　　　C. 记者

6. 女：师傅，你能帮我看看吗？突然不能打电话了。

   男：好，我帮你检查一下。

73

女：是哪儿有问题？

男：哦，是电池坏了，只要换一块就行了。

问：女的什么东西坏了？（ B ）

A. 自行车　　　　　B. 手机　　　　　C. 手表

7. 男：你看看墙上贴着的这几张。

女：嗯，照得真好！

男：看样子这家的摄影师不错。

女：那我们就在这儿照吧。

问：关于这段对话，下面哪种说法正确？（ B ）

A. 摄影师不好　　　B. 照片贴在墙上了　　　C. 照片照得不好

8. 男：你检查一下包里的东西少不少？

女：手机、书都在。

男：那太好了。

女：啊，放着两千块钱的信封不见了。

问：从对话中，我们可以知道什么？（ B ）

A. 包丢了　　　　　B. 钱丢了　　　　　C. 手机丢了

9. 女：老板，请问挂着的那件衣服多少钱？

男：680块。

女：680块钱太贵了！

男：那你看看这件白的，原价520块，现在只卖380块。

问：白衣服比挂着的那件便宜多少钱？（ C ）

A. 520块　　　　　B. 380块　　　　　C. 300块

10. 男：孩子终于睡着了。

女：你也早点儿休息吧。

男：我出去买包烟。

女：家里不是还有两包烟吗？

问：女的是什么意思？（ A ）

A. 你不需要出去　　　B. 你一定要去　　　C. 你早点儿回来

（三）听后做练习

1. 听后选择正确答案

男：丁荣，请你吃糖。

女：哟，波伟，这是什么糖啊，这么漂亮。

男：这叫喜糖，是中国人结婚时吃的。我昨天去参加王明表哥的婚礼了。

女：是吗？怎么样？婚礼热闹吗？

男：热闹极了，是在一个大酒店举行的。墙上贴着红色的双喜字，新郎和新娘都穿着漂亮的衣服站在门口迎接客人。他们请了20桌客人，收到了很多红包。

女：那你送了一个多大的红包呀？

男：我是学生，没有钱。我送了一个我们国家的工艺品，他们很高兴。

女：婚礼上有什么有意思的事儿吗？

男：有很多有意思的事儿。最有意思的是让新郎和新娘一起吃一个挂起来的苹果。新娘的脸都红了。

女：真有意思。你一定也喝了不少酒，吃了不少好吃的东西吧？

男：当然了。所以参加婚礼也叫喝喜酒。很多菜，都做得又好看又好吃。

女：真好啊，下次有机会带我一起去吧。

(1) 昨天谁结婚了？（ C ）
　　A. 王明　　　　　B. 王明的哥哥　　　C. 王明的表哥

(2) 他们请了多少客人？（ B ）
　　A. 20个　　　　　B. 20桌　　　　　　C. 10桌

(3) 新娘的脸为什么红了？（ B ）
　　A. 喝了很多酒　　B. 不好意思　　　　C. 酒店里很热

(4) "喝喜酒"是什么意思？（ A ）
　　A. 参加婚礼　　　B. 喜欢喝酒　　　　C. 高兴地喝酒

2. 听后判断正误

小马和它的妈妈住在一条美丽的小河边。有时，妈妈要给河对面的村子送吃的东西，小马就在河的这边等着妈妈。有一天，妈妈对它说："小马，你已经长大了，可以帮妈妈做事了。今天你送吃的东西到河对面的村子里去吧。"小马高兴地答应了。它带着吃的东西来到了小河边。可是河上没有桥，只能从河里走过去。可它不知道河水有多深。小马就问正在河边吃草的老牛。老牛笑着说："不深，才到我的小腿。"小马高兴地准备过河去。这时，它又听见小松鼠说："小马，别下去，这河可深了。"小马不知道该怎么办了，只好回去问妈妈。妈妈让小马自己去试一下河水有多深。小马小心地走下去，一步一步地过了河。噢，它知道了，河水没有老牛说得那么浅，也没有小松鼠说得那么深，自己试试就知道了。

(1) 小马和妈妈一起去送吃的东西。　　　　　　　　　　　　　(×)

(2) 村子在桥的另一边。　　　　　　　　　　　　　　　　　　(√)

(3) 老牛说河水不深，到自己的大腿。　　　　　　　　　　　　(×)

(4) 小松鼠说河水很深。　　　　　　　　　　　　　　　　　　(√)

(5) 最后，妈妈带着小马过了河。　　　　　　　　　　　　　　(×)

二 语音语调练习

（一）画出与你听到的一致的句子（一致的画"√"，不一致的画"×"）

1. (×) Wǒmen gāngcái kàn de dōu shì cánpǐn.

2. (√) Wǒ chángcháng gǎndào nángzhōng-xiūsè.

3. (√) Tā hěn ài chuān huāzhe láng de yīfu.

4. (√) Nǐ juéde wǒmen de chéngyuán zěnmeyàng?

5. (√) Mǎ bèi shuān zài le yì kē dàshù shang.

6. (√) Tā de jiǎo ràng shítou záshāng le.

7. (√) Tā zhōngyú zhǎodàole shénfù.

8. (×) Jīntiān zǎoshang wǒ jí de mǎntóu dàhàn.

9. (✓) Qǐng zài wǎng nà biān guòqu yìdiǎnr.

10. (✗) Tài chǎo le, wǒmen děng yíhuìr zài lái ba.

(二)听后填空

1. Méi guānxi, bú yào <u>shīwàng</u>, hái yǒu <u>xīwàng</u>.

2. Tā gàosu wǒ yí ge hǎo <u>xiāoxi</u>, míngtiān xiūxi.

3. Wǒmen jīnnián <u>qiūtiān</u> zǔzhīle <u>jiǔ chǎng</u> huódòng.

4. Tā <u>língjīyídòng</u>, xiǎngdàole zhǎo <u>línjū</u> bāng máng.

第三十四课　真是太巧了

一　听力理解练习

（一）听下面的句子并选择正确答案

1. 你不是打车去百货大楼了吗？怎么又回家来了？
   问：说话人现在在哪儿？（ B ）
   A. 百货大楼　　　　B. 家里　　　　C. 出租车上

2. 我是去年九月来中国的，到今天正好半年了。时间过得真快啊！
   问：现在是几月？（ C ）
   A. 一月　　　　　　B. 二月　　　　C. 三月

3. 你们的菜都上齐了，请各位慢用。
   问：说话人是做什么的？（ C ）
   A. 卖菜的　　　　　B. 售票员　　　C. 服务员

4. 我从上个星期天开始感冒，今天已经是第四天了，头还是很疼。
   问：今天星期几？（ B ）
   A. 星期一　　　　　B. 星期三　　　C. 星期四

5. 我们是坐飞机去的，回来时想坐船，但船太慢了，高铁票又难买，考虑了一下，最后还是坐了飞机。
   问：他们是怎么回来的？（ A ）
   A. 坐飞机　　　　　B. 坐高铁　　　C. 坐船

6. 这件毛衣是小文的姐姐送给我的，不是妈妈从家里寄来的。
   问：这件毛衣是谁给她的？（ C ）
   A. 妈妈　　　　　　B. 小文　　　　C. 小文的姐姐

7. 菜买来了，快做吧，吃了以后我还要出去办事呢。
   问：从这句话中，我们可以知道什么？（ B ）
   A. 他们要去买菜　　B. 他们还没吃饭　C. 他们出去办事了

8. 这个月才过了一半，我的钱就已经用光了，怎么办呢？
   问：现在可能是几号？（ C ）

A. 十号　　　　　　　B. 二十五号　　　　　C. 十五号

9. 现在，买新房的人很多。最近，我们楼里就搬走了五六家。

   问：这句话告诉我们什么？（ C ）

   A. 许多人要结婚　　　B. 他家买了新房　　　C. 他们楼里有些人搬家了

10. 这么多东西是你一个人拿回来的吗？真不简单。

    问：说话人是什么语气？（ A ）

    A. 吃惊　　　　　　　B. 愤怒　　　　　　　C. 羡慕

（二）听下面的对话并选择正确答案

1. 女：刚回来怎么又要出去呀？

   男：我今天是开车去的，买的东西还在车上，忘了拿上来了。

   问：男的为什么要出去？（ C ）

   A. 去开车　　　　　　B. 忘了买东西　　　　C. 去拿东西

2. 女：哎，书上写的是先放盐，再放糖，我看你是放过糖才放盐的。

   男：网上就是这么教的，你放心吧。

   问：他们在做什么？（ B ）

   A. 看电视　　　　　　B. 做菜　　　　　　　C. 上网

3. 男：老王的儿子前天从美国回来了，他已经5年没回家了。

   女：听说老张的女儿也是2016年出去的。

   问：现在是哪一年？（ C ）

   A. 2019 年　　　　　　B. 2020 年　　　　　　C. 2021 年

4. 女：高铁票买着了吗？

   男：还没有，网上的票都卖完了，我看看有没有退票。

   问：男的是什么意思？（ B ）

   A. 他买到票了　　　　B. 他要等退票　　　　C. 他要把票退了

5. 女：您要什么时候的票？

   男：我要下个星期四晚上到北京的，G66次。

   问：男的在做什么？（ B ）

   A. 在高铁上　　　　　B. 买票　　　　　　　C. 卖票

6. 男：请问，现在有空房间吗？

女：有，您订几个房间？什么房间？

男：我要一个标准间。

女：对不起，标准间已经没有了，还有两个套房。

问：男的做什么？（ A ）

A. 订酒店　　　　　　B. 买房子　　　　　　C. 订机票

7. 女：那篇调查文章写好了？

男：刚写完。

女：给我看一下。

男：我还得再改改呢。

问：男的还要做什么？（ C ）

A. 看文章　　　　　　B. 写文章　　　　　　C. 改文章

8. 男：丁荣，你的中文歌唱得真好！

女：谢谢！这要感谢李明爱。

男：是李明爱教你的？

女：是李明爱介绍她的辅导老师教我的，那个老师唱得非常好。

问：从这段话中，我们可以知道什么？（ C ）

A. 丁荣不会唱中文歌　　　B. 李明爱教丁荣唱中文歌

C. 李明爱的辅导老师歌唱得很好

9. 男：听说你的手机丢了。

女：是啊，真倒霉！

男：那现在找到了吗？

女：教室、食堂、宿舍我都找遍了，都没有。

问：下面哪个地方对话中没提到？（ B ）

A. 食堂　　　　　　　B. 图书馆　　　　　　C. 宿舍

10. 男：这儿的鱼真多啊，你看这条怎么样？

女：我觉得大了一点儿。

男：不大，我一个人就能吃完。

女：好吧，回家你来做。

问：他们在做什么？（ B ）

A. 参观　　　　　　　B. 买鱼　　　　　　　C. 做菜

（三）听后做练习

1. 听后选择正确答案

有这样一个人，他觉得自己最聪明，什么都知道，所以他很骄傲。有一天，他遇到了一位戴着帽子的老人。老人很客气地对他说："先生，我能问你一个问题吗？"这个人说："当然可以，请说吧。"老人说："我见过很多聪明人，他们知道的事情很多，可是没有一个人能回答我的问题，不知道您能不能回答？"这个人听后笑着说："您问吧，没有我不知道的。"老人说："好吧。我的问题是，您知道的事情有多少？"听了老人的问题，这个人觉得老人看不起自己，用这么简单的问题来问自己，就对老人说："您问我知道的事情有多少，我告诉您吧，我知道的事情和您的头发一样多。"老人听了以后哈哈大笑，说："那么您知道的就是零了。"说完，他拿下帽子，原来他的头上一根头发也没有。这个人的脸一下子就红了。

（1）这个人遇见了一个什么样的老人？（ B ）

    A.拿着帽子的老人　　　B.戴着帽子的老人　　　C.在找帽子的老人

（2）老人以前见过很多什么样的人？（ A ）

    A.很聪明的人　　　　　B.懂得很少的人　　　　C.听不懂问题的人

（3）"没有我不知道的"这句话是什么意思？（ C ）

    A.只有我知道　　　　　B.我知道得不多　　　　C.我什么都知道

（4）这个人的脸为什么红了？（ C ）

    A.天太热了　　　　　　B.他喝酒了　　　　　　C.他回答错了

2. 听后判断正误

中国有一个成语叫"朝三暮四"，说的是这样一个故事。

从前有一位老人，家里养了一只猴子。猴子特别爱吃栗子，吃完了还要吃。有一天，老人看到家里的栗子不多了，就和猴子商量说："你看，栗子只有这么一点儿了，从今天起，你每天吃七颗栗子，早上吃三颗，晚上吃四颗，怎么样？"猴子一听，早上比晚上少，就摇着头说："不好，不好。"老人想了想，又对猴子说："那就早上吃四颗，晚上吃三颗，好不好呢？"猴子听到早上比晚上多，就高兴地点头说："可以，可以！"

（1）"朝三暮四"是中国的成语。 （✓）

（2）猴子生活在动物园。 （✗）

（3）这只猴子特别喜欢吃栗子。 （✓）

（4）猴子喜欢晚上比早上吃得多。 （✗）

（5）猴子最后同意了老人的建议。 （✓）

二 语音语调练习

（一）选择你听到的句子

1. (A) A. Tā zuò zài qiáo shang kànzhe fēngjǐng.
         B. Tā zuò zài jiào shang kànzhe fēngjǐng.

2. (A) A. Rénmen dōu xiǎng dào dàyīyuàn qù jiù yī.
         B. Rénmen dōu xiǎng dào dàyīyuàn qù qiúyī.

3. (B) A. Wǒ zuótiān fǎngwènle tā.　　B. Wǒ zuótiān fǎnwènle tā.

4. (A) A. Míngtiān wǒmen yìqǐ qù jùchǎng ba.
         B. Míngtiān wǒmen yìqǐ qù jīchǎng ba.

5. (B) A. Nǐ tái tóu lǐng dàjiā dú.　　B. Nǐ dài tóu lǐng dàjiā dú.

6. (A) A. Wǒ zhù zài dōngbian de dàlóu li.　　B. Wǒ zhù zài dōngbian de tǎlóu li.

7. (B) A. Tā zài bàndàor láibuliǎo.　　B. Tā zài bàn gōng, láibuliǎo.

8. (A) A. Nǐ de huà ràng tā hěn nánkān.　　B. Nǐ de huà ràng tā hěn nánkàn.

9. (B) A. Xiàwǔ wǒ yào qù jīchǎng sòng xìn.　　B. Xiàwǔ wǒ yào qù jīchǎng sòng xíng.

10. (A) A. Wǒ tǎng zài chuáng shang xiūxi.　　B. Wǒ tǎng zài chuán shang xiūxi.

（二）听后标出画线词语的声调

1. Shāngdiàn li shípǐn de zhǒnglèi hěn duō.

2. Yào péiyǎng zìjǐ de dòng shǒu nénglì.

3. Zhèli de qíngkuàng hěn fùzá.

4. Tāmen yángé ànzhào láodòngfǎ bàn shì.

5. Yīshēng xiě de zhěnduànshū nǐ kàn de dǒng ma?

第三十五课　复习（七）

一　听力理解练习

（一）听下面的句子并选择正确答案

1. 都八点了，怎么还不开门啊？我家孩子肚子疼，等着吃药呢。
   问：说话人在哪儿？（ B ）
   A. 学校门口　　　　　B. 药店门口　　　　　C. 饭店门口

2. 这是什么衣服啊，一洗颜色就变了。
   问：关于这件衣服，我们知道什么？（ A ）
   A. 质量很差　　　　　B. 颜色不太好　　　　C. 有两种颜色

3. 我和朋友说好了，"五一"节他来我这儿玩儿，暑假我到他那儿去。
   问：下面哪种说法正确？（ C ）
   A. 朋友来他这儿了　　B. 他在朋友那儿　　　C. 他和朋友约好一起玩儿

4. 北京、上海我去年去过了，今年打算去西安、青岛旅行。
   问：说话人今年打算去哪儿旅行？（ C ）
   A. 北京、西安　　　　B. 上海、北京　　　　C. 西安、青岛

5. 今天天气突然变冷了，我穿上了毛衣，安达和李明爱也穿了外套，可波伟穿着衬衫就来上课了。
   问：今天谁穿得最少？（ B ）
   A. 李明爱　　　　　　B. 波伟　　　　　　　C. 安达

6. 这本小说太厚了，我上个星期看了两天，这个星期看了三天才看完。
   问：这本小说他一共看了几天？（ C ）
   A. 两天　　　　　　　B. 三天　　　　　　　C. 五天

7. 来中国后，她天天给家里打电话，每个星期还给家里写一封电子邮件。
   问：她多长时间给家里打一次电话？（ A ）
   A. 每天一次　　　　　B. 两天一次　　　　　C. 一个星期一次

8. 小明刚上中学时只有一米六，现在已经一米七八了。
   问：小明上中学以后长高了多少？（ C ）

A. 7 厘米　　　　　　B. 16 厘米　　　　　　C. 18 厘米

9. 小偷儿还没有跑出商店，就被从外面冲进来的警察抓到了。

   问：小偷儿是在哪儿被抓到的？（ C ）

   A. 外面　　　　　　B. 车上　　　　　　　C. 商店里

10. 小王做什么事儿都让人放心。

    问：说话人认为小王做事儿怎么样？（ B ）

    A. 很马虎　　　　　B. 很认真　　　　　　C. 很小心

（二）听下面的对话并选择正确答案

1. 女：儿子回来啦，快洗洗手吃饭吧。

   男：明天学校开家长会，您一定要去哦。

   问：说话人是什么关系？（ C ）

   A. 夫妻　　　　　　B. 姐弟　　　　　　　C. 母子

2. 男：这个红绿灯是不是坏了，怎么一直是红灯啊？

   女：绿灯亮了，我们快点儿过去吧。

   问：他们在做什么？（ A ）

   A. 过马路　　　　　B. 看灯　　　　　　　C. 等车

3. 男：听说你经常出国，去过美国、英国……

   女：对，我上个月刚从日本回来，但都是去工作的，每次都急急忙忙的。我没去过法国，以后想自己去法国玩儿玩儿。

   问：女的没去过哪个国家？（ B ）

   A. 英国　　　　　　B. 法国　　　　　　　C. 日本

4. 男：你看，小李今天又穿了一件名牌儿衣服。

   女：我买衣服不太看牌子，只要颜色、样子适合自己就行。

   问：女的买衣服的标准是什么？（ C ）

   A. 买名牌儿　　　　B. 颜色漂亮　　　　　C. 适合自己

5. 男：我没去过他家，你知道怎么走吗？

   女：我也是第一次去，我们不是有两张嘴吗？

   问：女的是什么意思？（ B ）

   A. 他们可以聊天儿　　B. 他们可以问路　　　C. 他们想去吃饭

6. 男：我问过邻居了，谁也没看见。

    女：我也找过了。怎么办呢？

    男：我们养了快三年了，就像自己的孩子一样。

    女：是啊，真急人！

    问：他们可能在找什么？（ C ）

    A. 邻居　　　　　　　B. 孩子　　　　　　　C. 小狗

7. 男：小李，你认识站在丁荣旁边的那个男孩儿吗？

    女：认识，我在照片上见过他。

    男：你和他说过话吗？

    女：还没有。

    问：下面哪句话正确？（ C ）

    A. 男孩儿站在小李旁边　　　B. 小李和那个男孩儿说过话

    C. 小李在照片上见过那个男孩儿

8. 男：上个星期刚请人修过，怎么又坏了？

    女：这台是十年前买的，该换了。

    男：房间里这么热，我什么也不想做。

    女：咱们明天就去买台新的吧，要不房间里太热了。

    问：他们要买什么？（ B ）

    A. 电视机　　　　　　B. 空调　　　　　　C. 冰箱

9. 男：我回来了，今天咱们就别吃鱼了。

    女：怎么了？

    男：我去的时候鱼已经卖光了。

    女：真是的，你就不能早点儿去吗？

    问：女的是什么语气？（ A ）

    A. 生气　　　　　　　B. 吃惊　　　　　　C. 难过

10. 女：伞放在哪儿了？

    男：没下雨，带伞做什么？

    女：天这么阴，我想带着。

    男：带伞太麻烦了，你放心，不会下雨的。

问：下面哪句话正确？（ C ）

A. 他们的伞丢了　　　　B. 男的觉得伞太大了　　C. 女的担心会下雨

🎧 35-4 （三）听后做练习

1. 听后选择正确答案

玛丽是一个英国女孩儿，今年十五岁。她来中国学习汉语已经半年了。到了中国以后，玛丽认识了许多新朋友，他们对玛丽很关心，常常帮助她。这个星期六正好是元旦，玛丽的好朋友张文邀请玛丽去家里做客。玛丽非常高兴地答应了，因为她还没去过中国人的家呢。

那天晚上，玛丽提着水果和葡萄酒，抱着一束花儿去了张文家。到了张文家，张文的妈妈热情地请玛丽坐下，张文忙着拿苹果，张文的爸爸给玛丽倒了一杯茶。张文的妈妈做了很多菜，牛肉、鱼都很好吃，玛丽最喜欢吃的是饺子，是张文妈妈自己包的，她吃了20个。张文的爸爸知道玛丽很喜欢喝中国茶，就送了她一包龙井茶。玛丽被张文一家人的热情感动了。

(1) 玛丽在中国学了多长时间汉语了？（ B ）

　　A. 5个月　　　　B. 6个月　　　　C. 10个月

(2) 玛丽哪天去张文家做客了？（ B ）

　　A. 12月31日　　B. 1月1日　　　C. 2月1日

(3) 下面哪种东西不是玛丽带去的？（ C ）

　　A. 花儿　　　　B. 水果　　　　C. 茶

(4) 在张文家，玛丽最喜欢吃什么东西？（ B ）

　　A. 苹果　　　　B. 饺子　　　　C. 牛肉

2. 听后判断正误

女：你的脸色很差，一定是很少出去运动吧？新鲜的空气对人很重要，应该多出去散散步，最好走远一点儿。

男：可是，医生……

女：我知道你一定有很多原因，你是不是不愿意照我说的去做呢？如果一次不可能走很远，就多走几次嘛。

男：我天天都在走，但是……

女：我知道，但走的路应该是现在的十倍，这样你的身体才能健康。

男：但是，我的工作……

女：所以，你要换一个常走路的工作。啊，对了，你是做什么工作的？

男：我是快递员。

(1) 医生觉得他的脸色不好。　　　　　　　　　　　　　　　(√)

(2) 医生让他去一个很远的地方。　　　　　　　　　　　　　(×)

(3) 他每天都走很多路。　　　　　　　　　　　　　　　　　(√)

(4) 他在快递公司工作。　　　　　　　　　　　　　　　　　(√)

二 语音语调练习

（一）选择你听到的句子

1. (A)　A. Nǐ yào de zīliào wǒ gěi nǐ gǎodào le.
   B. Nǐ yào de zīliào wǒ gěi nǐ kǎodào le.

2. (B)　A. Gāngcái wǒ yòu tiānle yí ge cài.　　B. Gāngcái wǒ yòu diǎnle yí ge cài.

3. (A)　A. Nà wèi Chén xiānsheng de tàidù búcuò.
   B. Nà wèi Chéng xiānsheng de tàidù búcuò.

4. (A)　A. Qiánmiàn yì qún rén zài nào shénme?
   B. Qiánmiàn yì qún rén zài lāo shénme?

5. (A)　A. Wǒ de shēnghuó yòngpǐn dōu quán le.
   B. Wǒ de shēnghuó yòngpǐn dōu juān le.

6. (B)　A. Tā sì suì jiù dào guówài qù le.　　B. Tā shí suì jiù dào guówài qù le.

7. (B)　A. Wǒ méiyǒu zhòngguo cǎor.　　B. Wǒ méiyǒu zhòngguo zǎor.

8. (A)　A. Tā cái chīle yíbàn jiù bǎo le.　　B. Tā cái chīle yíbàn jiù pǎo le.

9. (B)　A. Děng nǐ huífùle wǒ zài lái kàn nǐ.　　B. Děng nǐ huīfùle wǒ zài lái kàn nǐ.

10. (A)　A. Nǐ kàn wǒ yǎn de zěnmeyàng?　　B. Nǐ kàn wǒ yǎng de zěnmeyàng?

（二）听后标出画线词语的声调

1. Měi ge rén dōu yào àihù zìjǐ de yǎnjing.

2. Wǒ shuō de xuésheng bù bāokuò tā.

3. Jīnnián de chǎnzhí yòu zēngjiā le.

4. Tā de huà méiyǒu yìdiǎnr dàolǐ.

5. Wǒ xǐ shǒu dōu yào yòng xǐshǒuyè.

第三十六课　这是我们应该做的

一　听力理解练习

（一）听下面的句子并选择正确答案

1. 今天是你们俩大喜的日子，我怎么能不来呢？

   问：今天是什么日子？（ C ）

   A. 生日　　　　　　B. 节日　　　　　　C. 结婚的日子

2. 说到他，我们学校的人谁不知道？

   问：说话人是什么意思？（ B ）

   A. 他是谁　　　　　B. 大家都知道他　　C. 不知道他的人是谁

3. 小明这个人真是的，我约他昨天晚上六点见面，他又迟到了半个小时。

   问：说话人是什么语气？（ B ）

   A. 高兴　　　　　　B. 不满　　　　　　C. 吃惊

4. 小李说的那个地方，我们开车去了，好玩儿什么呀？

   问：从这句话中，我们可以知道什么？（ B ）

   A. 他们打车去的　　B. 那个地方没意思　　C. 小李没说哪儿好玩儿

5. 看到大家这么热情地帮助她，小兰感动得不知道说什么好。

   问：小兰怎么样了？（ C ）

   A. 不想说话　　　　B. 说了很多话　　　　C. 非常感动

6. 谁说我没有买票？我放在朋友那儿了，他在别的车厢。

   问：说话人在哪儿？（ A ）

   A. 火车上　　　　　B. 车站　　　　　　C. 汽车上

7. 你怎么会不知道呢？连小李都知道了。

   问：说话人是什么意思？（ C ）

   A. 小李不应该知道　　B. 你为什么不知道　　C. 你应该知道

8. 你好，你找给我的两块钱我没看见，是不是掉下去了？但我没听见声音。

   问：从这句话中，我们可以知道什么？（ B ）

   A. 他只有两块钱　　　B. 钱可能掉下去了　　C. 他买东西花了两块钱

89

9. 小王和小张原来感情挺好的，怎么离婚了呢？

　　问：小王和小张以前是什么关系？（ A ）

　　A. 夫妻　　　　　　　　B. 同事　　　　　　　　C. 朋友

10. 刚吃完晚饭就喝啊？牛奶要临睡觉前喝才能睡得好。

　　问：说话人觉得牛奶应该什么时候喝？（ B ）

　　A. 晚饭后　　　　　　　B. 快睡觉时　　　　　　C. 起来以前

🎧 36-3（二）听下面的对话并选择正确答案

1. 男：快下课的时候，老师说什么了？

　　女：老师说我们班明天下午去博物馆参观。

　　问：老师是什么时候告诉学生去参观的？（ B ）

　　A. 上课以前　　　　　　B. 下课以前　　　　　　C. 下课以后

2. 男：这个假期你出去玩儿吗？

　　女：玩儿什么呀！最近一个月特别忙，我要趁着假期好好儿休息一下。

　　问：假期的时候，女的最有可能在哪儿？（ A ）

　　A. 在家　　　　　　　　B. 在公司　　　　　　　C. 在外地

3. 男：这个小店的衣服多便宜啊！

　　女：便宜什么呀！

　　问：女的认为小店的衣服怎么样？（ B ）

　　A. 很便宜　　　　　　　B. 不便宜　　　　　　　C. 还可以

4. 男：你平时喝不喝咖啡？

　　女：咖啡呀，哪天不喝我就会觉得少了点儿什么。

　　问：下面哪种说法正确？（ C ）

　　A. 女的有时候喝咖啡　　B. 女的问哪天去喝咖啡　C. 女的很喜欢喝咖啡

5. 女：昨天晚上你看足球比赛了吗？

　　男：我是个球迷，怎么会不看呢？

　　问：男的是什么意思？（ B ）

　　A. 他不喜欢足球　　　　B. 他看了足球比赛　　　C. 他不知道有球赛

6. 男：我们今天不是没课吗？你拿着书上哪儿啊？

　　女：你还不知道？期中考试以后增加了一门课。

问：从对话中，我们可以知道什么？（ A ）

A. 女的要去上课　　　　　B. 女的要去拿书　　　　C. 男的知道增加了一门课

7. 男：孩子的爷爷打过孩子吗？

女：老人虽然脾气不太好，但对孙子疼得很，哪会打他呀？

问：下面哪个说法正确？（ B ）

A. 爷爷身体不好　　　　　B. 爷爷没打过孙子　　　　C. 爷爷不喜欢孙子

8. 男：我觉得这件蓝的颜色有点儿深了，还是那件黄色的好看一些。

女：你怎么不早说啊，我都已经买好了。

问：女的买了件什么颜色的衣服？（ C ）

A. 红色　　　　　　　　　B. 黄色　　　　　　　　　C. 蓝色

9. 男：我刚才在楼前边看见你的车了，真漂亮！

女：那哪儿是我的车啊？我今天是骑车来的。

问：从对话中，我们可以知道什么？（ B ）

A. 女的在找她的车　　　　B. 女的今天没开车　　　　C. 男的看见女的的车了

10. 女：后天是圣诞节，我今天下午去烫烫头发。

男：你不是上个月刚烫的吗？还挺好的，经常烫头发对身体不好。

问：女的是几月份烫的头发？（ B ）

A. 十月　　　　　　　　　B. 十一月　　　　　　　　C. 十二月

（三）听后做练习

1. 听后选择正确答案

有一天，有个小伙子开着车，车上坐着他的妻子和妈妈，他开得很快。在过一条马路时，被一个警察看见了，警察让他停车。停车后，小伙子害怕极了，没想到警察对他说："恭喜您，先生，您是第一千万个经过这儿的乘客，因此政府发给您五千美元的奖金。"记者也问小伙子："先生，您准备用五千块钱干什么呀？"他说："我先去考一个驾驶执照。"警察听见了，这时，小伙子的妻子赶快说："警察先生，您别听他的，因为他刚喝了半瓶酒。"警察对小伙子说："你下来吧，说说怎么回事。"这时，正在车里睡觉的小伙子的妈妈被吵醒了，看见这种情况，急得大叫："谁让你不听我的话的？我说偷来的车不能在外边开吧?"

(1) 车上有几个人?（ C ）
   A. 一个人　　　　　B. 两个人　　　　　C. 三个人
(2) 这个小伙子是第几个在这个路口经过的人?（ C ）
   A. 第五千个　　　　B. 第一万个　　　　C. 第一千万个
(3) 警察为什么让小伙子停车?（ A ）
   A. 告诉他好消息　　B. 他开快车　　　　C. 他喝酒后开车
(4) 小伙子为什么看见警察很害怕?（ B ）
   A. 他喝了一瓶酒　　B. 他偷了车　　　　C. 他的驾照忘带了

2. 听后判断正误

　　我的父亲今年58岁，再过两年就退休了。我来中国留学已经快一年了，父亲只给我写过一封信。

　　小时候，我不太喜欢父亲。我理想中的父亲应该有知识，应该当公司的领导，应该长得又高又帅。可我的父亲呢，个子比较矮，跟我差不多高，头发已经有点儿白了，看上去很老。他没有学问，我从来也没见他看过书。父亲是一个工厂的工人，工作又累，工资又低。父亲为了母亲和我们两个孩子，每天都辛苦地工作，这样，我们才能有饭吃，才能上学。我长大以后，才慢慢理解了父亲。

　　去年十月，我第一次给家里打电话，我高兴地告诉母亲在中国的生活情况。可当我听到父亲的声音时，我哭得说不出话来。父亲对我说："别哭，要注意身体，好好儿学习，家里人都好，不要担心。"从这短短的几句话里，我深深地感到了父亲对我的爱。

(1) 父亲经常给我写信。　　　　　　　　　　　　　　（ × ）
(2) 父亲60岁退休。　　　　　　　　　　　　　　　　（ ✓ ）
(3) 父亲的个子比我高。　　　　　　　　　　　　　　（ × ）
(4) 父亲平时不看书。　　　　　　　　　　　　　　　（ ✓ ）
(5) 我以前对父亲的印象不太好。　　　　　　　　　　（ ✓ ）

(6) 父亲在一家公司工作。　　　　　　　　　　　　　　（×）

(7) 在电话里，父亲哭了。　　　　　　　　　　　　　　（×）

（四）听后写句子

1. 今天是他妈妈的生日。
2. 这件事连张老师都知道了。
3. 临睡觉前不要喝太多水。

语音语调练习

（一）选择你听到的句子

1. (B)　A. Dàjiā dōu xǐhuan nǐ de chéngshì.　　B. Dàjiā dōu xǐhuan nǐ de chéngshí.

2. (A)　A. Zhèli yǒu yí ge dà wènhào.　　B. Zhèli yǒu yí ge dà wénháo.

3. (A)　A. Wǒmen yǒu zúgòu de shíjiān.　　B. Wǒmen yǒu zúgòu de shíjiàn.

4. (A)　A. Nǐ jiā zài nǎr?　　B. Nǐ jiā zài nàr?

5. (B)　A. Wǒ gàosu tā zhè shì tā de yìwù.　　B. Wǒ gàosu tā zhè shì tā de lǐwù.

6. (A)　A. Tā wúfǎ jiēshòu zhè yī shìshí.　　B. Tā wúfǎ jiēshòu zhè yī shǐshí.

7. (A)　A. Wáng dàye xǐhuan gàn huór.　　B. Wáng dàye xǐhuan gānhuò.

8. (A)　A. Nǐ kànjiànguo nà kē xīngxing ma?

　　　　　　B. Nǐ kànjiànguo nà kē xíngxīng ma?

9. (B)　A. Wǒ gāngcái de tíyì yǒu rén yǒu yíyì ma?

　　　　　　B. Wǒ gāngcái de tíyì yǒu rén yǒu yìyì ma?

10. (A)　A. Nǐ qù mǎi bēizi ma?　　B. Nǐ qù mǎi bèizi ma?

（二）听后标出画线词语的声调

1. Wéiwú'ěrzú shì ge nénggē-shànwǔ de mínzú.

2. Nǐ xǐhuan chī qiǎokèlì ma?

3. Lǐ lǎoshī zài hǎiwài shēnghuóle shí nián.

4. Tā zhǎngdà hòu xiǎng dāng lǎoshī.

5. Měi ge rén dōu yīnggāi zìjué bǎohù huánjìng.

6. Shàng kè de shíhou nǐ dài yǎnjìng ma?

7. Lí zhèr bù yuǎn yǒu ge dàxíng de huàféichǎng.

8. Hǎinán Dǎo shì ge měilì de dìfang.

9. Zhè jǐ tiān zǒngshì guā fēng xià yǔ.

10. Nǐ zhīdao fènghuáng de chuánshuō ma?

(三) 听后填空

1. Yóuyǒng duì sùzào shēncái hěn yǒu yòng.

2. Tā gěi wǒ de yìnxiàng shì tā zǒng néng mòmò de yǐngxiǎng tā zhōuwéi de rén.

3. Dùzi li de shíwù hái méi xiāohuà jiù bèi dìdi de xiàohua dòu de dàxiào bùzhǐ.

4. Wèile yǒu yí ge jǐnxiù qiánchéng, tā cānjiāle xǔduō jìnxiūbān.

5. Yào xiǎng huāhuì kāi de cànlàn, bìxū shī yǐ zúgòu de huàféi.

第三十七课　我想预订一个房间

一 听力理解练习

（一）听下面的句子并选择正确答案

1. 他趁两个月的暑假把中国有名的地方都玩儿遍了。
    问：从这句话中，我们可以知道什么？（ B ）
    A. 他暑假出国旅行了　　　B. 放假的时候他出去旅游了
    C. 他喜欢去有名的地方玩儿

2. 真后悔来看这场电影，早知道就在家睡觉了。
    问：说话人是什么意思？（ B ）
    A. 想回家睡觉了　　　B. 电影没意思　　　C. 早就知道电影不好看

3. 小张啊，30 岁左右，高高瘦瘦的，戴着一副眼镜，不爱笑也不爱说话。
    问：关于小张，下面哪句话正确？（ C ）
    A. 喜欢笑着说话　　　B. 个子不太高　　　C. 大概 30 岁

4. 飞机马上就要起飞了，请大家把安全带系好。
    问：说话人可能做什么工作？（ C ）
    A. 售票员　　　B. 快递员　　　C. 空姐

5. 张文，我先走啦，有什么事儿给我打电话吧。
    问：关于这句话，下面哪句话正确？（ B ）
    A. 张文走后就给说话人打电话了
    B. 说话人让张文有事儿就给他打电话
    C. 张文因为有事儿就给说话人打电话了

6. 这次比赛我本来是有可能得冠军的，可临比赛前，我把腿摔伤了。
    问：关于说话人，下面哪句话正确？（ A ）
    A. 不能参加比赛　　　B. 肯定能得冠军　　　C. 他的腿在比赛中受伤了

7. 这孩子已经 20 多岁了，既不想学习又不想工作，怎么办呢？
    问：说话人是什么语气？（ A ）
    A. 着急　　　B. 兴奋　　　C. 难过

8. 小张，早知道你这儿没空调，我就把家里的电风扇给你拿来了。

   问：从这句话中，我们可以知道什么？（ A ）

   A. 小张没有空调　　　　　B. 说话人把电风扇拿来了

   C. 说话人早就知道小张没空调

9. 旅客朋友们，MU365次航班还有半个小时就要起飞了，请没有办好登机手续的旅客赶快办理。

   问：在哪儿可以听到这句话？（ A ）

   A. 机场　　　　　　B. 售票处　　　　　　C. 火车站

10. 坐长途汽车的时候，我就喜欢靠窗的位置，一是凉快，二是可以看外面的风景，就是进进出出不方便。

    问：下面哪个不是说话人喜欢坐靠窗的座位的原因？（ C ）

    A. 凉快　　　　　　B. 可以看风景　　　　　　C. 很方便

（二）听下面的对话并选择正确答案

1. 男：明天我有个重要的会要开，小张的婚礼你一个人去吧。

   女：你不去我也不去。

   问：女的是什么意思？（ C ）

   A. 她不想结婚　　　　B. 她也要去开会　　　　C. 她想跟男的一起去

2. 男：你听说了吗？开学第一天就有考试。

   女：是吗？过了一个寒假我把学过的东西都忘光了。

   问：从对话中，我们可以知道什么？（ B ）

   A. 男的准备得很好　　　B. 女的可能会考不好　　　C. 这次考试会很难

3. 男：今天下午小王要到咱们家来玩儿。

   女：是吗，你怎么不早说？我们快把房间收拾干净吧。

   问：下面哪种说法不正确？（ C ）

   A. 他们家现在不太干净　　B. 下午有客人要来他们家

   C. 女的早就知道小王要来

4. 男：今天你是什么时候把护照弄丢的?

   女：我在外面吃饭的时候，护照还在。可能在回学校的路上，大概晚上七点钟左右吧。

问：从对话中，我们可以知道什么？（ C ）

A. 女的护照还在　　　　　　B. 女的在回学校的路上　　C. 女的今天去外面吃饭了

5. 男：我们全家打算"十一"去海南旅行。

 女：那你要趁早买好机票，临时去买票肯定都卖光了。

 问：女的是什么意思？（ A ）

 A. 要早一点儿买机票　　　　B. 机票已经卖光了　　　　C. 应该早上去买机票

6. 男：我上班去了。

 女：好，早点儿回来，对了，你别忘了把门口的垃圾扔掉。

 问：下面哪种说法正确？（ B ）

 A. 男的今天不上班　　　　　B. 女的让男的扔垃圾　　　C. 男的忘了门口有垃圾

7. 男：明天出门之前，你必须检查一下有没有把机票带上。

 女：知道了，你放心吧。

 问：从对话中，我们可以知道什么？（ B ）

 A. 男的在检查钱包　　　　　B. 女的明天要出门　　　　C. 男的没有带机票

8. 男：你家那么有钱，怎么不买辆车呢，天天骑自行车上下班多累啊。

 女：有钱也不买车，你看现在的交通多挤啊，骑车半个小时的路，开车能开一个小时。

 问：女的是什么意思？（ B ）

 A. 她没有钱买汽车　　　　　B. 骑车比开车方便　　　　C. 骑车上班不太累

9. 男：你快点儿吧，飞机马上就要起飞了，我们还没把登机手续办好呢。

 女：要不是你把时间记错了，现在也不用这么着急了。

 问：下面哪句话不正确？（ B ）

 A. 他们还没上飞机　　　　　B. 飞机已经起飞了　　　　C. 男的记错了起飞时间

10. 男：小姐，我还想问一下，这条旅行路线的时间是怎么安排的?

 女：先飞到海南，在那儿玩儿三天，然后坐火车去三亚，在三亚玩儿两天，从三亚飞回南京。

 问：他们在谈论什么？（ C ）

 A. 什么时候回南京　　　　　B. 怎么去三亚　　　　　　C. 旅行的安排

（三）听后做练习

1. 听后选择正确答案

一个人出去旅行，应该注意什么

旅游的时候，有些人喜欢和朋友、家人一起出门，有些人却喜欢一个人出门旅行。当你一个人去旅行的时候，应该注意什么问题呢？

1. 要把自己的行李物品保管好，特别是手机、钱包。不要把所有的钱放在同一个地方，要分别放在不同的地方。

2. 不要随便接受陌生人给你的食物或者饮料。

3. 跟陌生人聊天儿的时候，不要把自己的家庭地址、电话、经济情况告诉他们。当陌生人主动帮助你时，也不要随便相信，要小心。

4. 坐长途汽车的话，最好提前上车，坐在司机旁边的座位上。这个座位地方比较大，可以更好地保管自己的物品；另外，这个座位不用和更多的陌生人挤在一起，更安全一些。旅途中上厕所是件挺麻烦的事儿，最好多吃水果少喝水。

5. 坐火车的话，高铁比较快。如果旅途时间比较长，可选择卧铺。卧铺比座位舒服一些。

6. 在景区时，最好临时找几个人一起游玩儿。特别是到山高、水急的地方，一定不能一个人去。

(1) 在旅行中，与陌生人聊天儿时可以谈些什么？（ C ）
　　A. 家住在哪儿　　　B. 家里有多少钱　　　C. 自己的爱好

(2) 坐长途汽车的时候，为什么最好坐在司机旁边的座位上？（ C ）
　　A. 离车门近，上下车方便
　　B. 这个座位比其他的座位软
　　C. 不用跟很多陌生人挤在一起

(3) 关于这篇短文，下面哪种说法正确？（ A ）
　　A. 不要随便相信陌生人　　　　　　B. 可以喝陌生人给的饮料
　　C. 要把所带的钱放在一个地方

（4）旅行时，下面哪种做法是正确的？（ A ）

　　A. 不要吃陌生人给的东西

　　B. 旅途中要多喝水少吃水果

　　C. 不要跟陌生人一起游玩儿

2. 听后判断正误

妻子丢了

　　一天，夫妻俩去商场买冰箱，临走前，妻子对丈夫说："进了商场，见了漂亮女人不能多看！"

　　丈夫很听话，到了商场后就低头往卖冰箱的地方走。因为一直低着头走路，结果他把妻子弄丢了。他在商场里东找西找，也没找到妻子。忽然他发现对面有个很漂亮的女售货员，就向那儿走去。售货员小姐热情地问他想买点儿什么？他回答："我什么也不买，只想和你说说话。""说话？"售货员很吃惊，"说什么？""随便！"他解释说，"你别误会，因为我妻子丢了，她一见我跟年轻漂亮的女人说话，就一定会来找我的！"

（1）丈夫不愿意逛商场，所以进了商场就低头走路。　　　　　　（×）

（2）妻子不让丈夫看漂亮女人。　　　　　　　　　　　　　　　（√）

（3）找不到妻子，丈夫没事儿做，所以跟女售货员聊天儿。　　　（×）

（4）丈夫喜欢那个漂亮的女售货员。　　　　　　　　　　　　　（×）

（5）丈夫跟女售货员说话是为了找到妻子。　　　　　　　　　　（√）

（四）听后写句子

1. 我把票买好了。

2. 那个地方不仅风景漂亮，而且离我家不太远。

3. 这个学校本来是要昨天开学的。

二 语音语调练习

（一）选择你听到的句子

1. （A） A. Yánjiū shì bìbùkěshǎo de.　　B. Yān jiū shì bìbùkěshǎo de.
2. （A） A. Dàjiā bìng bù liǎojiě zhège shìjì.　　B. Dàjiā bìng bù liǎojiě zhège sījī.
3. （B） A. Nǐ shì Shānxīrén ma?　　B. Nǐ shì Shǎnxīrén ma?
4. （B） A. Pígé mǎimai fēngxiǎn hěn dà.　　B. Píngguǒ mǎimai fēngxiǎn hěn dà.
5. （A） A. Zhè shì wǒ de xīfú.　　B. Zhè shì wǒ de xìfú.
6. （B） A. Nǐ jiànguo xiāngjiāoshù ma?　　B. Nǐ jiànguo xiàngjiāoshù ma?
7. （A） A. Jiànguo tā de rén dōu wàngbuliǎo tā de měimào.
    B. Jiànguo tā de rén dōu wàngbuliǎo tā de méimao.
8. （B） A. Zhè zhǐshì yì zhǒng jiǎxiàng.　　B. Zhè zhǐshì yì zhǒng jiǎxiǎng.
9. （B） A. Tā jiǎnjié de biǎodále tā de xiǎngfǎ.
    B. Tā jiànjiē de biǎodále tā de xiǎngfǎ.
10. （A） A. Zhè shì tā de yìyuàn ma?　　B. Zhè shì tā de yīyuàn ma?

（二）听后标出画线词语的声调

1. Lǎoshī gàosu wǒmen rènhé shì dōu bù néng qīngyán fàngqì.
2. Zhèli yì nián sìjì qìhòu yírén.
3. 《Jīqíng Ránshāo de Suìyuè》 shì yí bù hěn hǎokàn de diànshìjù.
4. Wǒ jiā gébì zhùle yí wèi piàoliang de āyí.
5. Shēnzhèn shì yí zuò hěn yǒu fāzhǎn qiánlì de chéngshì.
6. Nǐ jiǎng de xiàohua yìdiǎnr yě bù hǎoxiào.
7. Nánjīng de dìtiě yuǎn méiyǒu Shànghǎi de nàme yōngjǐ.
8. Xiàtiān yí dào, hěn duō rén dōu qù jiāngbiān yóuyǒng.
9. Tā de xiǎoshuō jí fù xiǎngxiànglì.
10. Nǐ zhīdao Qīngdǎo shì nǎge shěng de ma?

（三）听后填空

1. Wǒmen yǐjīng dáchéngle gòngshí, xià ge yuè kāi yì jiā fēngōngsī.
2. Zhège yīshēng bǎ yìshēng dōu xiàngěile zǔguó de yīliáo shìyè.
3. Nàge sījī cóng jǐngchá de yǎnpí dǐxia táopǎo le.
4. Tā de shàngsī shífēn shǎngshí tā.
5. Zuówǎn shuì jiào shí, wǒ mèngjiàn zìjǐ bù tíng de shuāi jiāo.

第三十八课　张文教我包饺子

一　听力理解练习

（一）听下面的句子并选择正确答案

1. 除了猪肉饺子以外，安德还喜欢吃羊肉饺子。
   问：下面哪种饺子这句话没提到？（ B ）
   A. 猪肉　　　　　　B. 牛肉　　　　　　C. 羊肉

2. 我的卡丢了，这件事我的同屋不可能不知道。
   问：他的同屋知道他的卡丢了吗？（ C ）
   A. 可能不知道　　　B. 不可能知道　　　C. 一定知道

3. 觉可以不睡，但球赛不可以不看。
   问：说话人是什么意思？（ A ）
   A. 一定要看球赛　　B. 不可以睡觉　　　C. 不能看球赛

4. 最近几天，雨几乎没有停过。
   问：最近天气怎么样？（ C ）
   A. 没有下雨　　　　B. 只下了几次雨　　C. 一直下雨

5. 波伟，请你把这张桌子搬到教室后边去。
   问：下面哪句话正确？（ C ）
   A. 这张桌子是波伟的　B. 桌子在教室后边　C. 说话人让波伟搬桌子

6. 临回国前，他把冰箱、洗衣机和一些不用的书都送给了朋友。
   问：他为什么要把这些东西送给朋友？（ B ）
   A. 他不喜欢了　　　B. 他不用了　　　　C. 他有新的了

7. 这份文件我签名没用，得让经理签。经理不在，你就把它放在秘书那儿。
   问：说话人是什么意思？（ C ）
   A. 他要签名　　　　B. 他让秘书签名　　C. 他不能在文件上签名

8. 跟旅行团一起旅游，可以省点儿钱，也可以省很多订票、订宾馆的麻烦，但玩儿得不一定好。
   问：跟旅行团一起旅游怎么样？（ A ）

A. 花钱少一点儿   B. 订宾馆麻烦   C. 能玩儿得好一点儿

9. 我们班除了四个女同学，别的十一个学生都参加了唱歌比赛。

   问：他们班有多少学生？（ B ）

   A. 十一个   B. 十五个   C. 三十个

10. 你怎么会把银行卡弄丢了，赶快去银行挂失！卡上还有很多钱呢！

   问：说话人是什么语气？（ B ）

   A. 开心   B. 生气   C. 后悔

（二）听下面的对话并选择正确答案

1. 男：上次买的那本小说呢？晚上没事儿，拿出来看看吧。

   女：你还没看啊？不好意思，我看完后把它借给小王了，小王正在看。

   问：关于那本小说，可能谁还没看？（ A ）

   A. 男的   B. 女的   C. 小王

2. 男：你怎么把书放在餐桌上啊？

   女：我刚才坐在餐桌旁看书了，你把它放到书架上去吧，放在书桌上也可以。

   问：书现在在哪儿？（ A ）

   A. 餐桌上   B. 书架上   C. 书桌上

3. 男：别让孩子在这个房间玩儿，会把我的文件弄乱的。

   女：好，我把他带到客厅去。

   问：下面哪种说法正确？（ C ）

   A. 男的正在上班   B. 这个房间有点儿乱

   C. 孩子马上去客厅玩儿

4. 女：你怎么没把作业交给老师？是不是没做完？

   男：不是，我把作业本忘在家里了。

   问：男的为什么没交作业？（ B ）

   A. 没做完作业   B. 忘了带了   C. 丢了

5. 男：我的钱包里怎么只剩几十块钱了？

   女：我还想问你呢，你把钱花到哪儿去了？

   问：女的想知道什么？（ B ）

   A. 男的花了多少钱   B. 男的花钱做什么了   C. 男的在哪儿花的钱

6. 男：你真的愿意把出国的这个机会让给别人？
   女：因为我的家庭确实有困难。
   问：下面哪种说法正确？（ B ）
   A. 说话人是夫妻　　　　　B. 他们在谈出国的事情
   C. 女的不想把机会让给别人

7. 男：我对历史不感兴趣，考试嘛，背一下就行了。
   女：那你也不能不上课啊。
   问：从对话中，我们可以知道什么？（ B ）
   A. 男的很喜欢历史　　　B. 男的没有上历史课　　C. 男的正在准备考试

8. 男：不能把车停在这儿，我们商场后面有停车场。
   女：行，我马上把车开过去。
   问：男的最有可能是做什么的？（ C ）
   A. 警察　　　　　　　　B. 司机　　　　　　　　C. 商场工作人员

9. 男：你太认真了吧？星期天还在看书。
   女：我下星期就要考试了，不看书不行呀。
   问：下面哪种说法不正确？（ C ）
   A. 今天是周末　　　　　B. 女的要复习　　　　　C. 男的下星期要考试

10. 女：明明，你为什么要学音乐？我觉得学好音乐很不容易。
    男：我从小就对音乐感兴趣，爸爸对我的影响很大，给我的指导也很多。
    问：下面哪种说法正确？（ C ）
    A. 明明不想学音乐　　　B. 明明音乐学得不好　　C. 明明的爸爸对他影响很大

38-4 （三）听后做练习

1. 听后选择正确答案

中国酒

中国的酒在全世界都非常有名，但是很久以前，中国人并不知道怎么做酒。一直到后来出现了一个名字叫杜康的人，人们才有机会喝到味道很好的酒。

杜康大概生活在两千多年前。有一天，他把没吃完的剩饭放在一个树洞里，后来就忘了。过了一段时间，他发现从树洞里流出水来，而且闻着非常香。杜康喝了一口，发现很好喝。杜康非常高兴，他想，要是能天天喝这种东西就好了。所以，他决定试着做这种东西。他把一些粮食放在一起，用特别的办法让它们发生变化，再加上水，最后终于做出了"酒"。从那以后，他开了个商店，做酒卖给别人喝。后来，人们为了感谢他，常常把味道很好的酒叫"杜康"。

(1) 杜康把没吃完的剩饭放在哪里了？（ A ）
   A. 树洞里　　　　B. 商店里　　　　C. 家里
(2) 这篇短文没有提到什么？（ C ）
   A. 做酒的人　　　B. 做酒的方法　　C. 做酒需要的时间
(3) 现在人们常说的"杜康"是指什么？（ B ）
   A. 粮食　　　　　B. 好喝的酒　　　C. 商店

2. 听后判断正误

广东早茶

早晨起床以后喝茶，是中国很多地方的风俗习惯，其中最有名的是广东早茶。但是广东早茶早已经不只是喝茶水了，一般人们去店里一边喝茶一边吃各种点心。所以，在广东话里，这种情况也叫"吃早茶"。

在早茶店，你可以先点茶，然后再要点儿点心。另外，服务员还会推一辆小车来到你的桌子旁边。小车上有凉菜和其他吃的东西，你可以随便选。

吃广东早茶需要时间和心情，喝茶、看报、见朋友、聊天儿，不急不慢，舒舒服服。吃早茶不像一般的吃早饭，十分钟就吃好了，很多时候广东人吃早茶能一直吃到中午。如果你想省时间，急着去办事，就不能去吃广东早茶。

(1) 广东人喜欢在家里喝早茶。　　　　　　　　　　　　　　　（ ✗ ）
(2) 吃早茶时，顾客只能在菜单上选择自己想吃的东西。　　　　（ ✗ ）
(3) 广东早茶吃的东西种类很多。　　　　　　　　　　　　　　（ ✓ ）

(4) 有空儿的时候，可以吃一顿好吃又舒服的广东早茶。　　　　　　　　　(✓)

38-5 （四）听后写句子

1. 他不可能不认识我。

2. 张文把这些书都送给了朋友。

3. 这个星期他几乎没去过超市。

二 语音语调练习

38-6 （一）选择你听到的句子

1. (B)　A. Zhè shì yì zhǒng xīn de shíwù.　　B. Zhè shì yì zhǒng xīn de shìwù.

2. (A)　A. Wǒ kěyǐ wèn nǐ ma?　　B. Wǒ kěyǐ wěn nǐ ma?

3. (A)　A. Dìbǎn yǒudiǎnr huá.　　B. Dìbǎn yǒudiǎnr huā.

4. (B)　A. Wǒ xǐhuan zuò shìr.　　B. Wǒ xǐhuan zuò shī.

5. (A)　A. Yīnwèi tā de nǔlì, tā yǒule yí dòng dà fángzi.

　　　　　B. Yīnwèi tā de nǚlì, tā yǒule yí dòng dà fángzi.

6. (A)　A. Nǎodai bù línghuó.　　B. Lǎo Dài bù línghuó.

7. (A)　A. Zhè jiù shì tā de měilì suǒzài.　　B. Zhè jiù shì tā de mèilì suǒzài.

8. (B)　A. Yīfu cóngxiǎo jiù bù xǐhuan wǒ.　　B. Yìfù cóngxiǎo jiù bù xǐhuan wǒ.

9. (B)　A. Méiyǒu zhèyàng de qiǎnlì, wǒmen wúfǎ zuò zhè jiàn shì.

　　　　　B. Méiyǒu zhèyàng de qiánlì, wǒmen wúfǎ zuò zhè jiàn shì.

10. (A)　A. Jīngguò zhè cì de shíjiàn, wǒmen gèng liǎojiě tā de wéirén le.

　　　　　B. Jīngguò zhè cì de shìjiàn, wǒmen gèng liǎojiě tā de wéirén le.

38-7 （二）听后标出画线词语的声调

1. Liú nǎinai shì wèi hé'ǎi de lǎorén.

2. Nǐ qùguo zhǎnlǎn zhōngxīn ma?

3. Qùguo Shēnzhèn de rén méiyǒu bù zhīdao Jǐnxiù Zhōnghuá de.

4. Xiǎomíng měi tiān bàngwǎn dōu huì qù gōngyuán sàn bù.

5. Měi tiān zǎoshang hē yì bēi niúnǎi yǒuyì shēntǐ jiànkāng.

6. Rénmen dōu shuō duìzhe liúxīng xǔ yuàn yuànwàng jiù néng shíxiàn.

7. Báilùdòng Shūyuàn zuòluò zài zhùmíng de Lú Shān fēngjǐngqū nèi.

8. Hěn duō rén dōu mèngxiǎng zuò yí cì huánqiú lǚxíng.

9. Nǐ néng jiè wǒ yì zhī yuánzhūbǐ ma?

10. Yí dào zhōumò māma jiù yǒu gànbuwán de jiāwù.

(三) 听后填空

1. Shìxiān bǎ zhǔnbèi gōngzuò dōu zuòhǎo, yùqī mùbiāo cái néng shíxiàn.

2. Yànhuì shang hěn duō rén chōu yān, yānhuī piāole wǒ yìshēn.

3. Wǒ hěn xǐhuan wǒ xífu gěi wǒ mǎi de xīfú.

4. Tā jiǎnjié de biǎodále tā de jiǎnjiè.

5. Fùqin zūncóngle yéye de yíyuàn, jiēguǎnle zhè jiā yīyuàn.

第三十九课 中国电影你看得懂吗

一 听力理解练习

（一）听下面的句子并选择正确答案

1. 我真希望现在就有机会去杭州看看，听说那里可漂亮了。
   问：从这句话中，我们可以知道什么？（ A ）
   A. 他没去过杭州　　　　B. 他想再看看杭州　　　　C. 他正在去杭州的路上

2. 这么多饺子，我一个人哪儿吃得完？
   问：关于这些饺子，说话人觉得怎么样？（ B ）
   A. 他吃得完　　　　B. 他吃不完　　　　C. 他想一个人吃完

3. 我今天没带眼镜，什么都看不清楚，我要坐前边一点儿。
   问：关于说话人，下面哪种说法正确？（ C ）
   A. 眼镜坏了　　　　B. 坐在最前边　　　　C. 看不清楚东西

4. 这个西瓜不小啊，有十斤多重呢！
   问：这个西瓜可能多重？（ B ）
   A. 十斤　　　　B. 十斤半　　　　C. 十五斤

5. 真倒霉，我的手机不知道怎么弄丢了。
   问：说话人不知道什么？（ B ）
   A. 手机丢了　　　　B. 手机是怎么丢的　　　　C. 把手机放在哪儿了

6. 这儿要是没垃圾的话，应该会很漂亮。
   问：说话人是什么意思？（ B ）
   A. 这儿已经很漂亮了　　　　B. 这儿不太干净　　　　C. 这儿没有垃圾

7. 我才学了两个多月汉语，汉语节目我演不好。
   问：关于汉语节目，下面哪种说法正确？（ C ）
   A. 他演得不好　　　　B. 他没认真演　　　　C. 他还没演

8. 房间里静得连一根针掉在地上都听得见。
   问：从这句话中，我们可以知道什么？（ B ）
   A. 房间里没有人　　　　B. 房间里非常安静　　　　C. 一根针掉在地上了

9. 你得把药放到孩子够不着的地方。

    问：说话人是什么意思？（ A ）

    A. 别让孩子拿到药　　　B. 不能给孩子吃药　　　C. 孩子的药不够

10. 如果当时听了你的话，就不会有今天的麻烦了。

    问：说话人是什么语气？（ B ）

    A. 生气　　　B. 后悔　　　C. 难过

（二）听下面的对话并选择正确答案

1. 男：有什么吃的吗？午饭我没吃饱，还没到下班时间就饿了。

    女：我也才下班，还没来得及做饭，你先找点儿零食吃吧。

    问：关于对话，下面哪种说法不正确？（ B ）

    A. 男的刚下班　　　B. 男的还在公司　　　C. 女的还没做饭

2. 男：大夫，我的眼睛以后会不会看不见啊？

    女：怎么可能呢？手术以后要好好儿休息，你不要想得太多了。

    问：这个对话可能发生在什么地方？（ B ）

    A. 眼镜店　　　B. 医院　　　C. 办公室

3. 女：对不起，我要关电脑了，一会儿还要上课呢。

    男：好，那下次再继续聊吧！

    问：他们可能在做什么？（ C ）

    A. 打电话　　　B. 发邮件　　　C. 在网上聊天儿

4. 男：这个东西怎么打不开啊？是不是坏了？

    女：你拿反了，你看，应该这样拿。

    问：男的为什么打不开那个东西？（ B ）

    A. 男的弄坏了　　　B. 拿的方向不对　　　C. 那个东西有毛病

5. 男：天气预报你听得懂吗？

    女：听不懂也得听啊，时间长了就听得懂了。

    问：关于天气预报，女的是什么意思？（ C ）

    A. 她不喜欢听　　　B. 她听的时间很长　　　C. 多听，以后会听得懂

6. 男：哪天我们去学校东门那家饭馆儿吃饺子吧。

    女：好啊。听说他们家生意特别好，去晚了就吃不到了。

问：下面哪种说法不正确？（ C ）

A. 男的邀请女的去吃饺子　　　　　　　　B. 去晚了就没有饺子吃

C. 那家饭馆儿不卖饺子了

7. 男：有的人为了减肥，既不好好儿吃，也不好好儿睡，多傻啊！

女：减了肥不是漂亮吗，没有谁不爱漂亮的。

问：女的觉得减肥的人怎么样？（ B ）

A. 很傻　　　　　　　　B. 爱漂亮　　　　　　　　C. 吃不好，睡不好

8. 男：这件衣服有个地方弄脏了，就便宜卖给你吧。

女：这个脏的地方洗不干净，我不要。

问：女的为什么不要这件衣服？（ C ）

A. 不便宜　　　　　　　B. 有个地方坏了　　　　　C. 脏的地方洗不干净

9. 男：明天六点出发，怎么样？

女：我没问题，可那么早咱儿子哪儿起得来啊？

问：说话人是什么关系？（ A ）

A. 夫妻　　　　　　　　B. 母子　　　　　　　　　C. 父女

10. 女：收到女朋友的礼物，安德可高兴了。

男：那肯定。我什么时候也能那么高兴啊？

问：关于对话，下面哪种说法正确？（ C ）

A. 男的现在不高兴　　　B. 男的的女朋友很高兴　　C. 安德有女朋友

（三）听后做练习

1. 听后选择正确答案

借书证

借书证是学生非常重要的证件。新同学来学校以后，学校会给他们办理借书证，毕业的时候再还给学校。借书证的第一个作用是可以进出图书馆，如果没有借书证，就进不去。进了图书馆以后，你可以借书，也可以在阅览室看书、看报纸或杂志。借书证最重要的作用是借书，用借书证借书的时候要注意还书的日期，一般是两个月，但是有些书一个星期就要还。

如果超过了日期，就会被罚款。另外，你还要注意不要把书弄丢了，弄丢了也要罚款。不要借别人的借书证，同时也不要把借书证借给别人。借书证如果丢了，要马上到图书馆挂失，再办一个新的借书证，办新证需要交手续费。借书证挂失后一个星期不能借书，等新证办好了才可以借书。

（1）下面哪个不是借书证的主要作用？（ A ）

  A. 进出学校 B. 在阅览室看杂志 C. 在图书馆借书

（2）如果把借书证弄丢了，要先做什么？（ A ）

  A. 挂失 B. 办新证 C. 交手续费

（3）下面哪种情况会被罚款？（ C ）

  A. 丢了借书证 B. 把借书证借给别人 C. 超过了还书的日期

（4）根据短文，下面哪种说法正确？（ B ）

  A. 图书馆的书都是两个月后还

  B. 毕业的时候借书证要还给学校

  C. 没带借书证可以进图书馆，但不可以借书

2. 听后判断正误

对牛弹琴

古时候，有个学音乐的人，他的琴弹得特别好。有一天，他背着琴出去玩儿，来到了一条小河边，看见一头牛正在河边低着头吃草。这儿的风景非常美，他很想弹琴，就对着那头牛弹起琴来。音乐非常动听，可是牛却连头都没抬。他很不高兴地对牛大声喊："我弹的音乐不好听吗？你听不见吗？"这时，路边一个人走过来，对他说："你弹得很好听，但是这牛听不懂啊。"

（1）那个学音乐的人想练习弹琴，所以对着牛弹琴。 (×)

（2）他弹得不好，所以那头牛没有抬头。 (×)

（3）他不知道为什么牛不听他弹的音乐。 (✓)

（4）一个路人告诉了他原因。 (✓)

(四) 听后写句子

1. 听说那个公园可大了。
2. 他吃得完这些饺子。
3. 张文的眼睛以前做过手术。

二 语音语调练习

(一) 选择你听到的句子

1. (B) A. Nǐ zhīdao zhège guójiā de shǒufǔ ma?
         B. Nǐ zhīdao zhège guójiā de shǒufù ma?
2. (A) A. Nà zuò piàoliang de yuánlín shì gǔdài de gōngyuán.
         B. Nà zuò piàoliang de yuánlín shì gǔdài de gòngyuàn.
3. (B) A. Tiān yuèláiyuè liàng le.   B. Tiān yuèláiyuè liáng le.
4. (B) A. Zhèyàng de júzi hǎo ma?   B. Zhèyàng de jǔzhǐ hǎo ma?
5. (B) A. Gōngyuán li yǒu xǔduō hú.   B. Gōngyuán li yǒu xǔduō hǔ.
6. (A) A. Wǒ pànle yí ge yuè yě méi néng pàndào zhè cì jīhuì.
         B. Wǒ pànle yí ge yuè yě méi néng pàndào zhè cì jíhuì.
7. (A) A. Nà shì nǐ de shìyóu ma?   B. Nà shì nǐ de shíyóu ma?
8. (B) A. Tā lǎoshì bú zài jiā.   B. Tā lǎoshī bú zài jiā.
9. (A) A. Gōngsī xīn shèlìle yí ge gōngguānbù.
         B. Gōngsī xīn shèlìle yí ge gōngguǎnbù.
10. (B) A. Zhè shì wǒmen de gòngshí.   B. Zhè shì wǒmen de gòngshì.

(二) 听后标出画线词语的声调

1. Xuéxiào dǎsuàn wèi měi wèi tóngxué pèibèi yì tái diànnǎo.
2. Nǐ kànguo zhè bù ràng rén fēicháng dòngqíng de diànyǐng ma?
3. Wǒ bǎ yàoshi wàng zài jiàoshì le.
4. Jiějie zuótiān yòu mǎile yí jiàn shímáo de yīfu.
5. Xuésheng gōngyù nèi měi ge fángjiān dōu zhuāngyǒu rèshuǐqì.
6. Shēngwù hé dìlǐ shì gāozhōngshēng de bìxiū kēmù.

7. Zhè bùfen jì shì quánwén de zhòngdiǎn, yòu shì quánwén de nándiǎn.

8. Sìchuān Shěng hé Yúnnán Shěng de jiāojièchù yǒu ge zhùmíng de Jiǔzhàigōu fēngjǐngqū.

9. Jùshuō tā zài Zhōngshān Líng fùjìn mǎile yí dòng biéshù.

10. Xiāngjiāo hányǒu yì zhǒng néng zēngqiáng réntǐ miǎnyìlì de wùzhì.

（三）听后填空

1. Nǐ shì xǐhuan huìhuàkè háishi xǐhuan duìhuàkè?

2. Wǒmen yùliào de shìqing dōu méi fāshēng, zhēn shì chūrényìliào.

3. Nǐ zěnme néng yǒu zhèyàng de xiǎngfǎ ne? Zhēn búxiànghuà.

4. Tā línghuó de yùnyòngle nǐ wénzhāng zhōng yǐnyòng de jīngdiǎn míngyán.

5. Nà tóu shīzi hǎoxiàng lèijí le, sìzhī yōnglǎn de xié wò zài cǎodì shang.

第四十课 复习（八）

一 听力理解练习

（一）听下面的句子并选择正确答案

1. 我每天临出门前都会检查一下钥匙、手机、钱包有没有带，窗户有没有关。
   问：下面哪一项是说话人没提到的？（ C ）
   A. 钥匙　　　　　　B. 手机　　　　　　C. 银行卡

2. 这个任务非常重要，给你一个星期的时间，你做得完也得做，做不完也得做。
   问：说话人是什么意思？（ A ）
   A. 你一定得做完　　B. 你可以做不完　　C. 做得完做不完没关系

3. 这个周末我们俩都要出差，所以就把明明送到他爷爷家里去了。
   问：明明这个周末会和谁在一起？（ C ）
   A. 爸爸　　　　　　B. 妈妈　　　　　　C. 爷爷

4. 他把钱都花光了，连坐公共汽车回来的钱都没有了，只好……
   问：说话人下面可能会说什么？（ C ）
   A. 坐飞机回来了　　B. 打车回来了　　　C. 走回来了

5. 老张这个人挺好说话的，你请他帮忙，只要他做得到，就一定会帮你。
   问：关于老张，下面哪种说法正确？（ B ）
   A. 很喜欢说话　　　B. 喜欢帮助别人　　C. 拒绝帮助别人

6. 除了学习以外，爸爸几乎不跟我谈别的事情。
   问：这句话是什么意思？（ A ）
   A. 爸爸只跟我谈学习　B. 爸爸不跟我谈学习　C. 爸爸有时候跟我谈学习

7. 他哪儿是医生啊？你真相信他啊？
   问：说话人是什么意思？（ A ）
   A. 他不是医生　　　B. 你应该相信他　　C. 他的话都是真的

8. 去过那儿的人，没有说不好的。
   问：关于那个地方，我们可以知道什么？（ C ）
   A. 没什么意思　　　B. 没有人去过　　　C. 大家都说好

9. 我把座位让给了一位老人，那位老人又让给了一位孕妇。

 问：现在谁坐着座位？（ C ）

 A. 说话人 B. 老人 C. 孕妇

10. 他刚来没多长时间，也没什么经验，这么大的手术不能让他做。

 问：下面哪种说法不正确？（ C ）

 A. 他来的时间不长 B. 他经验不多 C. 他是个病人

（二）听下面的对话并选择正确答案

1. 女：把空调打开吧。

 男：开什么空调啊，开会儿窗户吧，也不热，还省电。

 问：男的是什么意思？（ B ）

 A. 开空调 B. 开窗户 C. 开电灯

2. 女：你好，我订一张四个人的桌子，明天下午六点来，最好是靠窗的。

 男：对不起，靠窗的都订出去了。我帮您订2号桌吧，环境挺好的。

 问：男的可能在哪儿工作？（ A ）

 A. 饭馆儿 B. 售票处 C. 航空公司

3. 女：你今天怎么了？脸拉得那么长？

 男：一出门就被警察罚了200块钱，我的心情能好吗？

 问：下面哪种说法正确？（ C ）

 A. 男的被罚了100块钱 B. 男的脸很长 C. 男的心情不好

4. 女：你把蔬菜放在上面一层，下面放香蕉。

 男：香蕉放在冰箱里容易坏，就放在桌子上吧。

 问：香蕉应该放在哪儿？（ C ）

 A. 冰箱上面 B. 冰箱里面 C. 桌子上

5. 女：小林，你认识站在张文旁边的那个男孩儿吗？

 男：你没见过他吗？我见过他两次，他是张文的朋友。

 问：下面哪种说法正确？（ A ）

 A. 小林认识那个男孩儿 B. 小林没见过那个男孩儿

 C. 那个男孩儿是小林的朋友

6. 男：把盐递给我。

   女：盐不就在你手边吗?

   问：盐在哪儿? (A)

   A. 男的旁边　　　　B. 女的旁边　　　　C. 男的手上

7. 女：路上都结冰了,你出门多穿点儿。

   男：是吗? 这才几月啊,就这么冷了,那我把大衣穿上。

   问：他们在谈论什么? (B)

   A. 时间　　　　B. 天气　　　　C. 交通

8. 女：你怎么不叫我一声呢? 这次肯定被老板骂了。

   男：谁说我没叫你? 只是你没听见。

   问：男的是什么意思? (C)

   A. 他让别人叫女的了　　B. 他没听见女的叫他　　C. 他叫过女的了

9. 女：小张,你爱人天天给你做好了午饭让你带到公司来吃,真羡慕你呀!

   男：要是我告诉你,我天天吃一样的菜,你还羡慕吗?

   问：男的是什么意思? (B)

   A. 他觉得很幸福　　B. 这没什么可羡慕的　　C. 他每天吃不同的菜

10. 男：你这样的论文我看通不过。

    女：那麻烦你每天帮我带孩子,我来写一篇质量好的出来。

    问：从对话中,我们可以知道什么? (C)

    A. 女的正在修改论文　　B. 女的论文写得很好

    C. 女的边带孩子边写论文

(三) 听后做练习

1. 听后选择正确答案

寄贺卡

男：张文,你买的什么呀?

女：是贺卡。新年快到了,我打算给我每个在外地的朋友寄一张贺卡,送去我的祝福。

男：你怎么不用E-mail呢? E-mail又快又方便,还不用纸,比较环保。

女：你说得对。但是我觉得朋友们看到我的字会更亲切。另外，这些贺卡都是用再生纸做的，也就是第二次使用的纸，也很环保。

男：那你也可以打电话啊，这样你的朋友可以听到你的声音，就好像见面一样。

女：打电话也不错。不过，有时候有很多感激的话不好意思说出来，但是把这些想说的话写在纸上就没问题。

男：听你这么一说，我也想给朋友们寄贺卡了。对了，一般贺卡上都写些什么呢？

女：这个不一定，什么都可以写。不过有一些话大家用得比较多，比如说，祝你身体健康、工作顺利、学习进步、万事如意什么的。

男：听起来很不错。我决定现在就去买一些贺卡，你能教我怎么写吗？

女：没问题。

(1) 下面哪个不是 E-mail 的好处？（ C ）
    A. 很方便　　　　B. 很环保　　　　C. 很亲切

(2) 张文为什么不打电话祝福朋友呢？（ B ）
    A. 不环保　　　　B. 有些话不好意思说　　　　C. 见不到朋友的面

(3) 关于对话，下面哪种说法正确？（ A ）
    A. 女的要给朋友寄贺卡
    B. 女的想给朋友们发邮件
    C. 男的要送女的新年礼物

2. 听后判断正误

我的打工生活

　　这个寒假，为了挣到下个学期的学费，我回家乡打工去了。我的行李很多，坐飞机的话托运费会很贵。为了省钱，我选择了坐船回家。坐了两天一夜的船以后，终于到家了。我先在家休息了一个上午，还没等到爸爸下班，我就出去找工作了。我找到了一份工作，是在一家大市场里帮老板搬鱼。每天从夜里十二点工作到上午十一点。这里有全国各地运来的一卡车一卡车的鱼，我的工作就是把鱼从卡车上搬到市场里，每天工作都很忙，连坐下来喝口水的时间都没有。下班的时候，我常常累得腿都站不直了。每天回到家洗洗澡就睡了，晚上八九点钟再起床吃饭。虽然是回到了家，但是每天只能吃到一顿妈妈做的饭，真可惜。就这样，从二月一号到二十八号，我连一天都没有休息，每天过的就是这样的生活。你要问我苦不苦，当然！不过这是我自己愿意的。我不仅是为了挣钱，也是为了让自己增加一点儿知识和经验。

(1) 他回家主要是为了看父母。 (×)
(2) 为了省钱，他没有坐飞机回家。 (√)
(3) 他坐船坐了三天才到家。 (×)
(4) 他找的工作是开卡车。 (×)
(5) 他打了三十天工。 (×)
(6) 他打工不仅是为了挣学费，还为了增加知识和经验。 (√)

（四）听后写句子

1. 这个任务他两天能完成。
2. 没有人不喜欢张老师。
3. 今天除了去买书，我们还看了一场电影。

二 语音语调练习

（一）选择你听到的句子

1. (A) A. Tā yǒu zhèyàng de jīnglì zhēn jiào rén xiànmù.
   B. Tā yǒu zhèyàng de jīnglǐ zhēn jiào rén xiànmù.

2. (B) A. Wǒmen xià zhōu zài liánxì ba.　　B. Wǒmen xià zhōu zài liànxí ba.

3. (A) A. Tā shēncái biànle xǔduō, yǐjīng dàbùrúqián le.
   B. Tā shēncái biànle xǔduō, yǐjīng dàbùrúqián le.

4. (A)　A. Zhège chéngshì de shìmín duì líhuār yǒu hěn shēn de gǎnqíng.

　　　　　B. Zhège chéngshì de shìmín duì lǐhuār yǒu hěn shēn de gǎnqíng.

5. (A)　A. Tā de bēizi bú jiàn le.　　　　B. Tā de bèizi bú jiàn le.

6. (B)　A. Tā de shìlì zhēn qiáng.　　　　B. Tā de shílì zhēn qiáng.

7. (A)　A. Zhè shì bàba sònggěi wǒ de yuánguī.

　　　　　B. Zhè shì bàba sònggěi wǒ de yuánzhuī.

8. (A)　A. Tā shōudàole zǒnglǐ de zhùfú.　　B. Tā shòudàole zǒnglǐ de zhùfú.

9. (A)　A. Shuǐcǎo zài nǎr?　　　　B. Shuǐcáo zài nǎr?

10. (B)　A. Nǐ xǐhuan xuéxiào de guīhuà ma?　　B. Nǐ xǐhuan xuéxiào de guìhuār ma?

(二) 听后标出画线词语的声调

1. Zhège guójiā de gōngjiāo xìtǒng fēicháng fādá.

2. Wǒ jiā de xǐyījī mǎi huílai méi duō jiǔ jiù huài le.

3. Zhèngfǔ zài xuéxiào fùjìn jiànle yí zuò tǐyùguǎn.

4. Jīnnián nǐmen kāile jǐ cì guójì huìyì?

5. Tā shì wǒmen sùshè xuéxí de bǎngyàng.

6. Bānzhǎng tōngzhī wǒmen xiàwǔ liǎng diǎn zài wénhuàgōng jíhé.

7. Tā de huà hěn ràng wǒmen gǎndòng.

8. Mèimei shénmeyàng de xiānhuār dōu xǐhuan.

9. Lǎobǎn yāoqiú wǒmen měi ge yuè xiě yí fèn zǒngjié.

10. Xiànzài de niánqīngrén liúxíng guò Qíngrén Jié.